실전 ETF 투자 매뉴얼

주식투자
ETF로
시작하라

주식투자 ETF로 시작하라

초판 1쇄 발행 2018년 2월 5일
초판 9쇄 발행 2024년 9월 1일

지은이 systrader79·이성규

펴낸곳 (주)이레미디어
전화 031-908-8516(편집부), 031-919-8511(주문 및 관리) | 팩스 0303-0515-8907
주소 경기도 파주시 문예로 21, 2층
홈페이지 www.iremedia.co.kr | 이메일 mango@mangou.co.kr
등록 제396-2004-35호

책임편집 정은아, 정슬기 | 디자인 박정현 | 마케팅 김하경
재무총괄 이종미 | 경영지원 김지선

ISBN 979-11-88279-10-4 03320

이 도서의 국립중앙도서관 출판예정도서목록(CIP)은 서지정보유통지원시스템 홈페이지
(http://seoji.nl.go.kr)와 국가자료공동목록시스템(http://www.nl.go.kr/kolisnet)에서
이용하실 수 있습니다. (CIP제어번호: CIP2018001456)

·책값은 뒤표지에 있습니다.
·잘못된 책은 구입하신 서점에서 교환해드립니다.

실전 ETF 투자 매뉴얼

주식투자 ETF로 시작하라

systrader79 · 이성규 지음

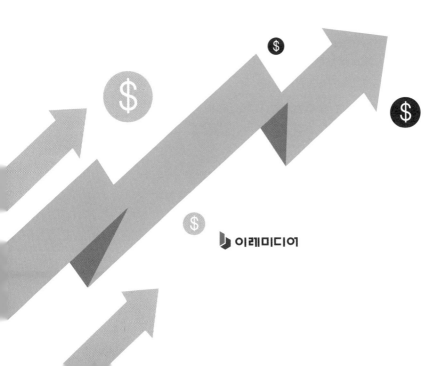

이레미디어

목차

Part 1

투자의 기초
주식투자에서 손실을 줄이는 4가지 방법

지식 IQ보다 실천 IQ가 중요하다

신진오, 밸류리더스 회장,《전략적 가치투자》저자

신선한 재료를 가지고도 음식 맛을 제대로 못 내는 사람도 있습니다. 첨단 안전장치가 장착된 최고급 자동차를 타면서도 사고를 내는 사람은 있습니다. 재료나 차종이 문제가 아니라 실력에 차이가 있기 때문이지요. 마찬가지로 한국의 대표 우량주인 삼성전자에 투자하고도 손실을 본 사람이 있습니다. 종목이 문제가 아니라 투자 운용을 잘못했기 때문입니다. 대부분의 투자서가 종목 선택에 주목하는 반면, 이 책《주식투자 ETF로 시작하라》는 운용 전략에 집중하고 있습니다. 그런 의미에서 이 책의 유용성은 남다르다고 할 수 있습니다.

저도 2009년에 운용 전략을 다루는《전략적 가치투자》를 펴낸 적이 있습니다. 제 책에서 소개한 운용 전략을 활용하여 멋진 금융 상품이 출시되길 바라기도 했습니다. 많은 분이 재산을 형성하는데 제 책에서 영감을 받길 바랐습니다. 또 저보다 훨씬 업그레이드된 운용 전략을 제시하는 책이 출간되길 기대하기도 했습니다. 세월이 흘러 제 책에서 소개한 운용 전략과 유사한 아이디어를 적용하는 금융 상품이 봇물을 이루고 있습니다. 한층 업그레이드된 저서들이 연이어 출간되고 있습니다. 당시에 품었던 제 소원이 이루어지고 있는 중입니다.

이 책의 저자들은 저의 페이스북 친구들입니다. 매일 게시하는 글을 읽고 서로 공감하고 '좋아요'를 누르는 사이입니다. 특히 systrader79는 자신이 운영하는 투자 카페에서 제 책을 강력하게 추천하고, 제 책이 절판될 때 많은 아쉬움을 전하기도 했습니다. 언젠가 저자들이 지혜를 모아 새로운 ETF를 준비하고 있다는 소식을 듣고 두 분의 콜라보레이션에 기대가 컸습니다. 그리고 두 분의 지혜를 한꺼번에 정리하여 엿볼 수 있는 저서를 만나게 되어 기쁘기 그지 없습니다.

《주식투자 ETF로 시작하라》에서는 수많은 운용 전략을 제시하고 있습니다. 독자의 성향이나 스타일에 따라서 최선의 전략이 다를 수도 있습니다. 하지만 이 책을 읽고 정말 최선인지 따져보자는 자세는 바람직하지 않습니다. 이 책이 투자에 유용한 것은 사실이지만, 최선의 운용 전략 자체를 제시하기보다는 스스로가 필요한 운용 전략을 만드는 방법을 보여준다는 점에서 더욱 의미가 있습니다. 운용 전략은 한곳에 머물러 있지 않고, 계속 진화합니다. 저자들은 이 책을 출간한 직후부터 이 책을 뛰어넘는 새로운 운용 전략을 개발하는 데 골몰할 것이라고 예상합니다.

추천사를 써달라는 부탁을 받고 교정 중인 원고를 읽으면서 마치 무협영

화의 한 장면을 보는 느낌이 들었습니다. 거대한 조직을 장악하고 있는 무림의 실력자와 바람처럼 초연하게 나타난 재야의 은둔 고수가 만나 멋진 한판 승부를 겨루는 그런 장면 말입니다. 국내 대표 자산운용사에서 근무하는 유능한 펀드매니저와 전공은 아니지만 투자 운용 분야에서 수준 높은 내공을 이미 인정받고 있는 현직 의사가 만났으니 말입니다. 사실 이런 협업은 서로의 위치나 업무상 한계로 거의 불가능합니다. 그런 의미에서 통념을 극복하고 힘든 일을 해낸 저자들을 존경합니다.

《주식투자 ETF로 시작하라》는 운용 전략을 수립하고 진행하는 데 유용합니다. 하지만 독자에 따라 유용성은 천차만별일 것입니다. 공자는 "배우고 때로 익히면 어찌 기쁘지 않겠는가!"라고 말했습니다. 우리는 지식을 배우는 데 열을 올리지만, 이를 실천하는 데 소홀한 면이 있습니다. 지식 IQ보다 실천 IQ가 중요하다는 말씀이지요. 이 책은 한 번 읽고 고개를 끄덕이는 데 그칠 책이 아니라, 항상 곁에 두고 참고하며 꼼꼼하게 연구하고 고민할 책입니다. 사실 이 책은 저자들이 그동안 연구한 결과를 정리하고 소개하는 의미도 있겠지만, 앞으로도 "이런 주제로 많은 연구를 진행하겠다"고 포부를 밝히는 출사표라고 생각합니다. 그래서 저는 이 책을 통해 또 다른 시작을 기대하고 응원합니다. 지식보다는 지혜를 추구하는 투자자라면 필독하길 권합니다.

신진오. 밸류리더스 회장

쉽고 단순하게 안정적인 수익을 올리는 전략

　책의 서문을 쓰고 있는 지금, 제가 주식시장에 입문한 지 정확히 10년이 지났습니다. 펀드 광풍이 불며 코스피는 끝없이 상승하고, 주식이나 펀드 계좌 하나 없는 사람은 바보 취급받던 2005년, 첫 월급을 당시 잘 나가던 모 펀드에 투자하며 제 투자 경력은 시작되었습니다.

　'다른 사람들은 몰라도 나는 달라. 나는 성공할 수 있을 거야'라는 근거 없는 오만함으로 시장에 뛰어든 후 2년이 지난 2007년 말, 달콤한 수익을 주었던 시장은 서브프라임 금융위기로 인해 저를 포함한 수많은 투자자가 시장의 쓴맛을 보아야 했습니다.

　초보자용 주식투자 입문서 달랑 한 권을 읽은 근자감으로 펀드투자를 통해 시장에 뛰어든 지 2년 만에 패잔병이 된 저는 이 사건을 계기로 주식에 본격적으로 입문하게 되었습니다.

　이렇게 하면 돈을 벌 수 있다고 꼬드기는 전문가와 투자 서적들은 넘쳐났지만, 그 속에서 길을 찾기란 결코 쉽지 않았습니다. 돌이켜보면 정말 무수히 많은 시간을 주식과 씨름하며 보낸 것 같습니다. 시중에 나와 있는 국내 서적뿐만 아니라 해외 투자 서적과 논문까지 뒤지고, 수많은 투자 전략을 개발하고 폐기하며 지샜던 무수한 밤들이 주마등처럼 스쳐 지나갑니다. 10년이 지난 지금 그때와 비교하면 제 지식은 비교할 수 없는 수준이지만, 시장에 대한 두려움과 경외감 또한 비교할 수 없는 수준입니다.

이 책을 쓴 목적은 투자에 관심이 있는 일반인들에게 누구나 아주 쉽고 단순한 방법으로 장기적으로 안정된 투자 수익을 얻을 수 있는 전략을 소개하기 위해서입니다. 2012년에 썼던 제 첫 저서 《주식투자 리스타트》에서는 개별 주식 종목을 이용한 트레이딩 전략을 소개했습니다. 생업에 바쁜 일반인이나 주식투자에 대한 깊은 지식이 없는 초심자들은 종목을 세심하게 관리하며 수익을 내기란 쉽지 않기 때문에 대중을 위한 투자 전략의 필요성을 절감하게 되었습니다.

최근 주식시장의 뜨거운 감자는 단연 ETF입니다. ETF는 수많은 주식 종목을 하나의 바스켓으로 묶어 분산투자할 수 있는 가장 안전하고 이상적인 투자 수단으로 각광받고 있습니다. 과거 집중적인 조명을 받았던 액티브 펀드투자의 시대는 급격히 저물고 있으며, ETF를 활용한 자산배분 전략은 이미 시장의 대세가 된 지 오래입니다.

ETF는 과거 소수의 금융 전문가만이 누릴 수 있었던 정교한 투자 전략을 모든 사람에게 확대시켰다는 점에서 혁신적인 투자 상품이며, 투자의 민주화에 크게 기여했다고 할 수 있습니다. 이 책에서는 제가 수년간 공부하고 연구한 전략들을 토대로 초등학교 4학년 수준의 산수 실력만 있으면 누구나 쉽게 따라 할 수 있는 투자 전략을 소개하고 있습니다. 책에 나온 전략들만 잘 활용해도 비싼 비용을 지불하지 않고도 세계적인 헤지펀드 못지 않은 절대 수익을 얼마든지 낼 수 있습니다.

특별히 전략을 연구하면서 큰 힘이 되어주신 공저자 이성규 매니저님께 감사를 드립니다. 이성규 매니저님과의 인연은 1년 전 페이스북에 공유한 게시글을 보고 함께 이야기를 나눈 것을 계기로 시작되었는데, 이야기를 나누면서 투자 철학과 방향성이 많이 닮아 있다는 것을 발견한 후 지속적으로 교류하게 되었습니다. 또한 서로 연구한 결과들을 공유하며 발전시키는 과정에서 다양한 아이디어를 검증하고 발전시킬 수 있었습니다. 그리고 이 책에서 소개한 좋은 전략들을 개발할 수 있었습니다.

이 책이 지금 이 순간에도 시장에서 살아남기 위해 발버둥 치는 수많은 투자자에게 조금이나마 도움이 되고, 성공 투자를 향한 험난한 여정에 작은 등불이 되기를 소망합니다.

책이 나오기까지 끝없는 격려와 도움을 준 사랑하는 아내와 귀여운 아들, 항상 든든한 기둥이 되어주시는 부모님 그리고 끝없는 지혜를 주시는 하나님께 감사드립니다.

저자 systrader79

지금은 ETF 전성시대

　바야흐로 ETF 전성시대입니다. 혹자는 시가총액 가중지수를 추종하는 ETF가 액티브 주식투자 본연의 가격 발견 기능이 없다는 점을 지적하며 비판합니다. 이는 패시브 상품의 대표주자인 ETF의 일부 측면만을 보았기 때문입니다. 현재 ETF시장은 시장지수 및 레버리지/인버스 상품을 넘어 3세대인 스마트베타 상품으로 활성화되고 있습니다. 계속되는 진화를 통해 '팩터' 포트폴리오에 저렴하게 투자할 수 있는 기회를 스마트베타 ETF가 제공하고 있는 것입니다. 기존 액티브 펀드의 알파는 대부분 팩터 포트폴리오에 의해 복제가 된다는 점은 이미 널리 알려진 사실입니다.

　ETF는 '투자의 민주화'에 결정적인 기여를 하고 있습니다. 다양한 ETF의 상장을 통해 투자자들은 모든 자산군, 전략 등에 대한 익스포저^Exposure를 저렴하게 취할 수 있게 됩니다. 기존에 제도권 펀드매니저들만이 구사하고 접할 수 있었던 투자 대상에 대해 일반 개인들도 손쉽게 1주 단위로 접근이 가능하다는 얘기입니다.

노벨상 수상자 폴 사무엘슨$^{Paul\ Samuelson}$은 효율적 시장가설$^{Efficient\ Market}$ ^{Hypothesis}을 논하면서 다음과 같은 주장을 했습니다.

'Micro efficient & Macro inefficient.'

바로 특정 자산군(개별 주식) 내에서는 효율적이나, 자산군 간에서는 비효율적일 수 있다는 점입니다.

ETF 및 EMP$^{ETF\ Managed\ Portfolio}$ 전략은 이러한 점에서 많은 기회를 제공합니다. 주식 개별 종목에 대한 깊이 있는 분석을 통해 시장을 이겨보겠다는 노력보다는, 각 시장에 대한 베타를 취함과 동시에 배분 전략에 대해 고민하는 것이 훨씬 효율적일 수 있습니다. 또한 보다 알파에 대한 기회를 많이 제공받을 수 있다는 것입니다.

운용업계에 종사하면서 느꼈던 아쉬움 중 하나는 투자자들의 자산 증식에 실질적으로 기여할 수 있는 투자 전략에 대한 고민이 생각보다 많이 이뤄지지 않고 있다는 현실이었습니다. 대다수의 투자자 역시 과거 주식투자를 통한 대박 신화에서 쉽게 벗어나실 못하며, 각종 정보에만 의손하는 비합리적인 투자 의사결정을 하고 있는 것 또한 현실입니다.

이 책의 공동저자 systrader79 님과의 인연은 개인적으로 제게 큰 의미가 있습니다. 수년 전 네이버 모 카페를 통해 systrader79 님의 글을 접했던 것이 첫 만남이었던 것으로 기억합니다. 업계 비종사자가 실증적$^{evidence-driven}$인 방법론을 통해 전략을 개발하고 소개한다는 점에서 굉장히 신선한 느낌이었습니다. 이때부터 빼어난 글 솜씨와 함께 많은 추종자를 이미 거느리고 있던 systrader79 님을 개인적으로도 주시하기 시작했습니다.

ETF 시대를 맞이해서 선진시장에서는 이미 EMP 형태의 운용방식이 일반화되고 있습니다. 또한 시장 상황에 영향을 최소화한 계량적 동적 자산배분에 대한 연구 역시 활발하게 진행되고 있습니다. 이러한 공통된 관심 분야에 대한 연구를 지속하는 과정에서 systrader79 님과 실질적인 교류가 이뤄지게 됐습니다. 많은 개인투자자가 ETF로 손쉽게 따라 할 수 있는 룰베이스 장기투자 전략을 개발해보자는 순수한 목적으로 늦은 밤 서로의 리서치/계량분석 결과를 공유하며 결과물을 개선해나갔던 작업은 저에게는 큰 즐거움이었습니다.

이 책은 그간 많이 접할 수 있었던 추상적인 투자 철학, 검증할 수 없는 투자 전략 등을 내세우지 않습니다. 두 저자의 온라인 카페, 블로그 및 SNS 매체를 통해 공유해왔던 실증적이고, 룰베이스 투자 전략에 대해 보다 체계적으로 정리하였습니다. 이 책을 통해서 독자들이 ETF 투자 전략에 대한 이해를 높이고, 자신만의 DIY ETF 포트폴리오까지 구성할 수 있게 되기를 바랍니다.

마지막으로 항상 큰 힘을 주는 사랑하는 아내와 딸 그리고 부모님께 감사의 말을 전하고 싶습니다.

저자 이성규

💲 주식투자로 돈을 벌 수 있을까?

주식투자에 대한 사람들의 생각은 다양합니다.

'주식투자는 패가 망신의 지름길이야. 안 하는 게 상책이야.'

'주식으로 돈을 벌었다는 사람을 본 적이 없다.'

이렇게 백안시하는 사람이 있는 반면에,

'열심히 공부해서 할만 하면 충분히 돈을 벌 수 있는 훌륭한 새테크 수단이다.'

'실제로 주식투자를 통해 돈을 잘 벌고 있는 사람도 봤다.'

'충분히 승산이 있는 투자 방법이다.'

이렇게 긍정적인 시각을 가진 분도 있습니다.

여러분의 생각은 어떻습니까?

저는 이 책을 통해 ETF라는 뛰어난 주식투자 수단을 이용하여 주식의 '주' 자도 모르는 왕초보들조차 세계적인 헤지펀드 못지 않은 절대 수익을 낼 수 있는 쉽고 간단한 방법을 알려드릴 것입니다.

이 책은 두리뭉실한 이론서가 아닙니다. 원론적인 투자론 교과서는 더더욱 아닙니다. 장기적인 투자에서 성공하기 위해 어떤 원리를 알아야 하는지 차근차근 알려드릴 것입니다. 뿐만 아니라 구체적으로 어떤 종목을 선정하고, 얼마나 사서 언제 매도하고, 어떻게 수익을 내야 하는지를 알려드리는 실전 투자 매뉴얼입니다.

지금까지 여러분이 보셨던 주식투자 서적들에서 '좋은 내용도 많고 맞는 말인데, 구체적으로 어떻게 투자하란 말인가'라는 의문에 대한 답을 얻을 수 없었다면, 바로 이 책이 해답이 될 수 있을 것이라고 확신합니다.

투자에서 안정적인 수익을 내는 방법은 무수히 많지만, 방향성을 찾지 못해 방황하고 있다면 이 책이 여러분께 안정적인 수익을 낼 수 있는 하나의 지침서이자, 탄탄한 기초 교본이 될 것입니다. 또 이 책의 내용을 잘 소화하여 조합하면 여러분도 험난한 투자의 여정에서 최후의 승자가 될 수 있을 것입니다. 투자 경력이 일천하고, 지식이 깊지 않더라도 걱정하지 마십시오. 왕초보도 이해할 수 있도록 아주 기초적인 내용부터 차근차근 설명해드리겠습니다. 한 단계씩 따라오다 보면 자신만의 투자 철학을 갖출 수 있을 것입니다.

💲 주식으로 성공하는 이유 vs. 망하는 이유

지금 주식 대박이라는 장밋빛 환상에 젖어 이렇게 생각하고 계십니까?

'지금부터 열심히 공부할 테니 빨리 주식으로 돈 버는 방법을 좀 알려주세요. 빨리요, 한시가 급해요. 하루라도 빨리 돈 벌어야 돼요.'

여러분께 제일 먼저 말씀드리고 싶은 것은 주식으로 어떻게 돈을 벌 수 있는지보다 주식으로 왜 망하는지부터 알아야 한다는 것입니다. 그 이유는 주식으로 성공하는 사람보다는 실패하는 사람이 더 많기 때문입니다. 통계적으로 95%의 투자자는 장기적으로 손실을 보고, 3~4%의 투자자는 현상 유지 수준이며, 1% 정도만이 주식으로 돈을 번다고 알려져 있습니다.

그렇다면 대체 왜 그렇게 많은 사람이 주식투자에 실패할까요?

그것은 투자자들이 가지고 있는 '주식투자에 대한 오해와 무지' 때문입니다. 사람들이 주식투자에 대해 가지고 있는 가장 큰 오해는 '주식투자를 통해 돈을 쉽게 벌 수 있다'는 것입니다. 그리고 가장 큰 무지는 '화끈하게 수익을 내면 큰 돈을 쉽게 벌 수 있다'는 것입니다. 바로 이러한 잘못된 생각이 투자 실패의 핵심 원인입니다. 주식투자는 큰 수익을 안겨주기도 하지만, 예측할 수 없는 수많은 불확실성과 리스크가 상존하기 때문에 어마어마하게 큰 손실도 안겨줍니다.

그렇다면 과연 주식투자에서 실패하지 않고 성공하기 위한 핵심 원칙은 무엇일까요?

바로 '주식투자에 성공하기 위해 가장 중요한 것은 큰 수익을 내는 것이 아니라 손실을 최소화해야 한다'는 점입니다. 95% 이상의 투자자들이 실패하는 핵심적인 이유는 이 고리타분해 보이는 사실에 관심을 기울이지 않기 때문입니다. 그렇기 때문에 정신 번쩍 차리고 이 내용에 집중해야 합니다. 이 부분은 이 책에서 가장 중요한 내용입니다. 그럼 차례대로 하나씩 살펴보겠습니다.

💲 주가는 복리로 움직인다

화끈하게 움직이는 어떤 급등주가 어느 달에 50% 상승했고, 그다음 달에는 50% 하락했다고 가정해봅시다. 50% 상승했다가 50% 하락하면 결과적으로 몇 %의 수익이 났을까요?

혹시 '+ 50% − 50% = 0%, 본전이네'라고 생각하셨다면, 여러분은 지금 주식투자를 하지 않은 것을 천만다행으로 생각해야 합니다. 이 문제의 답을 모른다면 주식시장에서 95% 실패자에 속하게 될 것입니다. 이러한 산수가 주식투자와 무슨 상관이냐고 의아하겠지만, 이것은 아주 중요합니다.

정답을 알려드리면, '25% 손실입니다.'

왜냐하면 주식은 복리로 움직이기 때문입니다. 제대로 계산을 해보면 '$(1+0.5) \times (1-0.5) = 0.75$'가 되는 것입니다. 그러므로 '$1-0.75=0.25$', 즉 '25% 손실'입니다.

감이 안 오신다고요? 뭔가 잘못된 것 아니냐고요?

아닙니다. 다시 한 번 계산해볼까요?

1만 원짜리 주식을 샀는데, 50% 오르면 1만 5,000원이 되지요? 이 주식이 다음 날 50% 폭락한 상황이 되면 1만 5,000원이 반 토막이 난 것이므로 7,500원이 됩니다. 1만 원짜리가 7,500원이 됐으니 25% 손실입니다. 주가는 복리로 움직이지, 단리로 움직이지 않습니다. 그렇기 때문에 이런 효과가 발생하는 것입니다.

주가가 10%씩 10일 동안 매일 오르면 $10 + 10 + 10 + 10 + 10 + 10 + 10 + 10 + 10 + 10 = 100\%$ 수익이 발생하는 것이 아니라, $(1 + 0.1)^{10} = 2.59$의 수익이 발생합니다. 즉 100% 수익보다 59% 더 많은 수익이 발생합니다.

그렇다면 또 다른 질문을 하나 해볼까요?

어떤 주식이 두 달 연속으로 반 토막(-50%, 손실) 났다면, 최종 수익률은 어떻게 될까요? '-50% - 50% = -100%, 100% 손실이네'라고 생각하셨다면 큰일납니다.

정답은 -75% 손실입니다.

왜냐하면 $(1-0.5) \times (1-0.5) = 0.25$, 즉 $1-0.25 = 0.75$ 이기 때문이지요.

1만 원짜리 주식이 한 번 반 토막이 나면 5,000원이 되고, 한 번 더 반 토막이 나면 2,500원이 됩니다. 그래서 주식이 상장폐지되지 않는 한, 원칙적으로 주가가 0원이 되는 일은 있을 수 없습니다.

이와 같이 주식은 복리의 속성으로 움직이기 때문에, 주가의 움직임을 이해할 때 단순한 산술적인 수익률의 합으로 계산하는 오류를 범하면 안 됩니다. 곱으로 계산해야 합니다. 이러한 주가의 복리적인 속성 때문에 발생하는 중요한 특징이 있습니다.

첫째, 주가가 지속적으로 상승하면 최종적인 주가는 단순한 상승률의 합계보다 훨씬 더 높아집니다(순식간에 주가가 불어남).

둘째, 주가가 지속적으로 하락해도 산술적인 하락의 합보다는 손실률이 작아집니다.

10%씩 10번 상승하면 수익은 100% 아니라 159%이고, 10%씩 10번 하락하면 손실률은 -100%가 아니라 $1-0.9^{10} = 0.65$, 65% 손실입니다.

이러한 주가의 속성은 한편으로 우리에게 희소식입니다. 올라갈 때는 복리 효과로 훨씬 더 올라가고, 떨어질 때는 덜 떨어지니 말입니다.

그런데 단점도 분명히 있습니다. 그것은 이러한 손익률이 한쪽 방향으로 움직일 때는 유리하게 작용하지만, 앞서 50% 상승했다가 50% 하락하는 경우와 같이 오르락 내리락 하면 불리하게 작용한다는 것이지요. 수익률이 0%가 아니라 25% 손실인 것처럼요.

수학적으로 이를 기하평균 효과라고 합니다. 기하평균은 변동성이 커지면 작아집니다. 즉 자산의 수익과 손실 간의 편차가 지속적으로 크게 발생하면 자산의 수익률은 급격히 감소한다는 의미이지요.

⑤ 손익 비대칭성의 원리

또 퀴즈 하나를 내볼까요?

여러분이 가진 주식에 50% 손실이 발생했습니다. 그렇다면 원금을 회복하려면 몇 % 수익을 올려야 할까요? '– 50% 손실이니 + 50% 이익을 보면 본전이 되겠지'라고 대답하셨다면 정신 바짝 차리셔야 합니다. 정답은 100%입니다. 왜냐고요? 실제로 계산해보면 됩니다. 1만 원짜리 주식이 반 토막이 나서 5,000원으로 되었을 때, 다시 1만 원으로 오르기 위해서는 5,000원이 올라야 하지요?

반 토막 난 5,000원 상황에서 상승해야 할 5,000원은 50% 수익이 아니라 100% 수익이 됩니다. 이와 같이 얼핏 생각하면 −50% 손실이나 50% 이익은 수익인지, 손실인지만 다를 뿐 같은 비중이라고 생각할지 모릅니다. 하지만 사실은 전혀 그렇지 않습니다.

손실을 복구하기 위한 수익의 수준은 손실의 수준보다 훨씬 더 커야 합니다. 이러한 효과는 손실의 규모가 커지면 커질수록 훨씬 더 심해집니다. 이를 '손익 비대칭성의 원리'라고 합니다.

손실률(%)	원금 복구에 필요한 수익률(%)
1	1
5	5
10	11
15	18
20	25
25	33
30	43
35	54
40	67
45	82
50	100
55	122
60	150
65	186
70	233
75	300
80	400
85	567
90	900
95	1,900

표에서 보는 것처럼 1% 손실이 발생하면 이를 메우기 위해서는 1% 정도의 수익만 올리면 됩니다. 하지만 10% 손실의 경우 11%, 30% 손실의 경우 43%, 80% 손실의 경우 400% 수익이 발생해야 합니다.

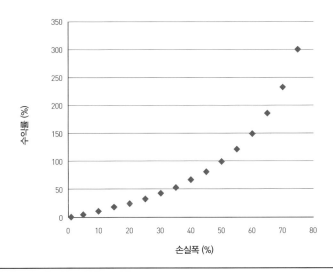

그림 A. 손실폭 vs. 원금 회복을 위해 필요한 수익률

손익 비대칭성의 원리가 시사하는 바는 주식투자에 있어서 큰 수익을 내는 것보다 손실을 최소화하는 것이 훨씬 더 중요하다는 것입니다. 이는 손실에는 아무런 관심도 없고, 오로지 큰 수익만 내면 투자에 성공할 수 있다는 근거 없는 자신감을 가진 투자자들이 얼마나 큰 착각을 하고 있는지, 왜 반드시 실패할 수밖에 없는지를 알려줍니다.

💲 변동성 손실

또 한 가지 퀴즈를 내보겠습니다.

3명의 투자자가 있습니다.

A씨가 보유한 주식은 10% 상승했다가 10% 하락했습니다.

B씨가 보유한 주식은 20% 상승했다가 20% 하락했습니다.

C씨가 보유한 주식은 50% 상승했다가 50% 하락했습니다.

3명의 주식 수익률을 비교하면 어떤 차이가 있을까요?

'3명 모두 똑같은 %로 상승과 하락을 반복했으니 모두 본전일 것이고, 수익률은 차이가 없을 것이다'라고 생각하셨나요?

제대로 계산해봅시다.

A씨는 1.1 × 0.9 = 0.99, 1% 손실

B씨는 1.2 × 0.8 = 0.96, 4% 손실

C씨는 1.5 × 0.5 = 0.75, 25% 손실

똑같은 수준의 수익과 손실이 발생하는 경우라도, 손익의 폭이 작은 경우가 오히려 수익률이 높습니다(적은 손실). 즉 변동성이 큰 것보다는 변동성이 작아야 손실이 적고, 수익이 크다는 의미입니다.

그러면 마지막으로 문제를 하나 더 풀어보겠습니다.

A씨가 보유한 주식은 30% 수익이 난 이후 20% 손실이 발생했습니다.

B씨가 보유한 주식은 20% 수익이 난 후 10% 손실이 발생했습니다.

두 사람의 수익률을 비교하면 어떻게 될까요?

30% − 20% = 20% − 10% = 10%, 똑같이 10% 수익이라는 답이 틀렸다는 것을 이제는 아시겠지요?

A씨의 수익률은 4%이고, B씨의 수익률은 8%로 B씨의 수익률이 더 높습니다. 왜 그런지는 앞의 계산을 참고하세요. 이 예 또한 변동성이 큰 것보다는 변동성이 작아야 손실이 적고, 수익이 큼을 보여줍니다.

여기까지 살펴보셨다면 여러분은 아마 제게 이렇게 질문하실 것입니다.

"간단한 수학 계산을 하긴 했지만, 대체 주식투자에서 실패하지 않는 것과 무슨 상관이 있나요?"

"올라갈 종목 찍는 기술이나 알려줄 것이지, 저런 정보가 대체 주식투자에서 성공하는 것과 무슨 관계가 있나요?"

하지만 이것은 굉장한 오해입니다. 왜냐하면 주식투자에서 실패하지 않고 성공하기 위해 알아야 할 지식 중, 앞에서 설명한 것보다 중요한 것은 없습니다.

그 이유는 바로 앞서 설명한 주가의 복리적인 속성에 기인한 손익 비대칭과 변동성 손실의 원리를 종합해보면 됩니다. 주식투자에서 실패하지 않고 성공하기 위해서는 어떻게 큰 수익을 낼 것이냐가 아니라, 어떻게 하면 '손실'을 최소화할 것이냐에 집중하는 것이 실제적으로 가장 중요합니다.

그런데 주식시장에서 실패하는 95% 이상의 투자자들은 '손실의 최소화'라는 개념은 그저 실력이 부족한 하수들에게나 해당하는 내용이라고 생각합니다. 오로지 수익만 생각합니다. 손실이 발생하면 어떤 타격을 입고, 그것이 얼마나 심각한 상황을 초래하는지에 대해서는 생각조차 하지 않는다는 것입니다. 투자에 있어서, 손실을 보는 것은 잘못된 것이 아닙니다. 투자에서 나타나는 손실은 지극히 정상적인 현상입니다. 단지 손실을 어떻게 관리하느냐가 투자의 성패를 좌우하는 것입니다.

'만약 약간의 손실이 발생한다고 해도 화끈한 종목에 올인해서 수익을 크게 보면 된다. 그러면 수익이 높아지는 것 아닌가'라고 생각합니다. 여러분도 혹시 이런 생각을 하지 않으셨습니까? 그런데 막상 계산기를 두드려 보니, 어떻습니까?

'큰 손실을 복구하려면, 손실이 난 것보다 훨씬 더 큰 수익을 올려야 합니다. 그리고 더 암울한 것은 손실이 크면 클수록 복구하기 위해서는 더 큰 수익을 올려야 한다는 것입니다.

어떻습니까? 이런 부분에 대해서 진지하게 생각해보지 않고, '손실'에 대한 개념이 없이 막연한 상태에서 투자를 합니다. 그렇다면 아무리 지엽적인 종목이나 기법으로 수익이 났다고 하더라도, 구조적으로 수익보다는 손실을 볼 기능성이 큰 투자를 하는 셈입니다. 그럼 결국은 실패할 수밖에 없습니다. 얼핏 생각하기에는 이러한 주가의 속성이 재미없고, 영양가가 없어 보이지만, 사실은 주식투자의 성패를 가늠하는 가장 중요한 요소입니다.

지금까지 주식투자를 예로 들어 설명했습니다. 하지만 앞서 설명한 원리는 비단 주식투자에만 국한되는 내용이 아니라, '모든 종류의 투자'에 공통적으로 적용되는 내용입니다. 수익과 손실의 수학적인 관계는 부동산이건, 채권이건, 그 어떤 투자 자산이건 동일하게 적용되기 때문에 반드시 명심해야 합니다.

결론적으로 여러분이 주식투자에 있어서 반드시 잊지 말아야 하는 가장 중요한 원리는 다음과 같습니다.

주식투자에서 손실을 줄이고 수익을 높이는 매매의 원리

1. 수익을 높이려는 것이 아니라 손실을 최소화하는 것입니다(손익 비대칭성의 원리).
2. 화끈하게 먹고 화끈하게 까먹는 것보다 덜 먹고, 덜 까먹는 것이 오히려 수익률이 더 높습니다(낮은 변동성 → 고수익).
3. 수익 극대화에 집중하는 것이 아니라 손실 최소화에 집중하는 것입니다.

어떻습니까? 지금까지 막연하게 진실이라고 생각했던 것이 얼마나 잘못되었는지 깨달으셨나요? 왜 주식투자에서 실패하겠습니까? 잘못된 사고방식을 가지고 있는데 그게 잘못되었는지도 모르고, 그 이유조차 알지 못하니 실패할 수밖에 없지요.

이제 여러분은 이 책을 통해서 '손실을 줄여라', '변동성을 낮춰라' 하는 류의 투자 원칙이 그냥 단순한 고리타분한 이론서에 나오는 얘기가 결코 아니라는 사실을 깨달으셨기를 바랍니다. 주식투자에서 손실과 변동성을 줄이는 원칙이 중요한 이유는 이러한 보수적인 투자 방법이 실제로는 '강력한 수익'을 추구하는 가장 공격적인 방법이라는 역설적인 진리 때문입니다.

Part
1

투자의 기초
─주식투자에서 손실을 줄이는 4가지 방법

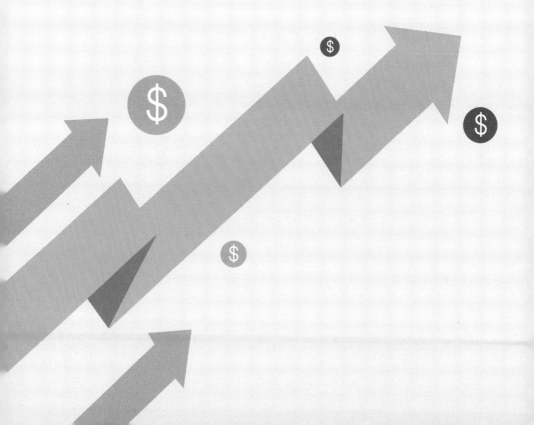

주식투자에서 손실을 줄이는 방법
1 분산투자

주식투자에서 손실을 줄이는 4가지 방법

1. 분산투자
2. 서로 다른 자산군과의 혼합
3. 포트폴리오 리밸런싱
4. 장세에 따른 주식 비중의 조절(추세추종)

여러 종목의 주식에 분산하여 포트폴리오를 구성하면 변동성(손실)은 낮추고, 수익은 높일 수 있다. 주식에 분산투자할 때는 시장 대표지수에 투자하는 것이 바람직하다.

앞서 우리는 "많은 사람이 투자를 통해 '수익'을 얻으려고 하기 때문에 '수익'에만 집중한다. 그러나 수익과 손실은 비대칭이고, 동일한 수준의 손익이라도 변동성이 작다면 실제로는 더 큰 수익을 가져다준다. 그렇기 때문에 투자의 제1원칙은 수익을 추구하는 것이 아니라, 손실과 변동성을 최소화하는 것이다"라는 내용을 살펴보았습니다. 즉 손실과 변동성을 줄이면 역설적으로 자연스럽게 수익이 나게 되어 있습니다.

지금부터는 주식투자에서 손실을 어떻게 줄일 수 있는지에 대해서 본격적으로 알아보겠습니다. 주식투자에서 손실을 줄이는 방법은 다음과 같이 크게 4가지로 구분할 수 있습니다.

1. 분산투자
2. 서로 다른 자산군과의 혼합
3. 포트폴리오 리밸런싱
4. 장세에 따른 주식 비중의 조절(추세추종)

한 가지씩 순서대로 살펴보도록 하겠습니다.

💲 분산투자

주식투자라는 험악한 세계로 겁도 없이 뛰어든 한 사람이 있습니다. 머릿속에는 2,000여 개가 넘는 우리나라 주식 종목 중에서 어떤 종목이 큰 수익을 안겨줄지에 대한 고민으로 가득합니다.

만일 여러분이 이 투자자라면 어떤 기준으로 투자할 종목을 선정하시겠습니까? 기업의 가치? 수급? 모멘텀? 아니면 '특별히 알려주는 거니까 당신만 몰래 사라'고 하는 소위 말하는 고급 정보?

물론 이 모든 요소가 좋은 주식을 선정하는 데 있어 중요한 기준이 되는 것은 부인할 수 없습니다. 하지만 한 가지 분명한 사실은 이런 식의 접근 방법은 상당히 주관적이고 애매모호하다는 점입니다.

가치가 좋다는 것은 어떤 기준입니까? 호재나 재료가 좋다는 것은 어떤 기준으로 판단해야 하나요? 유망하다는 것의 기준은 무엇입니까?

사람마다 제각기 다른 기준을 가지고 있습니다. 그리고 더 심각한 문제는 이런 식의 애매모호하고 주관적인 기준에 의한 투자의 결과 또한 상당히 불확실하고 애매모호해진다는 점입니다. 물론 이런 식으로 어떤 주식을 운 좋게 골라서 대박을 낼 수도 있습니다. 하지만 반대로 예측이 틀려서 완전히 쪽박을 차는 경우도 허다합니다.

"전문가에게 분석을 맡겨서 반드시 올라갈 종목만 고르면 되지 않나요?" 사실 주식시장의 전문가라는 사람도 저나 여러분과 별반 차이가 없습니다. 어떤 주식이 올라갈지 맞추는 것은 일종의 미래를 예측하는 신의 영역이기 때문에 전문가도 별수가 없습니다.

그렇다면 어떤 주식이 올라갈지 전혀 모르는 상황에서 어떤 종목을 사야 주식투자에 성공할 수 있을까요?

결론부터 말하자면, '모든 주식에 골고루 투자하면 됩니다.' 즉 분산투자가 답입니다. 이는 현대 투자 이론의 근간을 이루고 있는 노벨 경제학상을 받은 이론에 근거하고 있는데요. 바로 그 유명한 해리 마코위츠의 '포트폴리오 이론'입니다.

포트폴리오 이론의 핵심은 자산을 분산투자하여 '포트폴리오(여러 종목에 분산된 종목의 집합)'를 구성하면, 집합적인 종목들의 평균적인 수익률을 얻으면서도 위험은 분산투자 전보다 더 감소시킬 수 있다는 것입니다.

마코위츠의 포트폴리오 이론을 투자에 적용하면, 여러 종류의 주식 종목들이 있을 때 '가장 큰 수익을 올릴 수 있는 종목을 알아낼 수 있으면 좋겠지만, 주가를 정확하게 예측하는 것은 불가능하기 때문에 최선의 방법은 모든 주식에 골고루 투자하는 것'입니다.

따라서 우리가 어떤 개별 주식에 대한 '확실한 정보나 예측'이 부재한 상황에서는 최대한 많은 주식에 골고루 분산함으로써 손실은 감소시키면서도 다수 종목의 평균적인 수익은 따라잡을 수 있습니다. 즉 리스크 대비 수익을 높일 수 있다는 것입니다.

대부분의 사람이 막연하게 자신이 고르는 몇몇 종목들이 코스피지수 정도쯤을 이기는 것은 아무 일도 아닐 것이라고 생각합니다. 하지만 실제로는 계좌의 평균 수익률은 거의 대부분 코스피지수를 하회한다는 것을 체감합니다. 주식투자를 조금이라도 해봤다면, 이것이 무슨 말인지 아마 뼈저리게 느낄 것입니다.

그렇다면 여러분이 개별 주식에 대한 분석 능력이나 전문적인 지식이 없다고 해도 실망할 필요가 없다는 결론을 얻게 됩니다. 왜냐하면 모르면 그냥 분산투자하면 되기 때문이지요.

이런 배경에서 출현한 것이 바로 최근 현대 금융상품의 꽃으로 급부상하고 있는 'ETF'라는 투자 상품입니다. ETF는 'Exchange Traded Fund'의 약자로 '상장지수펀드'라고 하는데요, 특정한 자산의 가격에 수익률이 연동되도록 구성한 투자 상품입니다.

기준이 되는 투자 자산은 매우 다양합니다. 주식 ETF도 있고, 채권 ETF도 있고, 금, 석유, 콩, 밀, 외환 등 숫자로 표시되어 투자되는 대부분의 자산은 ETF로 출시되어 있습니다.

즉 ETF는 해당 자산의 가격을 사고파는 주식과 유사한 개념입니다. 금 ETF라면, 금값이 5% 등락하면 금 ETF도 동일하게 5% 등락을 따라가는 주식과 비슷한 개념입니다.

그렇다면 우리가 주식투자를 할 때 선택해야 하는 ETF는 무엇일까요?

그것은 바로 주가지수 ETF$^{Index\ ETF}$입니다. 우리가 잘 알고 있는 코스피지수는 대한민국 주식시장의 우량한 기업들의 평균적인 주가입니다. 삼성전

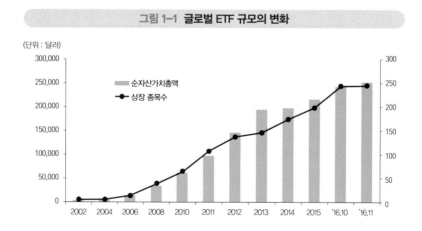

그림 1-1 글로벌 ETF 규모의 변화

(단위 : 달러)

자나 현대차 같은 몇몇 초대형 우량주뿐만 아니라, 상대적으로 덜 알려진 주식까지 모두 편입해서 지수를 산출합니다. 따라서 이러한 코스피지수^{KOSPI}Index를 투자 자산으로 삼는 ETF 1주를 사면, 대한민국 코스피에 속하는 수백 개가 넘는 우량한 주식들에 골고루 분산투자한 효과를 얻는 것이지요.

ETF가 최초로 출현한 것은 1993년이고, 우리나라에서는 2002년 삼성자산운용의 KODEX200이 처음으로 상장되어 역사는 그리 길지 않습니다. 하지만 현재 전 세계적인 투자 트렌드는 ETF로 급격히 재편되고 있습니다. 왜냐하면 다양한 투자 자산군을 쉽게 거래할 수가 있는 데다가, 주가지수 ETF와 같이 그 자체가 다양한 자산군을 모두 포함하고 있는 상품도 많이 있기 때문입니다. 즉 포트폴리오 이론에 입각해 리스크는 줄이면서도 안정된 수익률을 추구하기에는 이보다 더 좋은 상품이 없습니다.

뿐만 아니라 일반 뮤추얼펀드에 비해 운용 보수도 훨씬 낮고, 실시간으로 거래도 가능합니다. 또한 투자 금액이 적은 개인투자자들도 ETF 1주만 사도 자금의 압박으로 도저히 살 수 없는 수많은 대형 우량주에 골고루 분산투자한 효과를 얻을 수 있다는 큰 장점도 있습니다. 이러한 이유로 액티브 펀드의 시대는 저물고 있고, 전 세계뿐만 아니라 최근 우리나라에서도 ETF가 이상적인 투자 수단으로 급격히 부상하고 있습니다.

그렇다면 아마 이런 질문을 하실 분도 계실 것입니다.

"아무리 그래도 생각 없이 모든 종목을 다 사는 건 너무 위험하지 않을까요? 좀 더 세부적인 분석을 통해서 종목들을 잘 고르면 더 좋은 수익을 낼 수 있지 않을까요?"

결론부터 말씀드리면 충분히 가능합니다. 다만 전제 조건은 특정한 한두

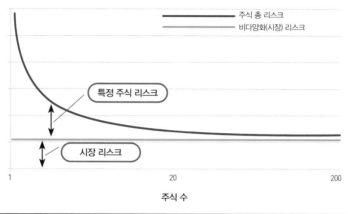

그림 1-2 보유 주식의 개수에 따른 분산 효과(리스크 감소)

표준편차(리스크)

주식 총 리스크
비다양화(시장) 리스크

특정 주식 리스크

시장 리스크

1   20   200

주식 수

종목에만 집중하지 않고 적어도 30개 정노로 분산투자를 해야 한다는 점입니다. 분산투자 자산의 수가 30개 이상으로 지나치게 많으면 분산투자의 리스크 감소 효과는 미미해집니다. 그리고 분산투자 자산의 수가 너무 적으면 충분한 리스크 감소 효과를 보지 못합니다.

최근 주식시장에서도 이런 일반적인 분산투자의 효과를 초과하는 대안으로, 기업의 가치나 수익성을 나타내는 지표 숫자를 기준으로 우수한 종목군들을 선별해서 포트폴리오를 구성하는 방법이 투자의 대세로 자리 잡고 있습니다. 이런 전략을 '퀀트 전략' 혹은 '스마트 베타 전략'이라고 합니다. 우리나라 시장에도 상당히 다양한 종류의 스마트 베타 ETF의 라인업이 갖춰져 있고, 현재 급격하게 증가하고 있습니다.

예를 들어 올림픽 국가대표를 선발할 때도 누가 잘할지 모르니 국민 중 아무나 20명을 랜덤으로 뽑아서 출전시키지 않습니다. 운동 능력이 대한민국에서 최상인 사람들을 골라서 여러 명을 '대표팀'으로 구성하여 출전시킬 때 우수한 성과를 거둘 수 있는 것과 마찬가지입니다. 퀀트 투자 전략의 콘셉트가 이와 유사합니다.

즉 시장 대표지수 투자 전략을 기본으로 하는 것도 좋지만, 조금 더 높은 초과 수익을 노리기 위해서는 이런 퀀트 전략도 충분히 활용해볼 만합니다. 이에 대한 구체적인 내용은 이후에 자세히 설명하기로 하겠습니다.

이번 장의 핵심을 정리하면 '특정한 한두 종목에 올인하는 것보다 최대한 다양한 종목군에 분산투자하는 ETF가 수학적으로나 장기적으로 훨씬 큰 위험 대비 수익률을 얻을 수 있으므로, 지수형 ETF를 기본으로 주식투자를 시작하라'입니다.

주식투자에서 손실을 줄이는 방법
2-1 서로 다른 자산군과의 혼합

🔍 핵심 요약

1. 시장 전체가 하락할 때는 대다수의 종목이 함께 하락하는 경향성이 강하다.

2. 주식시장의 리스크는 종목의 분산만으로는 해결되지 않는다.

3. 주식군과 기본적으로 반대로 움직이는 자산군(현금, 채권)에 분산투자해야 시장 상황과 무관하게 안정적인 수익의 기대가 가능하다.

주식투자에서 손실을 줄이는 두 번째 방법인 서로 다른 자산군과의 혼합에 대해 알아보겠습니다. 우리는 여러 주식 종목에 분산투자를 잘해놓으면 리스크를 줄이고, 수익은 높일 수 있다고 확인하였습니다.

그렇다면 주식투자에서 성공하려면 단순히 여러 주식 종목에 분산투자만 한다면 문제가 없을까요?

사실은 그렇지 않습니다. 여러 주식에 분산한 것은 특정 주식 하나에 올인한 것보다는 낫지만, 심각한 단점이 하나 있기 때문입니다. 그것은 아무리 여러 종목에 열심히 분산해놓아도 '시장'이 급락하면, 대부분의 주식 종목이 똑같이 하락하는 경향이 강해져 분산투자도 무용지물이 된다는 것입니다. 대부분의 사람이 종합주가지수가 좀 빠져도 내가 정성껏 고른 종목은 오를 거라는 막연한 기대감을 가지고 있습니다. 하지만 거의 대부분 그 기대감은 무참하게 깨지는 경우가 대부분입니다. 실제 데이터로 확인해볼까요?

〈그림 1-3〉은 우리나라 주식시장에서의 코스피지수와 개별 종목 간의 상관계수입니다. 종목 간의 상관계수라는 것은 종목의 움직임이 비슷한 정도를 말합니다. 즉 상관계수 1은 '똑같이' 움직인다는 것이고, 상관계수 -1은 반대로 움직인다는 것입니다. 〈그림 1-3〉에서 보는 것처럼 상승장일 때는

그림 1-3 **국내 대형주 상위 30종목 간 상관계수와 코스피지수**

출처 : 매경이코노미 제1625호

종목 간의 상관관계가 낮아지고, 지수가 하락할 때는 종목 간의 상관관계가 높아지는 것을 확인할 수 있습니다.

상승장에서는 종목 간 움직임의 상관계수가 낮아지고, 하락장에서 종목 간의 상관계수가 높아진다는 것은 장이 좋을 때는 오르는 몇 종목만 오르지만, 장이 빠질 때는 모든 종목이 똑같이 떨어진다는 의미입니다.

매매 경험이 조금이라도 있는 사람이라면 머리를 싸매고 종목을 선정했는데 지수가 오를 때는 내가 선정한 종목만 오르지 않았지만, 주가지수가 조금만 하락하면 보유한 종목 대부분이 마치 약속이라도 한 듯이 똑같이 떨어지는 것을 경험했을 것입니다. 이러한 이유로 시장이 추세를 따라 하락하거나, 일시적으로 급락하는 시기에는 대부분의 종목이 똑같이 하락합니다. 때문에 분산투자를 해도 리스크를 줄이지 못하는 문제점은 주식 종목의 분산만으로는 해결되지 않습니다.

그렇다면 주식시장이 하락할 때도 투자 자산이 손실을 줄이려면 어떻게 해야 할까요? 방법은 간단합니다. 주식 종목만 분산할 것이 아니라, 주식과 반대로 혹은 주식의 움직임과 무관하게 움직이는 자산에 분산투자하면 됩니다. 그런 자산이 있다면 주식이 하락할 때 이 자산은 상승하므로, 손실을 상쇄시킬 수 있기 때문입니다.

이것이 핵심입니다. '움직임이 서로 반대이거나 무관한 자산들에 분산투자하면 리스크를 줄이고 수익을 높일 수 있다', 그리고 '상관계수가 낮은 자산들로 분산투자 포트폴리오를 구성하라'입니다. 이것은 마치 짚신과 나막신을 반반씩 팔면, 날이 맑건 비가 오건 간에 상관없이 안정적인 수익을 올릴 수 있는 것과 마찬가지입니다.

그렇다면 이와 같이 주식과 반대로 움직이거나, 주식과 무관하게 움직이는 대표적인 자산은 무엇일까요? 답은 채권과 현금입니다.

채권은 쉽게 말해서 빚 문서라고 할 수 있습니다. 내가 너한테 얼마를 빌려줄 테니 특정한 시간이 경과하면 원금에 미리 정한 이자를 더해 갚으라는 차용 증서입니다.

주식은 대표적인 위험자산인 반면, 채권은 대표적인 안전자산입니다. 주식과 채권의 움직임은 일반적으로 약한 음의 상관관계가 있습니다. 장이 좋을 때 채권은 코딱지만 한 확정 이자를 주기 때문에 투자할 이유가 없습니다. 그리고 오르는 주식에 투자하면 더 큰 수익을 기대할 수 있기 때문에 채권 가격은 상대적으로 하락하고 주가는 상승합니다.

반면, 주가가 하락해서 장이 불안해지는 상황이라면 주식에 투자했다가 손실을 볼 수 있습니다. 때문에 비록 적지만 확실한 이자라도 챙기자는 심산

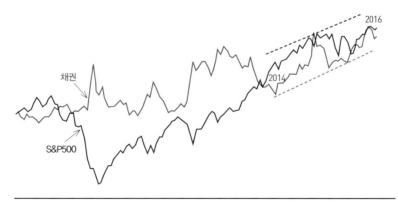

그림 1-4 S&P500지수와 미국 장기 국채와의 상관성(2006~2016)

출처 : https://www.equities.com/news/the-post-election-crash-of-bonds-increases-risk-for-the-crash-of-stocks

으로 채권에 수요가 몰려 채권 가격은 상승합니다.

한 가지 고무적인 사실은 일반적으로 주식과 채권의 상관계수는 주식시장이 나쁘거나 하락장일수록 낮아진다는 것입니다. 즉 기본적으로 주식과 채권의 움직임은 단기적으로는 반대입니다. 하지만 장이 좋을 때는 같이 오르고, 장이 나쁠 때에는 반대로 움직이는 성향이 더 강해져서 효과적으로 리스크를 줄여준다는 것입니다. 따라서 개념적으로 주식과 채권에 절반씩 분산투자하면 장의 방향성과 무관하게 리스크를 줄일 수 있습니다.

현금은 어떨까요? 여러분은 혹시 "현금이 무슨 투자 자산이냐?"라고 반문할 수도 있을 것입니다. 물론 현금 자체는 수익을 창출해내는 자산은 아닙니다. 하지만 현금은 다른 투자 자산과 혼합했을 때 포트폴리오 전체의 손실을 줄여주는 효과가 있기 때문에 매우 중요한 투자 자산입니다. 왜냐하면 앞에서 설명한 것처럼 손실을 줄이는 것이 수익을 추구하는 것보다 훨씬 중요하기 때문입니다.

현금은 매우 낮은 금리가 적용되어 변동성이 매우 낮습니다. 그렇기 때문에 주식이나 채권뿐만 아니라, 거의 모든 자산과의 상관성이 매우 낮아 분산투자에 있어 중요한 역할을 담당합니다.

여러 주식 종목에 분산투자하는 것이 가장 이상적인 주식투자 수단이지만, 시장이 하락하는 시기에는 리스크 감소 효과가 떨어지는 치명적인 단점을 가지고 있습니다. 따라서 예측 불허의 시장에서 돌발적인 하락을 보여도 손실을 줄이기 위해서는 주식과 움직임이 반대이거나 무관한 채권이나 현금 같은 상관계수가 낮은 자산군에도 분산투자해야 한다는 결론을 얻을 수 있습니다.

채권과 현금 모두 ETF로 투자가 가능하기 때문에 우리는 이런 ETF를 이용하여 주식투자의 리스크를 효과적으로 줄일 수 있습니다.

자, 이 시점에서 이런 의문이 생길 것입니다.

"움직임이 서로 반대 방향인 자산에 절반씩 분산투자하면 결국 한쪽에서는 수익이 나지만, 다른 쪽에서는 손실을 보는 것입니다. 그러므로 리스크는 줄어들어 전체적으로 손실은 안 볼지 몰라도, 결국 수익도 못 보는 거 아닌가요? 손실을 안 보는 것도 중요하지만, 그렇다고 수익도 나지 않으면 투자가치는 없는 것 아닌가요?"

과연 그럴까요? 사실은 그렇지 않습니다. 여기에는 여러분이 미처 생각지 못했던 깜짝 놀랄 만한 비밀이 숨어 있습니다. 이제 그 비밀을 한번 살펴볼까요?

주식투자에서 손실을 줄이는 방법
2-2 서로 다른 자산군과의 혼합

🔍 핵심 요약

장기적으로 우상향하지만, 단기적으로는 방향성이 반대인 자산에 투자하면
안정된 투자 수익을 얻을 수 있다.

단기적으로는 움직임이 반대이지만, 장기적으로는 모두 우상향하는 자산
에 분산투자한다는 것은 어떤 개념일까요? 이에 앞서 우리가 오해하고 있는
'어차피 방향이 서로 반대이면 손익이 상쇄되어 결국 수익도 이득도 보지 못
하는 것 아닌가?'에 대해서 살펴보겠습니다.

여러분이 생각하는 그림은 바로 〈그림 1-5〉일 것입니다. 한 종목이 오를
때에는 다른 한 종목이 떨어져서 결국 손익은 평균적으로 0이 됩니다. 실제

로 최근 1년간의 우리나라 코스피200지수와 10년 만기 국채 선물지수를 비교해볼까요? 전체적인 움직임의 방향이 반대인 것을 확인할 수 있습니다.

〈그림 1-6〉에서 볼 수 있는 움직임은 최근 1년간의 '단기적인' 움직임입

그림 1-5 방향성이 반대인 두 자산을 이용한 포트폴리오

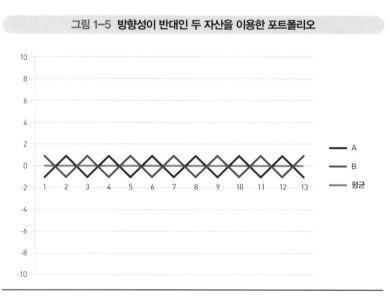

그림 1-6 최근 1년간 코스피200지수와 10년 만기 국채 선물지수 비교

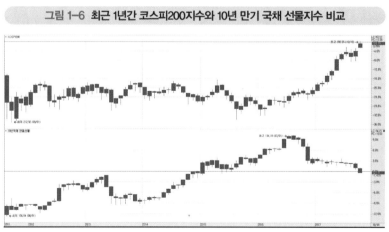

니다. 따라서 얼핏 생각하면 앞서 제기한 의문이 정당한 것처럼 착각할 수 있습니다. 하지만 사실은 주식이나 채권과 같은 투자 자산은 '장기적'으로는 상승한다는 사실을 명심해야 합니다.

여기서 언급하는 '장기'는 수년~수십 년 단위의 기간을 의미합니다. 며칠이나 몇 달 혹은 1~2년의 기간만 살펴봤을 때 일시적으로 오르지 않았다고 '상승하지 않네'라고 판단하면 안 된다는 것입니다. 시장의 사이클에서 몇 달 혹은 몇 년 동안 하락하거나 횡보하는 경우는 매우 흔합니다.

그렇다면 실제 주식과 채권의 '장기적'인 움직임을 도식화하면 어떻게 될까요? 〈그림 1-7〉에서 보는 것처럼 주식(A)과 채권(B)에 분산투자하면 단기적인 관점에서는 각 자산이 반대로 등락하는 가운데 수익과 손실이 상쇄됩

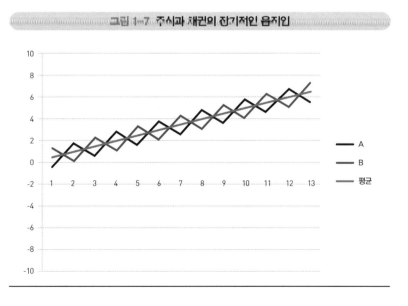

그림 1-7 주식과 채권의 장기적인 움직임

니다. 하지만 두 자산 모두 장기적으로는 우상향하기 때문에 평균적으로는 장기적으로 양의 수익이 발생하는 효과가 나타납니다.

바로 이것이 상관계수가 낮은 자산군을 대상으로 한 분산투자의 위력입니다. 상관성이 낮은 자산 간 분산투자의 또 다른 장점은 '장기적'으로는 손실보다는 수익이 날 가능성이 크다는 것인데요. 그 이유는 투자 자산이 오르는 데에는 한계가 없지만, 떨어지는 데에는 한계가 있기 때문입니다.

서로 반대 방향으로 움직이는 자산을 동시에 보유했다고 가정해봅시다.

A라는 자산이 오를 때 B는 떨어지고, B가 오를 때 A는 떨어집니다. 오르는 자산은 100% 오를 수 있고, 200%도 오를 수 있으며, 2,000% 오를 수도 있습니다. 하지만 A라는 자산이 아무리 2,000%가 오른다고 하더라도, B라는 자산은 절대로 −2,000%로 떨어질 수가 없습니다. 아무리 떨어져도 절대 −100% 이상의 손실이 날 수가 없습니다. 투자 자금을 다 날렸다는 것은 100% 손실을 의미하기 때문입니다. 빚을 내서 투자하지 않는 이상 −100%보다 큰 손실은 불가능합니다.

따라서 A라는 자산이 10% 오를 때, B에서는 −20%의 손실이 나서 포트폴리오에서 손실이 나는 경우는 있습니다. 하지만 A라는 자산에서 30% 수익이 났는데, B에서 −200%의 손실이 나는 것은 불가능합니다. 그러나 A에서 200% 수익이 나고, B에서 −30% 손실이 나는 것은 가능합니다.

전자의 경우처럼 일시적으로 하락하는 자산의 폭이 상대적으로 커서 일시적인 포트폴리오의 손실은 흔히 발생할 수 있지만, 손실이 난 자산의 폭이 무한대로 커질 수는 없습니다. 수학적으로 올라가는 자산의 수익은 무한대이지만, 반대방향으로 움직이는 손실이 나는 자산의 손실폭은 제한되어 있기 때문에 '장기적'으로 보면 수익곡선은 우상향하게 되는 것입니다.

바로 이 A와 B의 관계가 주식과 채권의 관계입니다. 대단히 이상적인 투자 조합이라고 할 수 있습니다. 만일 여기서 A와 B가 삼성전자와 LG 전자라면 그래프가 어떻게 바뀔까요? 비슷한 방향으로 움직이기 때문에 오를 때에는 같이 오르고, 떨어질 때는 비슷하게 떨어집니다. 그러므로 분산을 해도 주식과 채권의 조합처럼 리스크가 이상적으로 줄어들지는 않습니다.

수익이 날 때에는 크게 나지만, 손실이 날 때도 크게 납니다. 그렇기 때문에 이렇게 비슷한 방향으로 움직이는 (상관성이 높은) 자산끼리의 분산투자는 의미가 줄어들게 됩니다.

이제 모든 개념이 확실하고 명쾌하게 이해가 되었을 것입니다. 의미 있는 분산투자의 조합은 '장기적으로는 상승하지만, 단기적으로는 움직임이 서로 반대인 상관성이 낮은 종목군'들로 구성하는 것입니다.

그렇다면 최악의 경우는 어떤 것일까요? 장기적으로는 하락하는데, 단기적으로 상관관계까지 높은 경우가 될 것입니다. 이런 어리석은 투자를 하는 사람이 있을까라고 생각할지 모르겠지만, 사실 거의 대다수의 개미 투자자가 이런 방법으로 투자하고 있습니다. 즉 지수가 폭락하거나 계속 하락하고 있는 장에서 주식 종목들만 들고 있는 것입니다.

물론 주식은 장기적으로는 상승하므로, 이 같은 상황은 장기적으로는 상승하지만 단기적으로는 상관계수가 높은 종목에 투자하는 상황이 아닌가라고 반문하실지도 모르겠습니다. 아마 지금 이 글을 보고 있는 투자자들 대부분이 단기 스윙 내지는 길어 봐야 몇 달 간격의 중기 투자자일 것이라고 생각합니다.

이런 관점에서 본다면, 장이 지속적으로 하락하는 상황은 여러분의 매매 스케일상에서는 '장기'에 해당하는 것이요. 즉 하락장에서 상관계수가 높은 주식 종목들로만 분산투자하는 것은 결국 장기적으로 하락하는 자산군에 단기적으로 상관계수가 높은 종목들에 투자하는 최악의 방법이 되기 때문에 (물론 어느 종목 하나에 올인한 것보다는 그나마 낫겠습니다만) 분산투자가 아무런 의미가 없어지는 것이요. 예를 들자면 〈그림 1-8〉과 같은 경우입니다.

그림 1-8 **하락장에서의 현실적인 분산 효과**

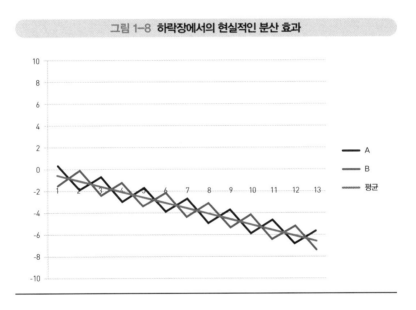

이제 명쾌하게 이해가 가시나요?

이처럼 장기적으로는 우상향하지만, 단기적으로는 상관성이 낮은 자산군에 분산투자하면 안정적인 절대 수익을 쉽게 얻을 수 있습니다.

주식투자에서 손실을 줄이는 방법
3 포트폴리오 리밸런싱

🔍 핵심 요약

리밸런싱 효과 : 상관계수가 낮은 자산군을 대상으로 주기적으로 리밸런싱하면 손실을 낮추면서도 추가적인 수익을 얻을 수 있다.

우리는 앞서 장기적으로 우상향하지만 단기적으로는 상관성이 낮은 자산군에 분산투자하면 리스크를 최소화하면서도, 장기적으로 안정적인 수익을 얻을 수 있음을 확인하였습니다.

다시 한 번 살펴보고 넘어갈까요?

단기적으로는 움직임이 반대여서 리스크를 상쇄하지만, 장기적인 수익으로 인해 평균적인 수익곡선은 우상향합니다. 그런데 여기서 한 가지 약간 기술을 부리면 마법과 같이 리스크는 줄이면서도 수익률은 더 향상시킬 수 있습니다.

그것은 일정 주기로 이 두 자산의 비율을 동일하게 맞추는 것인데요, 이를 포트폴리오 리밸런싱이라고 합니다. 지금부터는 포트폴리오 리밸런싱에 대해서 자세히 살펴보겠습니다.

만일 〈그림 1-9〉의 그래프가 한 달 단위로 그려진 것이라고 가정해봅시다. 그렇다면 이 투자 방법은 초기에 주식(A)과 채권(B)에 절반씩 투자한 후, 13개월이 지날 때까지 손가락 하나 까딱 안 하고 가만히 방치했을 때의 수익곡선이 될 것입니다.

그림 1-9 우상향하는 자산군 간의 분산투자 포트폴리오

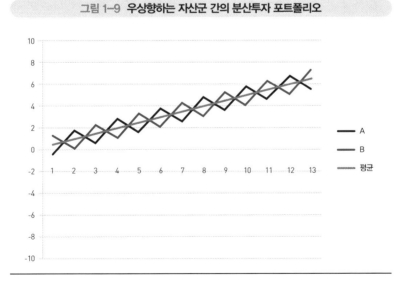

그런데 이때 한 달 간격으로 주식과 채권의 평가액을 1:1로 다시 맞추면 어떻게 될까요?

첫 달에 주식에 50만 원, 채권에 50만 원을 동일하게 투자했습니다. 그런데 다음 달에 주식은 70만 원으로 올랐고, 채권은 30만 원으로 떨어졌다고 가정해봅시다. 그다음 달에 주식과 채권이 다시 50만 원으로 회귀했다면, 그냥 단순히 보유만 했을 경우 수익률은 어떻게 될까요? 당연히 0%가 될 것입니다. 초기 투자 금액도 100만 원이고, 두 달이 지난 시점에서의 평가액도 100만 원이니까요.

그런데 만일 주식이 70만 원으로 오르고, 채권이 30만 원으로 떨어졌을 때 비중을 다시 1:1로 맞추면 어떻게 될까요? 주식에서 수익이 난 20만 원을 인출해서 채권에 추가하면 똑같이 50만 원(1:1 = (70 − 20 = 30 + 20 = 50)이 될 것입니다.

그다음 달에는 어떻게 될까요? 주식은 70만 원에서 50만 원으로 약 −30%가량 하락했고, 채권은 30만 원에서 50만 원으로 66% 상승했습니다. 이때 전 달에 주식에서 20만 원을 인출해서 채권을 50만 원으로 만든 상황에서 30% 하락했으니, 다음 달 주식의 평가액은 50만 원 × 0.7 = 35만 원이 됩니다. 하지만 채권은 20만 원이 추가되어 다시 50만 원이 된 상황에서 66%가 올랐으니 50만 원 × 1.66 = 83만 원이 됩니다. 결국 가만히 두었으면 주식과 채권의 가격은 원상 복구되어 수익이 발생하지 않습니다.

하지만 이렇게 비중을 똑같이 맞춰주는 작업을 해주면 원금 100만 원이 83 + 35 = 118만 원으로 불어나, 18% 수익이 발생하게 됩니다. 개별 자산의 가격은 그대로인데, 우리가 보유한 포트폴리오에는 추가적인 수익이 발생한 것을 확인할 수 있습니다.

이처럼 자산 간의 비중을 주기적으로 조절하는 과정을 포트폴리오 리밸런싱이라고 합니다. 그리고 특별히 리밸런싱 시 각 자산의 비중을 동일하게 조절하는 방법을 동일비중 포트폴리오라고 합니다. 리밸런싱 방법에는 단순히 모든 자산을 동일비중으로 맞추는 방법뿐만 아니라, 변동성이나 상관성 등을 기준으로 조절하는 방법 등 여러 가지가 있습니다. 하지만 일반적으로 포트폴리오 리밸런싱이라고 하면 동일비중 포트폴리오 리밸런싱이라고 생각하면 됩니다.

동일비중 포트폴리오 리밸런싱을 통해 추가적인 수익이 발생하는 이유는 동일비중으로 포트폴리오를 구성하면 고평가된 자산을 일부 매도(차익실현)하여 저평가된 자산에 추가 불입(저점 추불)하는 구조가 만들어지기 때문입니다. 싼 가격에 사서 비싼 가격에 파는 시도를 하지도 않았음에도 일종의 고점 매도와 저점 매수 효과가 자연스럽게 발생하게 되는 것입니다.

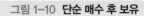

그림 1-10 단순 매수 후 보유

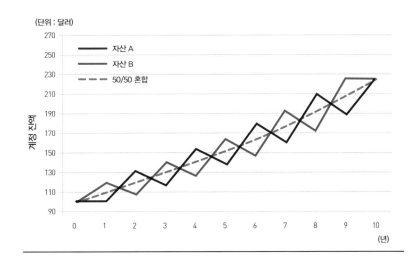

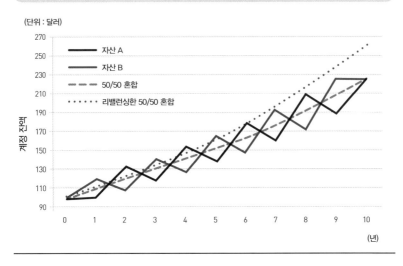

그림 1-11 주기적으로 리밸런싱한 경우

(단위 : 달러)

자산 A
자산 B
50/50 혼합
리밸런싱한 50/50 혼합

이 과정에서 손실만 감소하는 것이 아니라, 수익까지 증가하는 놀라운 효과를 얻을 수 있는데요, 이를 리밸런싱 효과^{Rebalacing Gain}라고 합니다.

〈그림 1-11〉에서 보는 것처럼 리밸런싱(재조정)하는 경우, 이러한 효과로 인해 단순히 보유하고 방치할 때보다 장기적으로 추가적인 수익이 발생합니다.

21세의 나이에 MIT에서 수학박사 학위를 받고, 현대 디지털 컴퓨터와 회로 이론을 정립한 클로드 섀넌^{Claude Shannon}은 "주식시장에서 상승과 하락 방향성의 예측은 불가능하기 때문에, 상승과 하락의 확률은 동일하게 50%로 전제해야 한다는 가정하에 '주식과 현금'을 1:1로 나누어 주기적으로 리밸런싱하는 것이 가장 합리적인 투자 방법이다"라고 하였습니다.

즉 투자 자산은 복리로 움직이므로 복리 효과를 최대로 하기 위해서는 산술평균이 아닌 기하평균의 비율을 최대로 하는 것이 최적입니다. 그런데 상승과 하락의 방향성은 예측이 불가능하므로(상승 확률 50%), 이런 관점에서 수학적으로 기하평균이 최대가 되는 주식과 현금의 배분비율은 1:1이라고 주장하였습니다. 섀넌의 이론은 이후 최적 투자비율을 결정하는 공식인 켈리의 공식에 영향을 주었습니다.

증권분석의 전설적인 대가 벤저민 그레이엄 또한 이러한 이론에 입각하여 투자자가 할 수 있는 최고의 방법은 주식과 채권에 1:1로 분산투자하는 것으로, 이를 포뮬러 플랜^{Formula Plan}(주가 예측을 무시하고 일정한 기준을 정하여 자동적으로 투자 의사를 결정하는 투자 기법)이라고 명명하였습니다.

리밸런싱 효과는 자산 간 움직임이 추세적인 경우보다는 횡보성이 강할 때 극대화됩니다. 만일 주식이 10년 내내 계속 오르기만 하고 채권은 계속 떨어지기만 한다면, 주기적으로 리밸런싱하는 것보다 그냥 단순 보유하는 것이 더 큰 수익을 낼 것입니다. 수익이 발생하는 주식의 일부를 계속 떨어지는 채권에 넣으면 손해이기 때문입니다.

하지만 두 자산 간의 움직임이 불규칙적으로 오르락 내리락 하는 횡보장에서 리밸런싱하면 낮은 가격대의 자산이 오르고, 추가적인 수익과 차익실현이 누적되면 리밸런싱 효과가 누적됩니다.

일반적으로 시장은 2/3가 비추세 내지는 횡보장이기 때문에 장기적인 투자 과정에서는 주기적으로 리밸런싱한 것이 하지 않은 것에 비해 손실은 낮추면서 수익률을 더 높여줍니다.

결론적으로 장기적으로 우상향하지만 단기적으로는 움직임이 반대인 종목에 분산투자하면 리스크를 줄인 상황에서 안정적인 수익을 얻을 수 있습니다. 그런데 여기에 리밸런싱까지 추가하면 손실은 더 낮추고, 수익은 더 높일 수 있습니다.

지금까지 살펴본 내용을 다시 한 번 종합해볼까요?

우선, 주식투자로 안정적인 수익을 내기 위해서는 일반적인 상식과 달리 어떻게 수익을 내는지가 아니라, 어떻게 손실을 줄일지에 집중해야 합니다. 그 이유는 다음 세 가지입니다.

첫째, 미래를 정확하게 예측하지 않는 한 투자에서 손실을 보는 것은 불가피합니다. 그렇기 때문에 투자 과정에서 손실을 보는 것은 극히 자연스러운 일이므로, 손실을 관리하는 방법을 알고 있어야 합니다.

둘째, 손익 비대칭의 원리에 따라 손실이 커질수록 이른 메우기 위해 손실폭보다 훨씬 더 큰 수익을 올려야 합니다. 그렇기 때문에 손실을 최소화하는 것이 상대적으로 높은 수익을 얻는 것입니다.

셋째, 주식을 포함한 투자 자산의 수익률은 복리(기하평균)로 움직이는데, 복리 수익이 커지기 위해서는 변동성이 큰 것보다 변동성이 작아야 합니다. (크게 잃고 크게 먹는 것보다, 적게 잃고 적게 먹는 게 수익이 오히려 큽니다.)

따라서 주식투자의 기본 원리는 손실과 변동성을 최대한 줄여서 안전한 투자를 하는 것이 오히려 큰 수익을 얻는 지름길입니다. 이런 관점에서 손실과 변동성을 줄이기 위해서 할 수 있는 투자 방법은 다음 세 가지입니다.

첫째, 주식 종목을 분산합니다(여러 종목의 주식에 분산투자하거나 ETF를 이용).

둘째, 주식 종목뿐만 아니라, 주식과 상관관계가 낮은 채권이나 현금과 같은 다른 자산군에도 분산투자합니다.

셋째, 주식과 채권(현금) 자산을 주기적으로 리밸런싱해서 손실을 낮추면서도 추가적인 수익을 노립니다.

이제 분산투자와 리밸런싱 외에 손실을 줄이면서 수익을 높이는 또 다른 방법 한 가지를 알아보도록 하겠습니다. 또한 지금까지 배웠던 내용들을 모두 종합해서 실제로 투자할 수 있는 방법을 구체적으로 살펴보겠습니다.

주식투자에서 손실을 줄이는 방법
4-1 장세에 따른 투자 비중의 조절(추세추종)

Q 핵심 요약

시장에는 '추세'가 존재하기 때문에 떨어질 때 사서, 오를 때 팔려는 시도는 추세를 거슬러 수익은 제한하고 손실은 제한하지 않는 구조이다. 때문에 장기적으로는 손실을 볼 수밖에 없다. 하지만 '추세'를 따르면 장기적으로 수익을 얻을 수 있다.

시장의 추세에 따라 투자 비중을 조절하면(강세장에 비중을 늘리고, 약세장에 비중을 줄이는 추세추종 전략), 기나긴 하락장에서의 손실을 최소화하면서 상승장의 수익을 극대화할 수 있습니다. 주식에서 큰 실패를 맛본 경험이 있는 사람은 거의 대부분 패턴이 비슷합니다.

장이 하락할 때 손실을 봐도 '곧 오르겠지? 언젠가는 오를 거야'라고 막연한 희망을 가지고 계속 들고 있거나 물타기를 합니다. 그러다가 도저히 참을 수 없을 정도로 큰 손실을 보면 그제야 털고 나옵니다. 하지만 꼭 손을 털고 나온 후에는 귀신같이 폭등장이 펼쳐지게 되지요.

그러면 이전에 받은 트라우마 때문에 투자에 참여하지 못하다가, 폭등장이 끝물에 다다를 때 다시 투자에 동참하게 됩니다. 그러면 또 장은 귀신같이 빠지면서 동일한 사이클이 반복됩니다.

이러한 현상이 발생하는 이유는 무엇일까요?

근본적인 이유는 장세에 따라 주식 비중을 조절하지 못했기 때문입니다. 상식적으로 장이 안 좋거나 폭락할 때에는 주식 비중을 줄이고, 장이 좋고 활황장일 때에는 주식 비중을 늘려야 손실을 줄이고 수익을 낼 수 있습니다. 그런데 대부분의 투자자는 거꾸로 합니다. 장이 하락하면 주식 비중을 늘리고, 상승하면 주식 비중을 줄입니다. 그래서 큰 손실을 보는 것입니다.

이런 이야기를 하면 다음 두 가지 질문을 제게 던질 것입니다.

"주식이건 장사건 뭐건 간에 수익을 내려면 어쨌거나 쌀 때 사서, 비쌀 때 팔아야 수익이 나는 것 아닙니까? 비쌀 때 사서 쌀 때 팔면 손실을 볼 수밖에 없으니, 결국 장이 하락할 때 싸게 사서 올라갈 때 팔아야 돈을 버는 게 상식적으로 맞지 않습니까?"

"상승장인지 하락장인지 알려면 결국은 주가를 예측해야 되는 것 아닙니까? 앞서서 주가를 예측할 수 없다고 했는데, 모순이 아닐까요?"

자세한 설명에 앞서 결론부터 간단히 말씀을 드리겠습니다.

첫 번째 질문의 주장은 절반은 맞고, 절반은 틀립니다. 싼 가격에 사서 비싼 가격에 팔아야 수익이 나는 것은 맞습니다. 하지만 주가가 떨어질 때 사는 것은 싼 가격에 사는 것이 아니라는 것을 알아야 합니다.

여기서 많은 투자자가 오해를 합니다. 주가가 떨어질 때 사서 오를 때 파는 것은 얼핏 보면 쌀 때 사서 비싸게 파는 것이라고 생각합니다. 하지만 사실은 완전히 반대라는 것이지요. 왜 그런지는 곧 자세히 설명하겠습니다.

두 번째 질문에 대한 답변은 주가는 그 어떤 방법으로도 완벽하게 예측할 수는 없습니다. 하지만 상승장인지 하락장인지를 구분하는 것은 '예측'하는 것이 아니라, 나름대로의 기준으로 정하는 것입니다. 따라서 우리는 주가를 완벽하게 예측하지 못하더라도 정해놓은 기준에 따라 상승장과 하락장을 구분해서 투자의 지표로 삼을 수 있습니다. 심지어 기준이 불완전하더라도 장기간 꾸준히 따르면 지속적으로 수익이 발생합니다.

자, 그러면 지금부터 그 이유에 대해 좀 더 자세히 살펴보겠습니다.

Q1. 주식투자에서 수익을 내려면, 어쨌거나 쌀 때 사서 비쌀 때 팔아야 수익이 나는 것 아닙니까?

A1. 장이 하락할 때 사는 것이 싸게 사는 것이 아니라, 사실은 비싸게 사는 것이라고 주장한 이유는 주가의 한 가지 중요한 속성 때문입니다. 이는 비단 주가뿐만 아니라 모든 투자 자산에도 공통적으로 존재하는 속성이고, 투자 자산뿐만 아니라 자연계에도 존재하는 중요한 속성입니다.

그것은 바로 '추세'라는 속성인데요, 추세는 일종의 관성이라고도 할 수 있습니다. 방향성은 변하지 않고 움직임을 계속 유지하려는 성질이지요. 즉 오르는 주식은 계속 오르고, 떨어지는 주식은 계속 떨어지려는 속성이 있다는 말입니다. 이는 비단 주식뿐만 아니라 모든 투자 자산에도 공통적으로 존재하는 중요한 속성입니다.

'추세'라는 속성은 넓게 본다면, 비단 주식시장에만 존재하는 것이 아니라, 우주 만물에 보편적으로 존재하는 '인과율'과도 일맥상통합니다. 모든 현상에는 원인에 따른 결과가 존재합니다. 어떤 현상에는 분명한 원인이 있고, 그 원인이 사라지거나 바뀌지 않는 한 그에 따른 결과도 비슷하게 지속될 것이라는 논리는 지극히 상식적이고 보편적입니다.

어떤 주식이 오르는 데에는 분명한 원인이 있습니다. 그것이 우량 가치 때문일 수도, 돈 많은 세력이 개입해서이거나, 시장 상황이 좋아서일 수도 있습니다. 비록 우리가 그 원인을 항상 정확하게 알 수는 없지만, 최종적으로 그 원인은 '주가'라는 객관적인 지표에 반영될 수밖에 없습니다. 따라서 어떤 종목의 주가가 지속적으로 오르거나 떨어진다면, 여기에는 분명한 이유가 있고, 이 요인이 당장 없어지거나 바뀔 특별한 일이 없다면 주가의 방향성도 그대로 유지될 것입니다. 이것이 바로 추세추종의 핵심 철학으로, 단순하지만 상식적이고 부인할 수 없는 분명한 사실입니다.

추세라는 중요한 속성은 투자에서 엄청나게 중요합니다. 왜냐하면 이 속성을 제대로 알지 못하면 거꾸로 투자를 하게 되어 결국은 실패하기 때문입니다. 오르는 주식은 계속 오르는 속성이 있고, 떨어지는 주식은 계속 떨어지는 속성이 존재한다면, 우리가 막연하게 맞다고 생각했던 주식투자법에 어떤 문제점이 있을까요? 즉 장이 하락하거나 주가가 떨어지면, 이후에 더 떨어진다는 말이 될 것입니다. 그렇다면 단순히 주가가 떨어졌으니(싸졌으니), 이때 사면 싸게 산 것이라는 생각은 완전한 오산입니다.

왜냐하면 이전에 비해서 싸진 것은 맞지만, 내가 산 이후에 주가는 더 떨어질 것이기 때문에 사실은 비싸게 산 것이 되는 것입니다. 그리고 전날보다 주가가 올라서 오늘 팔면 비싸게 팔았다고 생각하지만, 팔고 난 다음에 주가가 올랐다면 나는 사실 비싸게 판 것이 아니라 싸게 판 것이 되는 것입니다.

따라서 막연하게 주가가 하락했기 때문에 싸다고 생각해서 사고, 주가가 오르면 팔겠다라는 전략은 실제로는 수익이 아니라 장기적으로는 큰 손실로 이어집니다. 왜냐하면 싸다고 생각해서 샀는데, 주가는 이후에 한도 끝도 없이 떨어져 반 토막이나 1/3 토막이 나는 경우도 허다하기 때문이지요. 그러면 아마도 이런 반문을 제기하는 분도 계실 겁니다.

"추세라는 속성이 존재하는 것은 맞지만, 주가가 항상 그런 식으로 움직이는 것은 아닙니다. 주가가 하락한 이후 다시 상승으로 반등하는 경우도 있고, 상승하는 주식이 무한대로 오르는 것도 아니라 다시 하락 전환하는 경우도 많습니다. 어떻게 한 방향으로만 움직인다고 단정할 수 있습니까?"

"2011~2016년간 코스피의 장기 박스권은 어떻게 설명할 것입니까?"

추세라는 속성은 주가의 방향성이 불변하게 영원히 유지된다는 의미는 절대 아닙니다. 주가의 방향성이 언제 바뀔지는 알 수 없지만, 적어도 그 방향성이 바뀌기 전까지는 일반적으로 추세가 유지되는 속성이 있다는 의미입

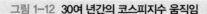

그림 1-12　**30여 년간의 코스피지수 움직임**

니다. 그렇기 때문에 추세에 대한 속성을 오해하면 안 됩니다.

아마도 아직 이해가 안 되는 분도 있을 것입니다. 그래서 직접 실제 데이터를 가지고 직접 검증해보겠습니다. 〈그림 1-12〉는 우리나라 코스피지수의 30여 년간의 움직임을 보여주는 일간 차트입니다. 코스닥 버블, IMF, 서브프라임 사태와 같이 굵직굵직한 이슈에 의해서 반 토막 이상의 폭락이 발생하는 구간을 여러 차례 확인할 수 있습니다.

자, 그러면 주가가 떨어질 때 싸게 사서, 주가가 오를 때 비싸게 파는 방법과 반대로 주가가 오를 때 사서 주가가 떨어질 때 파는 방법으로 30여 년간 투자했을 때 실제 수익률에는 어떤 차이가 발생하는지 확인해보겠습니다.

그러기 위해서는 우선 명확한 기준을 정해야 합니다. 주가가 '싸다, 비싸다'라는 기준을 어떻게 정하는지에 대해서는 정답이 없습니다. 우리가 정하기 나름입니다. 이를테면 지난달과 비교해서 주가가 낮으면 싸다고 정의할 수도 있고, 최근 20일간 최저가보다 낮다면 주가가 싸다고 정의할 수도 있습니다.

여기서는 당일 주가가 최근 20일 동안의 최저가보다 낮으면 '싸다'라고 정의를 하고, 최근 20일 최고가보다 높으면 '비싸다'라고 정의를 일단 해보겠습

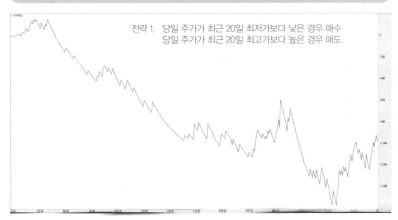

그림 1-13 20일 최저가 매수, 20일 최고가 매도

전략 1. 당일 주가가 최근 20일 최저가보다 낮은 경우 매수
당일 주가가 최근 20일 최고가보다 높은 경우 매도

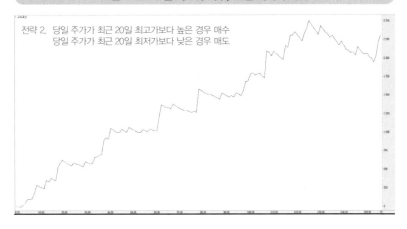

그림 1-14 20일 최고가 매수, 20일 최저가 매도

전략 2. 당일 주가가 최근 20일 최고가보다 높은 경우 매수
당일 주가가 최근 20일 최저가보다 낮은 경우 매도

니다. 그리고 두 가지 상반된 전략을 비교해보겠습니다.

코스피지수를 대상으로 1985년 1월 4일 ~ 2017년 10월 26일 기간 동안 시뮬레이션하였습니다.

30여 년간의 시뮬레이션 데이터를 살펴보면, 전략 1(그림 1-13)은 73% 손실이 발생했고, 전략 2(그림 1-14)는 3,023%의 수익이 났습니다. 두 수익곡선 모두 불규칙하지만, 전략 1은 장기적으로 손실이 발생했지만, 전략 2는 장기간에 걸쳐 수익이 나는 것을 확인할 수 있습니다.

그럼 대체 왜 이런 아이러니한 상황이 발생했는지 살펴볼까요?

전략 1의 신호를 살펴봅시다. 주가가 최근 20일간의 최저가보다 낮으면 매수하기로 했습니다.

〈그림 1-15〉에서 볼 수 있듯이 2008년 6월 10일 최근의 20일 주가의 최저가보다 주가가 하락해서, 즉 충분히 싸져서 매수 신호가 발생한 것을 볼 수

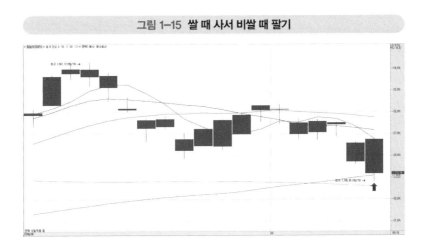

그림 1-15 쌀 때 사서 비쌀 때 팔기

있습니다. 이때 혹시 '음, 주가가 충분히 빠졌으니 싸게 잘 샀어. 다음에는 크게 올라서 수익이 나겠지?' 라고 생각하셨나요?

그렇다면 그 이후의 움직임을 볼까요?

그 이후의 움직임은 이렇습니다. 싸게 매수해서 오를 거라고 추측했던 때

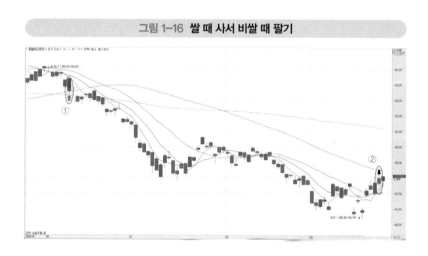

그림 1-16 쌀 때 사서 비쌀 때 팔기

가 바로 왼쪽 위 ①로 표시된 구간이었습니다. 그리고 이후 매도 신호(최근 20일간의 최고가 갱신)가 나와 매도한 시점은 오른쪽 아래 ②로 표시된 구간입니다. 이 구간에서의 매매 수익률은 -37% 입니다.

반대로 전략 2를 볼까요?

주가가 최근 20일 기준으로 최고가를 갱신해서 '비싸졌을 때' 사서, 최근 20일 기준 최저가를 하회해서 '싸졌을 때' 판 경우는 어떻게 될까요?

우선 매수 신호가 발생한 구간부터 보겠습니다(그림 1-17). '비쌀 때' 샀으

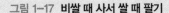

그림 1-17 비쌀 때 사서 쌀 때 팔기

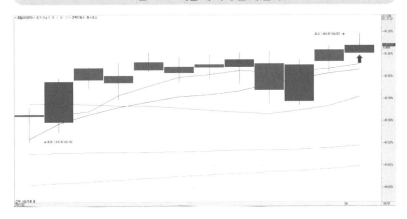

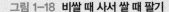

그림 1-18 비쌀 때 사서 쌀 때 팔기

니 이후에 주가가 하락했을까요? 〈그림 1-18〉은 그 이후의 모습입니다. 매

도신호가 나올 때까지 24%나 상승했네요.

자, 이제 왜 쌀 때 사서 비싸게 파는 전략이 장기적으로 손실을 보고, 비쌀

때 사서 싸게 파는 전략이 오히려 수익이 나는지 감을 잡으셨나요?

물론 주가가 하락할 때 매수하여 상승할 때 매도해도 수익이 나는 경우도

분명히 있습니다. 주가가 한 방향으로 추세를 이루지 않고 박스권에서 횡보하는 구간에서는 역추세 전략이 수익을 주고, 추세를 따르는 전략은 오히려 손실이 누적됩니다.

그럼에도 불구하고 장기적으로는 추세의 방향을 따라 매매(즉 주가가 상승할 때 매수, 하락할 때 매도)하는 방법이 수익을 내는 이유는 큰 추세가 한 번 지속되면 그 움직임의 폭은 제한이 없기 때문입니다. 즉 수익이 날 때 큰 추세를 만나면 수익의 폭에는 제한이 없다는 말입니다. 그래서 비록 횡보구간에서 자잘한 손실이 누적되어도 큰 추세에 의한 커다란 수익이 이런 작은 손실을 모두 상쇄시킵니다.

하지만 추세의 방향에 반대되는 매매(주가가 하락 시 매수, 상승 시 매도)는 어떨까요? 횡보 구간에서는 물론 수익을 봅니다. 하지만 횡보구간의 수익은 '제한'되어 있습니다. 최고가를 달성했을 때 그 이후에도 큰 수익이 날 가능성이 얼마든지 있습니다. 하지만 매도에는 제한 규칙이 있습니다. 반면, 손실이 날 때는 '손실의 폭'에는 제한이 없는 구조입니다. 반 토막이 날 수도 있고, 1/10 토막이 날 수도 있습니다.

따라서 구조적으로 추세를 따르는 매매는 손실은 제한되고, 수익은 무한대로 열려 있는 구조입니다. 반면, 추세를 거스르는 방법(쌀 때 사서, 비쌀 때 파는 방법)은 수익은 제한되지만, 손실은 무한대로 열려 있는 구조입니다. 그래서 장기적으로 볼 때 시장에는 큰 추세가 반드시 나타나기 때문에, 추세를 거스르는 매매법은 구조적으로 손실이 누적될 수밖에 없습니다.

절대다수의 개미투자자는 이런 사실에 대해 진지하게 생각해보지 않기 때문에 막연하게 쌀 때 사서 비싸게 팔아야겠다는 전략이 장기적으로 얼마나 치명적일 수 있는지 알지 못합니다. 그러니 실패할 수밖에 없는 것입니다.

Q 2. 주가는 예측할 수 없다고 해놓고, 어떻게 지금이 상승장인지 하락장
   인지 예측해서 비중을 조절해야 한다는 것입니까?

A.   추세를 따른다는 것은 주가를 예측하는 것이 절대 아닙니다. 단지 주
   가가 상승하고 있는지, 하락하고 있는지를 나름대로의 기준으로 정
   한다는 의미입니다. 예를 들어 추신수 선수의 최근 5경기의 평균 타
   율이 이전 5경기 타율보다 좋다면, 우리는 '최근 5경기 타율'을 기준
   으로 추신수 선수의 타율이 상승 추세라고 '정의'할 수 있습니다. 물
   론 이 판정이 추신수의 다음 타율이 반드시 올라간다고 예측하는 것
   은 전혀 아닙니다.

  시장이 상승장인지 하락장인지를 구분하는 것은 절대적인 기준이 있는
게 아니라, 나름대로 기준을 잡으면 되는 것입니다.

  오늘 주가가 최근 5일 평균 주가보다 높으면, 5일 기준 상승 추세에 있다
고 볼 수 있습니다. 그리고, 6개월 평균보다 높으면 6개월 기준 상승 추세로
정의할 수 있습니다. 평균가로만 비교해야 하는 것은 아닙니다. 5일 전 가
격, 혹은 5개월 전 가격과 단순 비교해서 그보다 높으면 상승 추세, 낮으면
하락 추세로 정의할 수도 있습니다.

  반드시 5일, 5개월이어야 할까요?

  아닙니다. 6일, 6개월, 10일, 10개월로 잡을 수도 있습니다. 기준은 여러
분이 잡는 것입니다.

  그렇다면 어떤 기준이 가장 완벽하고 이상적일까요?

결론은 가장 완벽하고 이상적인 기준은 없을 뿐만 아니라, 중요하지 않습니다. 어떤 기준, 어떤 시간 간격으로 추세를 정의하건 추세를 따르는 방향으로 매매를 하면 장기적으로 수익곡선은 우상향합니다. 세부적인 숫자나 정의 방법에 따라 발생하는 수익률의 차이는 '우열'의 문제가 아니라, '차이'의 문제입니다. 이 사실이 훨씬 더 중요하지요. 왜냐하면 시장에는 단기 추세건, 중기 추세건, 장기 추세건, 이동평균을 기준으로 하건, 이전 주가와 단순 비교를 하건, 최고가 최저가를 이용해서 비교하건 간에 '추세'라는 속성이 존재하기 때문입니다. 그렇기 때문에 '추세'를 따르는 매매법과 매매 구조를 유지하는 것이 중요합니다.

지금까지 개인투자자들이 당연히 옳다고 생각하는 '떨어질 때 싸게 사서, 오를 때 비싸게 파는 방식'이 얼마나 심각한 문제를 안고 있는지에 대해 살펴보았습니다. 시장에는 '추세'가 존재하기 때문에 떨어질 때 사서, 오를 때 팔려는 시도는 추세를 거슬러 수익을 제한하고 손실을 제한하지 않는 구조입니다. 그렇기 때문에 장기적으로는 손실을 볼 수밖에 없습니다. '추세'를 따라야 수익이 나는 구조입니다.

자, 하나하나 살펴보니 왜 개인투자자들의 일반적인 투자 패턴이 실패할 수밖에 없는 이유를 이해하셨을 것입니다. 결론적으로 실패할 수밖에 없는 투자 패턴만 골라서 투자를 하고 있기 때문입니다. 손실을 제한하는 것이 수학적으로 큰 수익을 주는데, 손실은 안중에도 없고 수익에만 집착합니다. 그리고 분산을 해야 손실이 제한되고 수익이 늘어나는데, 올인만 하고 상관계수가 낮은 자산군에 분산투자를 해야 하는데 위험자산에만 투자합니다. 또한 장세에 따라 상승장에서 강하게 베팅하고 하락장에서 비중을 줄여야 하는데, 반대로 하니 당연히 실패하는 것입니다. 이에 대한 분명한 이론적 근거를 살펴보았습니다.

자, 그럼 절대다수의 개인투자자와 반대로 하면 상위 5%의 투자자가 될 수 있겠죠?

주식투자에서 손실을 줄이는 방법

4-2 장세에 따른 투자 비중의 조절(추세추종)

🔍 핵심 요약

1. 모멘텀 전략은 추세추종 전략의 일종이다.

2. 모멘텀 효과는 모든 자산군에 존재하며, 동일한 자산군 내 혹은 서로 다른 자산 간에도 존재하고, 1~12개월 사이의 어느 구간에서도 나타난다.

3. 절대 모멘텀, 상대 모멘텀, 평균 모멘텀 백분율 등 다양한 방법으로 모멘텀 전략을 구사할 수 있다.

4. 특정 모멘텀 기간에 대해 의존하는 것을 방지하기 위해서는 평균 모멘텀 스코어 전략을 이용할 수 있다.

5. 모멘텀 전략은 손실을 줄이면서도 수익을 올리려는 전략이며, 다양한 자산군으로 구성된 포트폴리오에 적용하면 시장의 상황과 무관한 절대 수익을 추구하는 포트폴리오를 구성할 수 있다.

추세의 방향 따라 기계적인 신호로 매매하는 방법을 추세추종 매매법이라고 합니다. 추세추종 매매 전략은 매우 단순한 것부터 복잡한 보조지표와 매매 규칙으로 구성된 시스템 신호를 이용한 방법까지 매우 다양합니다.

한 가지 오해하면 안 되는 사실은 복잡한 기법이 단순한 기법보다 더 우월하다는 보장은 없다는 것입니다. 실제로는 오히려 단순한 규칙이 더 강건하고 오래 살아남는 경우가 더 많습니다. 그 이유는 복잡한 기법일수록 의도치 않게 백테스트상에서 좋은 성과를 찾아내기 위해 과최적화에 빠지는 경우가 많기 때문입니다. 이렇게 되면 과거 데이터를 이용한 시뮬레이션에서는 좋은 성과를 내지만, 막상 실전에서는 수익은커녕 손실만 누적되는 경우가 많습니다.

이번 장에서는 가장 단순하면서도 이론적인 배경이 탄탄할 뿐만 아니라, 실제 포트폴리오 투자에서 전 세계적으로 가장 널리 이용되는 '월간 모멘텀 전략'이라는 추세 매매법을 이용해서 실제로 코스피지수 투자에 적용해보겠습니다. 그리고 결과를 확인해보겠습니다.

⑤ 월간 모멘텀 전략

월간 모멘텀 전략에 대해 알아보기 전에 우선 '모멘텀'에 대해 알아보겠습니다. 모멘텀은 아주 간단합니다. 즉 '모멘텀 = 오늘 주가 – 특정 기간 이전의 주가'로 정의할 수 있습니다. 종목마다 가격이 제각기 다르므로, 비율로 표준화하기 위해 '모멘텀 = 오늘 주가/특정 기간 이전의 주가'처럼 계산할 수도 있습니다. 이런 관점에서 본다면 n개월 모멘텀이라는 것은 '최근 n개월 간의 수익률'과 같은 개념입니다.

예를 들어 이번 달 코스피지수가 2,000이었는데, 1개월 전 코스피지수는 1,950였고, 2개월 전 코스피지수는 1,900이었다면, 코스피지수의 '1개월 모멘텀은 2,000 − 1,950 = 50'이고, '2개월 모멘텀은 2,000 − 1,900 = 100'이 됩니다. 비율로 계산하자면 '1개월 모멘텀 = 2,000 / 1,950 = 1.025'가 되고, '2개월 모멘텀 = 2,000 / 1,900 = 1.052'가 됩니다.

서로 다른 종목 간 모멘텀을 비교할 때는 종목 간의 가격 수준이 다르기 때문에 비율로 계산하는 모멘텀을 사용합니다. 그래서 앞으로 살펴볼 모멘텀은 비율로 계산한 값을 의미한다는 사실을 알아두시기 바랍니다.

그렇다면 모멘텀 전략이라는 것은 어떤 개념일까요?

쉽게 말하자면, 모멘텀 값(비율)이 큰 쪽으로 투자하는 추세추종형 전략입니다. 모멘텀 전략은 상대 모멘텀 전략과 절대 모멘텀 전략 두 가지로 구분할 수 있는데요. 상대 모멘텀 전략 혹은 상대강도 전략Relative Strength Strategy은 여러 종목 중 상대적으로 강하게 상승하는 몇 종목에만 신별지으로 투자하는 전략입니다.

이에 반해 절대 모멘텀 전략은 '모멘텀 > 0, 비율 모멘텀 > 1 인 경우(상승 추세)'에만 해당 종목에 투자하고, '모멘텀 < 0, 비율 모멘텀 < 1(하락 추세)' 인 경우에는 투자하지 않고 현금으로 대치하는 전략입니다. 즉 절대 모멘텀 전략은 상승 추세에 있는 경우에만 투자하고, 하락 추세로 전환된 경우에는 투자에서 빠져 나오는 전략입니다.

상대 모멘텀과 절대 모멘텀은 상대평가와 절대평가로 생각하면 됩니다. 어느 학급의 수학 성적 시험 결과에서 최상위 3명을 선발한다면 상대평가이고, 시험 점수가 90점 이상인 학생만 선발하면 절대평가입니다. 모멘텀 전략도 이와 비슷한 개념입니다.

💲 모멘텀 전략의 역사

모멘텀 전략의 개념을 제대로 알기 위해서는 유의미한 모멘텀 효과가 최초로 보고된 1993년으로 되돌아가 볼 필요가 있습니다. 1993년 제가디쉬 Jegadeesh와 티트만Titman은 모멘텀 전략에 대한 최초의 실증적인 연구인 〈이익 종목을 사고, 손실 종목을 파는 전략의 수익률 : 주식시장 효율성에 관한 연구Returns to Buying Winners and Selling Losers: Implications for Stock Market Efficiency〉라는 논문을 발표했습니다.

논문의 핵심 내용은 1965년에서 1989년의 미국 주식시장의 데이터를 이용하여 미국 주식시장에서 최근 3~12개월간의 모멘텀이 가장 높은 종목들(최근 3~12개월간 가장 많이 상승한 종목들)의 평균적인 수익률은 모멘텀이 가장 낮은 종목들의 평균적인 수익률을 1년 동안 지속해서 초과했다는 사실이었습니다. 쉽게 말하자면, 오르는 종목들의 평균적인 수익률이 하락하는 종목들의 수익률보다 높다는 것입니다.

이 논문이 경제학계에 미친 영향은 충격적이었습니다. 왜냐하면 이전까지는 '효율적 시장 가설', '장기적으로 시장의 평균적인 수익을 초과할 수 있는 방법은 없다'는 학설이 대세였기 때문이었습니다. 하지만 이런 모멘텀 효과 또는 추세 효과에 대한 실증적인 연구는 기존의 바위와 같은 학설을 뒤흔들기에 충분했습니다.

제가디쉬와 티트만의 기념비적인 모멘텀/추세 효과에 대한 논문이 처음 발표된 이후, 이와 유사한 종류의 연구 결과는 봇물처럼 터져 나오기 시작하였습니다. 현재 이에 대한 이론적·행태 재무학적·실증적 증거들은 무수히 축적되었습니다. 그리고 모멘텀 전략은 가장 대표적인 포트폴리오 투자 전략의 하나로 자리 잡게 되었습니다.

제가디쉬와 티트만이 제시한 기본적인 모멘텀 전략은 주식시장을 대상으로 적용한 것이었습니다. 하지만 이후의 수많은 연구를 통해 모멘텀/추세 효과는 비단 주식시장에만 국한된 것이 아니라 외환, 선물, 채권, 부동산, 상품 등 모든 투자 자산과 투자 자산 간에서도 나타나는 것으로 확인되었습니다.

그리고 이런 모멘텀 효과는 일반적으로 6~12개월간의 모멘텀 기간에서 가장 뚜렷이 나타나지만, 3~12개월의 어느 기간에서도 일관되게 나타난다는 사실도 밝혀졌습니다. 또한 이러한 상대적인 모멘텀 전략뿐만 아니라, 절대 모멘텀 전략도 의미 있는 리스크 관리와 수익률 제고에 도움이 된다는 사실까지 밝혀짐에 따라 모멘텀 전략의 가치와 유용성은 포트폴리오 투자의 확고한 대세로 자리 잡게 되었습니다.

💲 모멘텀 전략의 실례

전략 1. 상대 모멘텀 전략(미국 섹터 대상)

모멘텀 전략에 관한 가장 유명한 메바인 파버Mebane Faber의 상대강도 전략 논문Relative Strength Strategies for Investing에서 나온 시뮬레이션 데이터를 소개하겠습니다.

- 테스트 기간 : 1928~2009년

- 투자 대상 : 미국 주식시장 10개 섹터(내구재, 소비재, 유틸리티, 에너지, 제조
  업, 전자 등)

- 투자 방법

  A. 매달 10개 섹터의 최근 1달간 수익률을 각각 구함(최근 1개월간 모멘텀)

  B. 모멘텀이 큰 순으로 정렬

  C. 모멘텀이 큰 n개 (n=1, 2, 3…9)개의 섹터만을 골라 분산투자

  D. 다음달이 되면 A~C 과정을 반복

즉 10개 섹터 중 이번 달에 가장 많이 오른 섹터 1~9개만 골라 제일 잘나
가는 섹터들에만 집중 투자합니다. 그리고 다음달에 다시 랭킹을 매겨 가장
잘 나가는 1~9개로 교체하는 과정을 반복하는 방식입니다.

결과를 살펴볼까요?

상위 1은 매달 모멘텀이 가장 강한 1종목에만 투자했을 때의 수익률이
고, 상위 2는 모멘텀이 가장 강한 2종목, 상위 9는 모멘텀 상위 9종목, EQ-

표 1-1 1개월 상대 모멘텀 상위 종목 투자 결과(1928~2009년)

	상위 1	상위 2	상위 3	상위 4	상위 5	상위 6	상위 7	상위 8	상위 9	EQ-weight
연평균 수익률	12.63%	13.74%	14.43%	13.88%	12.91%	12.47%	12.01%	11.85%	11.22%	10.28%
수익률 표준편차	23.00%	0.46%	19.79%	19.17%	18.81%	18.80%	18.62%	18.51%	18.43%	18.38%
샤프지수	0.38	0.49	0.54	0.53	0.48	0.46	0.44	0.43	0.40	0.35
MDD	(81.69%)	(74.21%)	(74.65%)	(76.36%)	(76.53%)	(78.31%)	(78.66%)	(79.49%)	(80.62%)	(81.67%)

• MDD : 최대 손실폭

weight는 모멘텀과 무관하게 10종목 모두에 분산투자했을 때의 수익률입니다. 연평균수익률^{CAGR}은 대체적으로 모멘텀 상위 1~3 종목에 투자할수록 하위 종목까지 포함하는 것보다 높은 것을 보여줍니다.

그렇다면 최근 3개월, 6개월, 9개월 혹은 12개월 모멘텀으로 랭킹을 매겨 상위 종목 몇 개에 투자하면 어떻게 될까요?

대체적으로 모멘텀 기간이 길어질수록 연평균수익률이 높아지는 것을 확인할 수 있습니다. 하지만 모멘텀 기간이 짧아도 모멘텀 상위 종목에 분산투자하면 10개 전체에 분산투자한 것보다 초과 수익이 나타나는 현상은 동일하게 나타났습니다.

표 1-2 3, 6, 9, 12개월 상대 모멘텀 상위 종목 투자 결과

• 3개월 상대 모멘텀 상위 종목 투자 결과

	상위 1	상위 2	상위 3	상위 4	상위 5	상위 6	상위 7	상위 8	상위 9	EQ-weight
연평균 수익률	13.32%	13.83%	13.44%	13.08%	12.43%	11.79%	11.40%	10.84%	10.62%	10.28%
수익률 표준편차	20.79%	19.52%	18.55%	18.40%	18.29%	18.07%	18.14%	18.15%	18.38%	18.38%
샤프지수	0.46	0.51	0.52	0.50	0.47	0.44	0.42	0.39	0.37	0.35
MDD	(64.50%)	(70.20%)	(73.92%)	(75.80%)	(77.52%)	(79.23%)	(78.92%)	(80.29%)	(80.57%)	(81.67%)

• 6개월 상대 모멘텀 상위 종목 투자 결과

	상위 1	상위 2	상위 3	상위 4	상위 5	상위 6	상위 7	상위 8	상위 9	EQ-weight
연평균 수익률	12.86%	14.10%	13.18%	12.60%	12.51%	11.72%	11.62%	11.01%	10.71%	10.28%
수익률 표준편차	21.60%	19.20%	18.29%	18.02%	17.87%	17.77%	17.87%	18.01%	18.24%	18.38%
샤프지수	0.42	0.54	0.51	0.49	0.49	0.45	0.44	0.40	0.38	0.35
MDD	(90.53%)	(84.30%)	(80.97%)	(76.81%)	(76.19%)	(77.68%)	(77.87%)	(77.86%)	(80.41%)	(81.67%)

• 9개월 상대 모멘텀 상위 종목 투자 결과

	상위 1	상위 2	상위 3	상위 4	상위 5	상위 6	상위 7	상위 8	상위 9	EQ-weight
연평균 수익률	14.80%	14.17%	12.60%	12.28%	12.07%	11.80%	11.48%	11.13%	10.74%	10.28%
수익률 표준편차	22.21%	19.70%	19.00%	18.59%	18.36%	18.29%	18.06%	18.14%	18.22%	18.38%
샤프지수	0.50	0.53	0.46	0.46	0.45	0.44	0.42	0.40	0.38	0.35
MDD	(83.52%)	(75.94%)	(72.53%)	(75.26%)	(76.86%)	(76.86%)	(77.56%)	(79.10%)	(81.35%)	(81.67%)

• 12개월 상대 모멘텀 상위 종목 투자 결과

	상위 1	상위 2	상위 3	상위 4	상위 5	상위 6	상위 7	상위 8	상위 9	EQ-weight
연평균 수익률	16.05%	14.75%	13.94%	13.41%	12.96%	12.50%	11.67%	11.48%	10.82%	10.28%
수익률 표준편차	21.79%	19.57%	18.38%	18.18%	17.92%	17.87%	17.94%	18.16%	18.23%	18.38%
샤프지수	0.56	0.56	0.55	0.53	0.51	0.49	0.44	0.42	0.39	0.35
MDD	(76.91%)	(76.27%)	(71.29%)	(74.01%)	(74.18%)	(74.23%)	(77.70%)	(79.72%)	(81.07%)	(81.67%)

많은 연구 결과 이러한 모멘텀 효과가 나타나는 기간은 1~12개월의 어디에서도 나타나는 것으로 알려져 있습니다. 하지만 일반적으로는 6~12개월 사이의 비교적 긴 구간에서 더 뚜렷하게 나타난다고 알려져 있습니다.

그렇다면 대체 몇 개월 모멘텀이 최적의 모멘텀일까요?

사실 정답은 없습니다. 시장 상황에 따라, 투자 자산의 움직임에 따라, 또 투자하는 구간에 따라 가변적이기 때문입니다. 따라서 특정 모멘텀 기간에 얽매였다가 실패하는 경우를 방지하는 가장 안전하면서도 합리적인 방법은 1, 3, 6, 9, 12개월간의 평균적인 모멘텀을 이용하는 방법입니다. 1, 2, 3, 4, 5, 6, 7, 8, 9, 10, 11, 12개월 모멘텀 모두를 평균해도 상관없습니다.

그렇다면 1, 3, 6, 9, 12개월 평균 모멘텀 상위 종목으로 투자했을 때의 결과는 어떨까요?

결과는 다음과 같습니다.

표 1-3 1, 3, 6, 9, 12개월 평균 상대 모멘텀 상위 종목 투자 결과(1928~2009)

	상위 1	상위 2	상위 3	상위 4	상위 5	상위 6	상위 7	상위 8	상위 9	EQ-weight
연평균 수익률	16.13%	14.87%	13.75%	13.08%	12.68%	12.47%	12.19%	11.47%	10.78%	10.28%
수익률 표준편차	21.74%	19.16%	8.45%	18.17%	18.14%	18.22%	18.30%	18.18%	18.31%	18.38%
샤프지수	0.57	0.58	0.54	0.51	0.49	0.48	0.46	0.42	0.38	0.35
MDD	(77.21%)	(77.96%)	(72.65%)	(73.26%)	(75.63%)	(75.82%)	(76.78%)	(79.54%)	(81.07%)	(81.67%)
최고의 해	95.33%	105.28%	89.18%	65.51%	60.65%	65.23%	65.98%	55.96%	57.89%	53.38%
최악의 해	(31.64%)	(31.30%)	(31.73%)	(30.70%)	(30.47%)	(30.14%)	(32.83%)	(35.01%)	(36.70%)	(38.21%)
Turnover	378%	331%	281%	235%	190%	197%	150%	119%	86%	0%

• Turnover : 회전율

역시 동일한 결과를 볼 수 있습니다.

〈그림 1-19〉는 1, 3, 6, 9, 12개월의 평균 모멘텀을 이용하여 상위 1, 2, 3개 섹터만을 선정하여 투자한 경우의 누적 수익률을 나타내고 있습니다. 모멘텀을 이용하지 않고 10개군에 골고루 분산투자한 매수 후 보유 전략에 비해 훨씬 큰 누적 수익률을 확인할 수 있습니다.

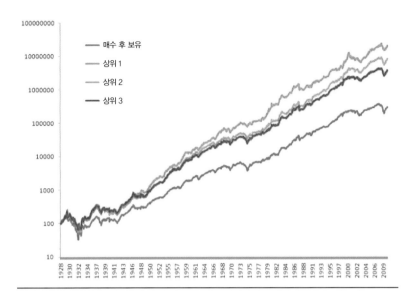

그림 1-19 평균 모멘텀 상위 포트폴리오의 투자 수익곡선

지금까지 확인한 부분은 같은 주식시장 내에서의 섹터군을 대상으로 한 '자산 내 모멘텀 전략'이었습니다. 그런데 이런 모멘텀 효과는 비단 같은 자산 내에서만 나타나는 것이 아니라, 서로 다른 자산 간에서도 동일하게 나타납니다. 확인해볼까요?

전략 2. 상대 모멘텀 전략(글로벌 자산 대상)

〈그림 1-20〉은 미국 주식, 해외 주식, 미국 10년 국채, 금, 부동산 자산군의 1972~2009년의 가격 데이터이고, 〈그림 1-21〉은 이 자산군들에 대해 평균 모멘텀 포트폴리오를 구성한 결과를 보여주고 있습니다. 역시 모멘텀 상위 종목으로 구성한 포트폴리오는 장기적으로 훨씬 큰 수익을 주는 것을 확인할 수 있습니다.

그림 1-20 미국 주식, 해외 주식, 미국 10년 국채, 금, 부동산 자산군의 가격 시계열

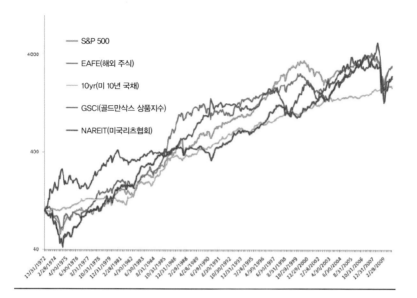

그림 1-21 평균 모멘텀 상위 포트폴리오 수익곡선

전략 3. 절대 모멘텀 전략

지금까지 살펴본 전략은 '상대 모멘텀 전략'이었습니다. 여러 자산군 중에서 '상대적'으로 모멘텀이 큰 상위 자산군에 분산투자하는 방식입니다. 이에 반해 절대 모멘텀 전략도 있습니다. 앞에서 간단히 살펴본 바와 같이 절대 모멘텀 전략은 모멘텀이 0보다 큰 경우(상승 추세)에만 투자하고, 0보다 작으면(하락 추세) 투자하지 않고 현금으로 대체하는 전략입니다.

다음은 개리 안토나치Gary Antonacci가 발표한 절대 모멘텀 전략의 시뮬레이션 결과입니다. 전략은 간단합니다. 어떤 자산의 12개월 모멘텀을 구해서 이것이 0보다 크면(상승추세) 보유, 0보다 작으면(하락추세) 현금보유 전략입니다. (저자는 여기서는 평균 모멘텀을 사용하지 않았지만, 평균 모멘텀을 사용해도 유사한 결과가 나옵니다.)

미국 주식지수, 해외 주식지수, 미 국채, 회사채, 정크본드, 부동산, 금에 절대 모멘텀 전략을 적용한 결과입니다.

- 테스트 기간 : 1974년 – 2013년
- 투자 대상 : 미국 주식지수, 해외 주식지수, 미국 회사채, 정크본드, 부동산, 금
- 투자 방법
  A. 매월 말일 각 투자 대상의 12개월 모멘텀을 구함
  B. 12개월 모멘텀 > 0 → 해당 자산 보유, 12개월 모멘텀 < 0 → 현금 보유
  C. 다음달이 되면 A~B 과정을 반복

그림 1-22 미국 주식지수 절대 모멘텀 전략(1974~2012)

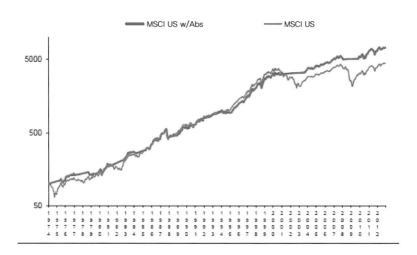

그림 1-23 해외 주식지수 절대 모멘텀 전략(1974~2012)

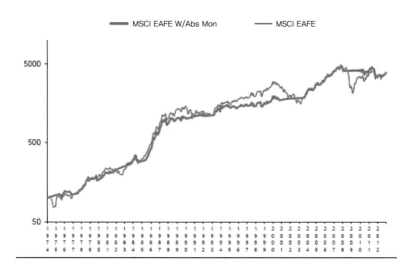

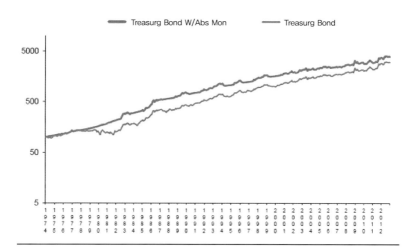

그림 1-24 **미국 국채 절대 모멘텀 전략**(1974~2012)

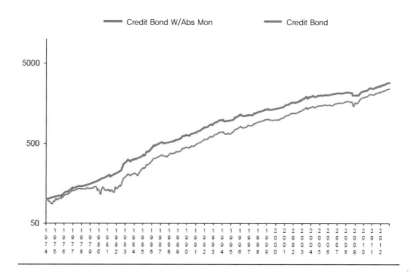

그림 1-25 **미국 신용 채권 절대 모멘텀 전략**(1974~2012)

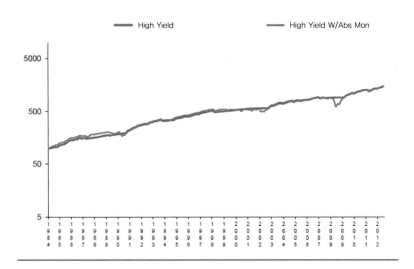

그림 1-26 미국 고수익 채권 절대 모멘텀 전략(1974~2012)

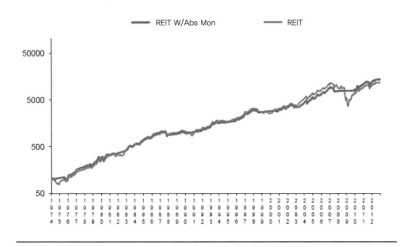

그림 1-27 미국 리츠 절대 모멘텀 전략(1974~2012)

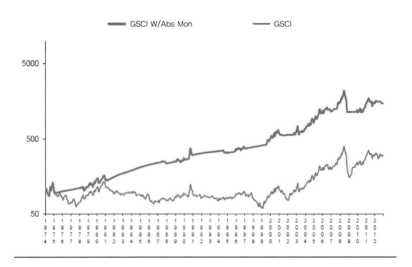

그림 1-28 S&P GSCI 절대 모멘텀 전략(1974~2012)

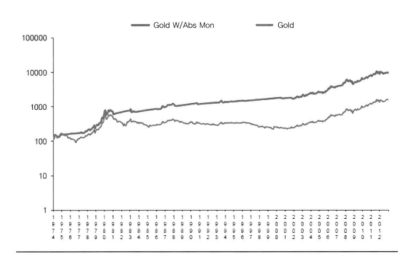

그림 1-29 런던 금 절대 모멘텀 전략(1974~2012)

그래프에서 녹색선은 매수 후 보유이고, 파란선은 절대 모멘텀에 따라 투자할 때와 쉴 때를 구분한 전략입니다. 보는 것처럼 자산이 하락 추세인 경우에는 빠져 나오기 때문에, 하락장에서의 손실을 방어하면서도 높은 수익을 확보하는 것을 보여줍니다. 절대 모멘텀이 0인 경우 투자하지 않고 현금으로 대체하는 것은 일종의 '손절매'와 같습니다.

전략 4. 듀얼 모멘텀 전략 Dual momentum

자, 여기까지의 설명을 보고 아마 눈치 빠르신 분은 '절대 모멘텀과 상대 모멘텀을 결합하면 더 좋겠군. 여러 자산군에서 모멘텀 기준으로 순위를 매겨서 상위 몇 종목을 골라 투자하되, 선택된 자산의 모멘텀이 마이너스면 그 자산은 현금으로 대체한다면 손실과 변동성을 더 줄일 수 있겠네'라고 생각할 수 있을 것입니다.

빙고입니다. 이런 전략을 듀얼 모멘텀 전략이라고 하는데, 손실을 줄여서 안정성을 높이면서도 모멘텀 전략의 강점인 강한 추세를 누리는 효과까지 함께 얻을 수 있습니다. 듀얼 모멘텀 전략은 미국의 개리 안토나치가 처음으로 소개했습니다. 아주 단순한 방법임에도 탄탄한 성과를 보여주어 가장 대표적인 추세 기반 동적 자산 배분 전략으로 널리 이용되고 있습니다.

- 테스트 기간 : 1974~2013년
- 투자 대상 : 미국 지수, 해외 주식 지수, 미국 회사채, 국채, 정크 본드, 부동산, 금
- 투자 방법
  A. 매월 말일 각 투자 대상의 12개월 모멘텀을 구함

B. 모멘텀 상위 3종목을 선정한다.

B에서 선정된 3개 종목의 '12개월 모멘텀 > 0' → 해당 자산 보유, '12개월 모멘텀 < 0' → 현금 보유

C. 다음달이 되면 A~C 과정을 반복

〈그림 1-30〉은 듀얼 모멘텀 전략의 36년간 수익곡선입니다. 서브프라임 사태와 같은 충격에도 듀얼 모멘텀 전략의 수익곡선은 굉장히 안정된 것을 보여줍니다. 사실상 시장의 상황과 무관한 절대 수익곡선이라고 보아도 무방할 정도입니다.

그림 1-30 **듀얼 모멘텀 전략의 수익곡선**

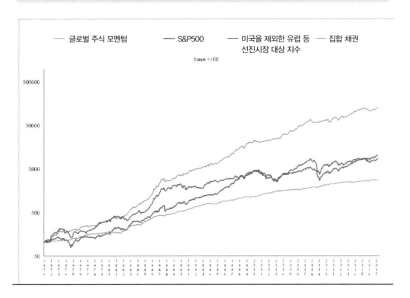

전략 5. 평균 모멘텀 스코어 전략

마지막으로 살펴볼 모멘텀 전략은 '평균 모멘텀 스코어 전략'입니다. 평균 모멘텀 스코어 전략은 제가 개발한 절대 모멘텀 전략의 일종입니다. 이 전략은 특정한 모멘텀 기간 값에 영향을 받지 않고 투자 강도를 정량할 수 있는 장점이 있습니다.

앞서 살펴본 절대 모멘텀 전략은 모멘텀 값이 0보다 크면 100% 투자, 0보다 작으면 100% 현금 보유, 즉 all or none 전략이었습니다. 그런데 이러한 방식의 투자는 투자자에게 심리적인 스트레스를 안겨줄 수 있습니다. 예를 들어 지난달까지는 모멘텀이 플러스(+)여서 유지했는데, 이번 달에 마이너스(-)로 전환되면 전략 규칙상 빠져 나와야 합니다.

그러나 인간의 심리상 규칙을 따르기는 쉽지 않습니다. 수익이 나고 있으면 나고 있는 대로 빼기 아쉽고, 손실이 발생하고 있으면 왠지 털고 나가면 반등할 것 같아서 아쉽게 느껴집니다. 그래서 아무리 전략이 좋아도 그것을 심리적으로 장기간 유지하지 못한다면 이러한 아름다운 수익곡선은 그림의 떡일 뿐입니다.

이런 단점은 평균 모멘텀 스코어를 계산함으로써 극복할 수 있습니다. 평균 모멘텀 스코어는 특정 기간의 모멘텀을 기준으로 all or none으로 적용하는 것이 아니라, 여러 기간의 개별 모멘텀을 백분율로 계산하여 투자비율을 조절하는 방법입니다.

이때 각 기간의 '개별 모멘텀 값 〉 0'이면 1점을 부여하고, '모멘텀 값 〈 0'이면 0점을 부여합니다. 그리고 그 점수를 합산하여 평균을 낸 것이 평균 모멘텀 스코어입니다.

평균 모멘텀 스코어는 여러 모멘텀 값의 평균적인 강도를 반영하기 때문에 특정 단일 모멘텀 기간 값에 영향을 받지 않습니다. 뿐만 아니라 추세의 강도를 정량하여 투자비율을 조절할 수 있다는 장점도 있습니다.

예를 들면 단일 타임 프레임 기반의 절대 모멘텀 전략을 이용하면 6개월 모멘텀을 적용할지, 7개월 모멘텀을 적용할지, 12개월 모멘텀을 적용할지 고민하게 됩니다. 하지만 어떤 모멘텀 기간 값이 좋고 나쁜지를 정할 기준이나 정답도 사실은 존재하지 않습니다.

6개월을 적용하건, 12개월을 적용하건 그것은 개인의 선택의 문제입니다. 하지만 특정한 기간 값 하나를 선택하는 경우 왜 그 기간 값을 선택했는지에 대한 보편적인 근거를 찾기 힘들 뿐만 아니라, 타임 프레임 값에 따라 투자 성과가 조금씩 달라진다는 문제점이 있습니다.

하지만 1~12개월의 모든 기간 값에 대한 평균 모멘텀 스코어를 이용하면, 모든 타임 프레임에 대한 값들이 공평하게 반영되기 때문에 이러한 골치 아픈 문제를 쉽게 해결할 수 있습니다. 이것이 평균 모멘텀 스코어 전략의 가장 큰 장점입니다.

그럼 실제 예를 통해 확인해볼까요?

- 3개월 전 주가 : 102
- 2개월 전 주가 : 95
- 1개월 전 주가 : 99
- 이번 달 주가 : 100

- 1개월 모멘텀 = 100 − 99 = 1 > 0 → 1점 부여

- 2개월 모멘텀 = 100 − 95 = 5 > 0 → 1점 부여

- 3개월 모멘텀 = 100 − 102 = −2 < 0 → 0점 부여

3개월 평균 모멘텀 스코어 = (1+1+0) / 3 = 0.6667

예를 들어 이번 달 주가가 100, 지난달은 99, 2개월 전은 95, 3개월 전은 102라면 1개월 모멘텀 스코어는 1 (100−99>0), 2개월 모멘텀 스코어는 1(100−95>0), 3개월 모멘텀 스코어는 0(100−102<0)이 됩니다. 따라서 평균 모멘텀 스코어는 (1+1+0)/3=0.6667(66.7%)이 됩니다(주식에 66% 투자, 33%는 현금 보유). 즉 이번 달 주가는 1개월 전과 2개월 전보다는 높았으나, 3개월 전보다는 낮았으므로 '상승 추세 : 하락 추세'의 강도는 2:1이 되기 때문에, 이를 반영하여 비중을 조절하는 방식입니다.

많은 연구에 의하면 추세 효과가 일반적으로 잘 작동하는 모멘텀 기간 값은 12개월까지로 알려져 있습니다. 따라서 특정 시장 사이클에 영향을 받지 않는 평균 모멘텀 스코어를 구하려면 12개월 평균 모멘텀 스코어를 이용하면 됩니다.

그럼 12개월 평균 모멘텀 스코어는 어떻게 구하면 될까요? 앞의 예와 같은 방법으로 최근 1~12개월까지의 모멘텀 스코어 12개를 각각 계산하여 모두 합한 후 12로 나눠주면 됩니다. 이 책에서는 평균 모멘텀 스코어 전략(12개월)을 많이 이용할 예정이니, 이 개념에 대해 잘 알아두시길 바랍니다.

이제부터는 지금까지 살펴본 투자 이론을 종합하여, ETF나 주식에 적용

해서 투자할 수 있는 실전 투자 모델을 단계별로 만들고 업그레이드해보겠습니다. 사실 세부적인 투자 기법을 모두 다 소개한 것은 아닙니다. 변동성이나 상관성을 다루는 전략, 수익곡선 모멘텀 전략 같은 고급 주제가 남아있습니다. 하지만 이런 주제를 처음부터 모두 다루는 것보다는 간단한 전략부터 하나씩 만들어나가는 과정 중에 살펴보는 것이 훨씬 더 효과적이라 생각합니다. 그럼 이제 본 게임으로 들어가 볼까요?

ETF에 투자하기 전
알아야할 것들

🔍 핵심 요약

1. ETF는 저렴한 비용으로 손쉽게 분산투자가 가능한 최고의 투자 상품이다.

2. ETF는 주식과 동일한 방법으로 실시간 거래가 가능하지만, ETF만의 고유한 특성이 있어 투자하기 전에 이를 잘 알아두는 것이 좋다.

3. 국내, 해외에는 다양한 ETF가 상장되어 있어 개인의 투자 스타일에 맞는 다양한 투자가 가능하다.

지금까지 우리는 주식투자에서 손실을 줄이고 수익을 높이는 4가지 방법을 살펴보았습니다. 핵심을 요약하면, 다양한 주식 종목뿐만 아니라 주식과 다른 자산군에도 분산투자하되, 추세에 따라 비중을 조절하며 리밸런싱한다는 원리였습니다.

그런데 개별 주식 종목에 직접 투자하는 방법으로는 이런 4가지 방법을 자유자재로 구사하기가 대단히 어렵습니다. 왜냐하면 다양한 주식 종목에 분산투자하기 위해서는 기본적으로 큰 자금이 있어야 한다는 점이 장애물로 작용합니다. 그리고 주식 이외의 자산군에 투자하기 위해서는 선물에 투자해야 하는데, 개인투자자들이 접근하기에는 진입장벽이 매우 높기 때문입니다.

예를 들어 어떻게든 개별 주식 종목으로 포트폴리오를 구성하고, 다른 자산군은 선물에 투자하는 방식으로 해결했다 하더라도 주식군과 파생상품군 간에 자유로운 비율로 리밸런싱하기란 정말 어렵습니다. 때문에 개별 주식만으로는 답이 나오지 않습니다.

그렇다면 방법이 없는 것일까요?

그렇지 않습니다. 앞에서 잠깐 소개한 ETF라는 투자 수단을 이용하면 개인투자자들도 이 모든 방법을 쉽고 간단하게 구사할 수 있습니다. 이 책에서 다룰 다양한 투자 전략도 결국은 이 ETF라는 투자 수단을 이용한 전략입니다. 따라서 여기서는 앞으로 우리가 투자하게 될 대상인 ETF 투자 수단이 어떤 것인지에 대해 좀 더 자세히 살펴보고, 이후에 ETF를 활용한 본격적인 투자 전략에 대해 알아보겠습니다.

❺ ETF란 무엇인가

ETF란 Exchange Traded Fund의 약자로 '상장지수펀드'라고 합니다. ETF는 특정 지수(인덱스)의 성과를 추적하는 인덱스 펀드의 일종인데요, 일반 펀드는 증권사나 은행의 창구를 통해 거래해야 합니다. 반면 ETF는 일반 주식 종목처럼 거래소에 상장되어 개별 주식 종목과 똑같은 방법으로 실시간으로 매매가 가능한 혁신적인 상품입니다.

ETF를 이용하면 투자하지 못하는 것이 없다

특정 지수(인덱스)의 성과를 추적한다는 의미를 좀 더 자세히 살펴볼까요?

시장에는 정말 다양한 투자 수단이 있습니다. 많은 사람에게 가장 친숙한 것은 역시 주식이지만, 주식 말고도 훨씬 더 큰 시장이 존재합니다. 채권이나 상품(금, 은, 원유, 농산물 등), 외환시장이 대표적이지요. 이런 다양한 상품의 가격은 코스피나 코스닥 같은 '지수'의 형태로 표현되고, 이 지수를 기초로 하여 기래가 이루어집니다. 쉽게 말하면, '지수'란 해당 상품의 가격을 반영하는 숫자로 보면 됩니다.

그런데 이런 상품의 가격(지수)은 대부분 기본적으로 파생상품의 일종인 선물을 통해 거래가 됩니다. 선물 거래의 특징은 증거금과 레버리지인데요. 선물은 내가 원하는 금액만큼 자유롭게 살 수 있는 주식과는 달리 1계약 단위로 거래되고, 1계약을 매매하기 위해서는 이 계약을 유지하기 위한 특정 수준의 보증금이 요구됩니다. 이를 증거금이라고 합니다.

또한 이러한 증거금을 담보로 하여 기초지수 움직임의 몇 배수에 달하는 움직임이 발생하게 됩니다(레버리지). 이러한 점은 선물거래의 장점이기도

하지만, 투자의 진입장벽이 높아질 뿐만 아니라 증거금 부족에 의한 마진콜 리스크가 있다는 큰 단점이 있습니다. 따라서 리스크 관리가 힘들고, 엄청난 자금이 있지 않으면 다양한 자산군 간의 리밸런싱은 사실상 불가능합니다. 그래서 대다수의 개인투자자가 선물에 투자하기란 쉽지 않습니다.

그런데 20여 년 전 이러한 문제를 한 번에 해결할 수 있는 혁신적인 금융 상품이 미국에서 처음 출시되었는데요. 그것이 바로 ETF입니다.

1993년, 미국에서 S&P500지수를 추종하는 SPDR S&P500ETF 가 출시 되었는데, 이는 미국 시장을 대표하는 주식 종목 500개를 하나의 포트폴리 오로 묶어 투자하는 세계 최초의 ETF였습니다.

초창기에는 ETF의 종목 수도 많지 않았고, 투자자들의 관심도 거의 없었 습니다. 하지만 20여 년이 지난 지금은 주식뿐만 아니라, 채권, 상품, 외환 을 포함한 다양한 파생상품까지도 지수화한 ETF들이 셀 수 없이 많이 출시 되었습니다. 그리고 지금은 기관투자자들도 ETF를 핵심적인 투자 수단으로 이용하는 시대가 되었습니다. 이제는 우리나라 개인투자자들 사이에서도 ETF 투자 열풍이 불고 있습니다.

ETF의 가장 큰 장점은 기초자산(채권, 상품, 외환 등)을 하나의 주식 종목처 럼 간주하고, 기초자산의 지수를 그 종목의 가격처럼 연동시켜 주식처럼 쉽 게 매매가 가능하도록 한 점입니다.

ETF는 선물이나 옵션 같은 파생상품으로만 거래할 수 있었던 수많은 다 른 자산을 개인투자자들도 증거금이나 레버리지의 복잡한 문제없이 주식과 똑같은 방법으로 쉽게 사고 팔 수 있도록 했다는 점에서 정말 혁신적이라고 할 수 있습니다.

ETF의 장점

그렇다면 ETF의 장점에 대해 다시 한 번 정리해보겠습니다.

- 다양한 자산군에 투자할 수 있습니다(주식, 채권, 외환, 상품 등).
- 증거금의 문제가 없습니다.
- 주식과 똑같이 실시간 거래가 가능합니다.
- 소액으로 분산투자가 가능합니다(ETF 1주만 사면 ETF에 담겨진 모든 종목에 분산투자하는 것과 동일한 효과).
- 일반 펀드에 비해 연보수가 훨씬 저렴합니다.
- 펀드 운용의 투명성이 높습니다(납입자산 구성내역PDF, Portfolio Deposit File 공시라는 제도를 통해 펀드의 포드폴리오를 매일 확인 가능).
- 주식 매매 시 부과되는 0.3%의 거래세가 면제됩니다.

한마디로 현존하는 모든 투자 상품의 단점을 없애고 장점만을 취했다고 볼 수 있습니다. 뿐만 아니라 불과 몇 년 전만 하더라도 단순한 특정 지수의 움직임만 정직하게 추적하는 상품만 존재했지만, 최근에는 정말 다양한 콘셉트와 전략에 바탕을 둔 ETF들도 쏟아져 나오고 있습니다. 그래서 어떻게 투자해야 할지 모르는 투자자들의 고민도 단번에 해결해주고 있습니다.

우리나라에는 2002년 삼성자산운용에서 국내 최초의 ETF인 KODEX200

을 출시한 이후, 2017년 10월 현재 총 309개의 ETF가 상장되어 순자산 규모가 30조 원에 달할 정도로 급격히 성장했습니다.

현재 삼성자산운용의 KODEX ETF 시리즈가 시장점유율 50% 정도를 차지하고 있고, 이어 미래에셋자산운용의 TIGER ETF 라인업이 뒤를 잇고 있습니다. 이 외에도 KB자산운용의 KBSTAR, 한국투자신탁운용의 KINDEX, 한화자산운용의 ARIRANG, 키움투자자산운용의 KOSEF, 유리자산운용의 TREX, 교보악사자산운용의 파워 ETF 시리즈 등 많은 자산운용사에서 저마다 특색 있는 양질의 ETF 상품을 투자자들에게 제공하고 있습니다.

그렇다면 지금부터는 투자하기에 매력적인 대표적인 ETF를 살펴보겠습니다. 먼저 국내에 상장된 대표적인 ETF부터 살펴보고, 다음에 해외 ETF를 알아보겠습니다. 해당 상품에 대한 자세한 내용은 해당 자산 운용사 홈페이지를 통해 확인할 수 있습니다.

⑤ 국내 상장 ETF

국내 주식

1. 시장지수 : KOSPI200, KOSDAQ150과 같은 시장 대표지수 추종
    1) KODEX 200, TIGER 200, KBSTAR 200, ARIRANG 200, KINDEX 200, KOSEF 200 등
    2) KODEX 코스닥 150, TIGER 코스닥 150 등

2. 주식 업종(섹터) : 반도체, 자동차, 전기, 철강, 소비재, 은행, 증권 같은 특정 업종 지수 추종

   1) KODEX 은행, KODEX 증권, KODEX 에너지화학, KODEX 필수 소비재, KODEX 건설, KODEX 헬스케어, KODEX 운송, KODEX 바이오 등

   2) TIGER 경기방어, TIGER 200 IT, TIGER 헬스케어, TIGER 200 금융, TIGER 반도체, TIGER 코스닥 150 IT, TIGER 증권, TIGER 200 경기 소비재 등

3. 주식 테마(스마트베타) : 시장 지수 대비 초과 수익을 낼 수 있다고 입증된 팩터(가치, 모멘텀, 저변동성 등)를 이용한 인덱스 추종

   1) KODEX 200 가치저변동, KODEX 배당성장, KODEX 모멘텀 Plus, KODEX 가치투자, KODEX 턴어라운드 투자 등

   2) TIGER 배당성장, TIGER 로우볼, TIGER 베타플러스, TIGER 모멘텀, TIGER 우량가치, TIGER 코스닥 150 로우볼 등

   3) ARIRANG 고배당주, KBSTAR 고배당, 파워 스마트밸류, KOSEF 저 PBR 가중 등

해외 주식 : 미국, 중국, 일본, 유럽 등 해외 국가 시장 인덱스 추종

1. KODEX China H, KODEX 선진국 MSCI World, KODEX 미국 S&P 500 선물(H), KODEX 일본 TOPIX 100, KODEX 독일 MSCI(합성) 등

2. TIGER 차이나 HSCEI, TIGER 미국다우존스30 ,TIGER 유로스탁스
   50 (합성H), TIGER 라틴35 등

채권 : 국고채, 회사채 등의 채권 지수 추종

1. 3년 만기 국고채 : 변동성이 낮고 안정적인 상품(단기채권 ETF와 함께 현금
   성 자산으로 간주)

   1) KODEX 국고채 3년, TIGER 국채 3년, KOSEF 국고채

2. 10년 만기 국고채 : 장기 국고채로 주식과 분산하기 이상적임

   1) KODEX 국채선물 10년, KOSEF 국고채 10년

3. 20년 만기 국고채(10년 국고채 레버리지) : 국고채 선물 지수를 이용, 10년
   만기 국고채의 일간 수익률의 2배를 추종 → 20년 만기 국고채와 유사
   한 효과

   1) KOSEF 국고채 10년 레버리지

4. 기타

   1) KODEX 단기채권, KOSEF 단기자금, TIGER 단기통안채, TIGER
      단기채권액티브, TIGER 단기선진하이일드(합성H) 등

실물 자산(상품) : 금, 은, 콩, 농산물, 원유, 달러 등의 실물 자산 가격 추종

1. KODEX 골드선물(H), KODEX 콩선물(H), KODEX WTI 원유선물
   (H), KODEX 미국 달러선물 등

2. TIGER 원유선물 Enhanced(H), TIGER 구리실물 등

파생 : 레버리지나 인버스와 같이 시장 지수의 움직임의 배수를 추종하는 상품

1. 레버리지 : KOSPI200 또는 KOSDAQ150 지수의 일간 수익률의 2배
   를 추종하는 상품

   1) KODEX 레버리지, TIGER 200 선물 레버리지

   2) KODEX 코스닥 150 레버리지

2. 인버스 : KOSPI200, KOSDAQ150 지수의 일간 수익률의 음의 배수를
   추종하는 상품(KOSPI200 지수가 1% 떨어지면, 1% 오르는 구조)

   1) KODEX 인버스, KODEX 200 선물 인버스 2X

   2) TIGER 인버스, TIGER 200 선물 인버스 2X

혼합자산 : 주식 / 채권 지수 혼합형

1.   KBStar 주식혼합, KBStar 채권혼합 등

⑤ 해외 상장 ETF

해외에 상장된 ETF는 국내와 비교할 수 없을 정도로 종류가 많고, 거래대
금도 엄청납니다. 특히 미국 시장에는 현재 1,700개가 넘는 ETF가 상장되어
있고, 자산 규모도 2조 4,700억 달러에 달합니다. 국내 ETF 시장의 규모가
26조 원 정도인 것과 비교하면 100배 정도의 규모이니, 얼마나 대단한 규모
인지 상상이 잘 안 될 정도입니다.

대표적인 해외 ETF

ETF RESULTS: 2,023 ETFs   As of 11/21/2017

Display: Page 1 of 105

FUND BASICS   PERFORMANCE   ANALYSIS   FUNDAMENTALS   CLASSIFICATION   TAX   ESG   CUSTOM

TICKER	FUND NAME	ISSUER	EXPENSE RATIO	AUM	SPREAD %	SEGMENT
SPY	SPDR S&P 500 ETF Trust	State Street Global Advisors	0.09%	$244.53B	0.00%	Equity: U.S. - Large Cap
IVV	iShares Core S&P 500 ETF	BlackRock	0.04%	$131.39B	0.01%	Equity: U.S. - Large Cap
VTI	Vanguard Total Stock Market ETF	Vanguard	0.04%	$91.88B	0.01%	Equity: U.S. - Total Market
EFA	iShares MSCI EAFE ETF	BlackRock	0.33%	$81.22B	0.01%	Equity: Developed Markets Ex-U.S. - Total Market
VOO	Vanguard S&P 500 ETF	Vanguard	0.04%	$79.51B	0.01%	Equity: U.S. - Large Cap
VEA	Vanguard FTSE Developed Markets ETF	Vanguard	0.07%	$65.72B	0.01%	Equity: Developed Markets Ex-U.S. - Total Market
VWO	Vanguard FTSE Emerging Markets ETF	Vanguard	0.14%	$65.50B	0.02%	Equity: Emerging Markets - Total Market
QQQ	PowerShares QQQ Trust	Invesco PowerShares	0.20%	$58.88B	0.01%	Equity: U.S. - Large Cap
AGG	iShares Core U.S. Aggregate Bond ETF	BlackRock	0.05%	$52.06B	0.01%	Fixed Income: U.S. - Broad Market Investment Grade
IWM	iShares Russell 2000 ETF	BlackRock	0.20%	$42.43B	0.01%	Equity: U.S. - Small Cap
IJH	iShares Core S&P Mid-Cap ETF	BlackRock	0.07%	$42.19B	0.01%	Equity: U.S. - Mid Cap
IEMG	iShares Core MSCI Emerging Markets ETF	BlackRock	0.14%	$41.90B	0.01%	Equity: Emerging Markets - Total Market
IEFA	iShares Core MSCI EAFE ETF	BlackRock	0.08%	$40.43B	0.02%	Equity: Developed Markets Ex-U.S. - Total Market
LQD	iShares iBoxx $ Investment Grade Corporate Bond ETF	BlackRock	0.15%	$19.21B	0.01%	Fixed Income: U.S. - Corporate Investment Grade
IWF	iShares Russell 1000 Growth ETF	BlackRock	0.20%	$39.10B	0.01%	Equity: U.S. - Large Cap Growth
EEM	iShares MSCI Emerging Markets ETF	BlackRock	0.70%	$38.25B	0.02%	Equity: Emerging Markets - Total Market
IWD	iShares Russell 1000 Value ETF	BlackRock	0.20%	$38.22B	0.01%	Equity: U.S. - Large Cap Value
BND	Vanguard Total Bond Market ETF	Vanguard	0.05%	$36.59B	0.01%	Fixed Income: U.S. - Broad Market Investment Grade
VNQ	Vanguard REIT ETF	Vanguard	0.12%	$35.19B	0.01%	Equity: U.S. - Real Estate
GLD	SPDR Gold Trust	State Street Global Advisors	0.40%	$34.52B	0.01%	Commodities: Precious Metals Gold

현재 세계에서 가장 큰 규모의 ETF는 1993년 사상 최초로 출시된 State Street Global Advisor 사의 SPDR S&P500 ETF인데, 하루 거래대금이 무려 10조 원이 넘습니다.

국내 ETF 시장도 최근 10여 년간 눈부신 성장을 거듭하고 있지만, 이처럼 해외로 눈을 돌리면 어마어마하게 유동성이 풍부한 ETF를 다양하게 선택할 수 있어 최근 국내 투자자들의 관심도 많아지고 있습니다.

다만 해외 ETF를 국내 증권사를 통해 매매할 때에는 환전 수수료, 거래 비용, 세금, 환차손 등의 문제가 있습니다. 때문에 단기적인 매매보다는 중장기적인 투자 관점에서 접근하는 것이 좋고, 이러한 요소들을 사전에 잘 고려하는 것이 중요합니다.

세계적으로 유명한 ETF 운용사에는 State Street Global Advisors,

BlackRock, Vanguard 등이 있는데, 이들이 선의의 경쟁을 하며 좋은 상품을 출시하는 가운데 ETF의 저변이 확대되고 있습니다. 또한 그에 따라 연보수도 낮아져 투자자들에게 혜택이 돌아가는 선순환이 지속되고 있습니다.

세계적으로 가장 많은 거래량을 자랑하는 유명한 해외 ETF를 몇 개만 소개하면, S&P500지수를 추종하는 SPDR S&P500 ETF Trust[SPY], 미국 10년 만기 국고채 지수를 추적하는 iShares 7~10 Year Treasury Bond ETF[IEF], 종합채권지수를 추적하는 iShares Core U.S. Aggregate Bond ETF[AGG], 금 가격을 추종하는 SPDR Gold Shares[GLD], 부동산 지수를 추적하는 Vanguard REIT ETF[VNQ] 등이 유명합니다.

해외의 ETF는 좋은 상품이 너무나 많아 지면을 통해 일일이 소개하기 어려울 정도입니다. 대표적인 ETF 정보 사이트인 http://www.etf.com에 접속해서 해외 ETF의 바다에 빠져보시길 권합니다.

⑤ ETF에 투자하기 전 알아야 할 상식

앞서 ETF는 마치 주식과 똑같은 방식으로 거래할 수 있다고 설명했습니다. 즉 여러분이 원하는 ETF 종목을 증권사 HTS를 통해 주식과 똑같이 매매할 수 있습니다. 하지만 ETF라는 상품의 특성상 주식과 약간 다른 점도 있는데요. ETF를 올바로 투자하기 위해서는 지금부터 설명하는 내용 정도는 상식적으로 잘 알아두는 것이 좋습니다.

ETF의 NAV, 시장가, 괴리율

앞서 ETF는 ETF가 추적하는 기초자산의 가격을 반영한다고 설명했습니다. 이처럼 ETF가 보유하고 있는 종목들의 가치를 합한 후 부채 및 관련 비용을 제외한 수치를 ETF의 NAV^Net Asset Value라고 합니다. 이론적으로는 당연히 NAV와 ETF의 시장가격과 차이가 없어야 하겠지만, 실제로는 미세한 오차가 발생하는데요. 이러한 NAV와 시장 ETF 가격과의 차이를 괴리율이라고 합니다.

그렇다면 괴리율은 왜 발생하는 것일까요? 쉽게 비유하자면, NAV는 상품에 붙은 정가라고 할 수 있습니다. 일반적인 경우 대부분의 상품은 정가대로 거래가 이루어집니다. 하지만, 경우에 따라서는 정가보다 비싸거나 혹은 반대로 할인되어 거래되는 경우도 흔합니다.

예를 들자면 어떤 옷의 가격이 20만 원인데, 갑자기 모 연예인이 방송에 입고 나오면서 수요가 급증하는 경우 정찰 가격은 20만 원이지만, 시장에서는 30만 원을 주고 사야 하는 경우가 발생하지요. 할인되어 팔리는 경우도 마찬가지입니다.

ETF도 똑같습니다. 일반적으로는 NAV와 ETF의 시장가격 간에 차이가 없는 것이 정상이지만, ETF 매매자들의 수급에 따라 ETF의 시장가격은 NAV보다 일시적으로 더 높을 수도 있고, 낮을 수도 있습니다. 예를 들어 코스피지수가 급등하는 경우 ETF의 NAV는 100인데, 매수세가 몰려서 101에 거래될 수도 있습니다. 반대로 급락하는 경우 심리가 악화되어 순간적으로 99에 거래될 수도 있습니다.

ETF의 NAV와 괴리율은 증권사 HTS에서 실시간으로 확인이 가능합니

다. ETF를 단기 매매 수단으로 이용하는 경우 실제보다 비싸게 사는 상황을
방지하기 위해서는 항상 괴리율을 확인하고 매매하는 것이 좋습니다.

LP^{Liquidity provider}란 무엇일까

ETF를 처음 접하는 투자자들이 가장 흔하게 하는 질문 중 하나가 "이 ETF
는 하루 전체 거래대금이 1,000만 원도 안 되는데, 제가 2,000만 원으로 투자
할 수 있나요?"입니다.

결론부터 말하자면, 얼마든지 가능합니다. 그 이유는 바로 LP(유동성 공급
자) 제도 때문입니다. LP란 ETF 시장에서 NAV를 기준으로 적절한 수준에
서 호가를 제시하는 공급자를 의미합니다.

예를 들어 A라는 주식의 가격이 1만 원인 상황에서 매수하려고 하는데,
원하는 매수가격에 파는 사람이 없다면 거래가 이루어지지 않을 것입니다.

ETF의 경우에는 다행히 현재의 ETF 가격^{NAV}을 중심으로 위 아래로 LP들
이 적절한 수준에서 매수호가와 매도호가를 제시하여, 거래가 이루어질 수
있도록 적절한 물량을 걸어둡니다. 따라서 거래량이 적은 ETF에서 직접 내
가 매수하거나 매도하고 싶은 물량을 받아줄 사람이 없어도 LP가 제시하는
가격대에서 거래할 수 있는 것입니다. 따라서 거래량이 적은 ETF는 매매하
기 불가능하다는 것은 오해입니다.

하지만 되도록이면 거래량이 적은 ETF는 피하는 것이 좋습니다. 그 이유
는 아무리 LP가 유동성을 공급한다 하더라도, 이들이 자선사업을 하는 것은
아니기 때문에, 매수호가는 NAV보다 어느 정도 낮게, 매도호가는 어느 정
도 높게 제시합니다.

따라서 거래량이 적은 ETF의 경우 거래가 불가능한 것은 아니지만, 거래량이 풍부한 ETF에 비해서는 매수나 매도 시 미미한 수준의 상대적인 손실이 발생하는 것은 불가피합니다. LP가 제시하는 매도호가와 매수호가 간의 차이를 스프레드라고 하는데, 호가 스프레드가 클수록 상대적인 매매 손실도 커지게 됩니다.

따라서 ETF를 단기 매매 수단으로 이용하는 경우 반드시 유동성과 거래대금이 풍부한 종목 위주로 해야 합니다. 그리고 LP들이 스프레드를 적절한 수준에서 유지하는지 확인하는 것이 좋습니다.

⑤ ETF의 거래시간

ETF의 거래시간은 일반적인 우리나라 주식 거래시간과 일치합니다.

- 오전 8시 ~ 9시 : 오전 동시 호가
- 오전 9시 ~ 오후 3시 20분 : 정규장
- 오후 3시 20분 ~ 3시 30분 : 마감 동시 호가

하지만 알아두어야 하는 것은 오전 8시~오전 9시 5분 및 마감 동시 호가 시간(오후 3시 20분~3시 30분)에는 LP의 호가 제시 의무가 면제됩니다. 그렇기 때문에, 유동성이 작은 ETF의 경우 시가나 종가에 시장가로 매매 시 시장가격이 비정상적으로 형성되어 예상치 못한 큰 손실을 볼 수 있으므로 주의해야 합니다.

지금까지 ETF만의 고유한 특성에 대해 살펴보았는데요, 이런 사실을 잘 알고 있으면 보다 안전하고 효과적으로 ETF에 투자할 수 있습니다.

❺ 어떤 ETF를 골라야 할까

시장에 상장된 ETF를 보면 동일한 기초자산을 대상으로 한 ETF들이 상당히 많이 있는 것을 확인할 수 있습니다. 가장 흔한 것이 바로 국내 시장 대표 지수인 코스피200을 추종하는 ETF인데요, 대다수 운용사에서 코스피200을 추종하는 ETF 상품을 다 가지고 있을 정도입니다.

뿐만 아니라 업종 지수를 추적하는 섹터 ETF, 채권 ETF, 해외 ETF 등도 동일한 기초자산을 대상으로 다양한 상품이 출시되어 있습니다. 마치 똑같은 초코파이지만 O사와 L사에서 파는 것과 마찬가지지요.

그렇다면 똑같은 기초자산을 추적하는 ETF가 다양하게 존재하는 경우 어떤 것을 선택하는 것이 좋을까요?

결론부터 말하자면, 유동성과 거래대금이 풍부한 것, 괴리율과 추적 오차(실제 지수와 NAV간의 오차)가 작은 것, 연보수가 저렴한 기준으로 선택하면 됩니다.

이러한 모든 요소를 다 고려하기 힘들다면 유동성과 거래대금 위주, 즉 가장 인기가 많은 상품을 고르라고 추천하고 싶습니다. 많은 투자자가 선택하는 데는 다 이유가 있는 법이고, 또한 유동성과 거래대금이 크면 괴리율과 추적 오차가 줄어들 수밖에 없습니다. 그렇기 때문에 두 번째 문제도 자연히 해결되는 것입니다.

거래대금이 크고 인기가 많은 대표적인 ETF 위주로 투자하고, 단기적인 시세 차익보다는 중장기적인 투자 수단으로 ETF를 이용한다면 이러한 세부적인 내용에 대해 자세히 알지 못하더라도 큰 문제는 없으리라 생각합니다.

ETF에 대한 자세한 내용은 이 외에도 많이 있지만, ETF를 투자 수단으로 이용하는 데에는 지금 설명해드린 정도만 알고 있어도 충분합니다. 매매를 하는 과정에서 더 궁금한 사항은 인터넷을 통해 검색하면 충분히 의문을 해결할 수 있습니다.

그럼 이제 본격적으로 ETF를 이용한 투자 전략을 살펴보겠습니다.

실전 투자 전략

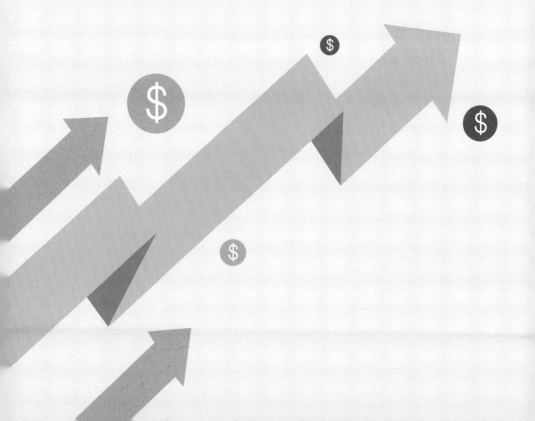

실전 투자 전략
1️⃣ 매수 후 보유

🔍 **핵심 요약**

1. 매수 후 보유Buy and holding는 매수와 매도의 구체적인 기준뿐만 아니라, 리스크 관리에 대한 개념도 전혀 없다는 점에서 투자 전략으로 보기 힘들다.

2. 단순히 시장에 대한 믿음만으로 장기 보유하기란 현실적으로 쉽지 않아, 장기투자에서 실패하기 쉽다.

지금부터는 앞서 살펴본 투자의 기초 이론을 바탕으로 단순한 전략부터 실전 투자에 훌륭하게 적용할 수 있는 고급 전략까지 단계적으로 만들어보도록 하겠습니다.

💲 매수 후 보유 전략

가장 먼저 살펴볼 전략은 '매수 후 보유', 즉 '사서 묵히기 전략'입니다. 전략이라고 부르기도 조금 애매하지만, 사실은 가장 많은 사람이 투자하는 방식입니다. 이 전략의 규칙은 다음과 같습니다.

- 매수 대상 : 우량주 혹은 우량주 여러 종목으로 구성된 포트폴리오
- 매수 규칙 : 충분히 싸다고 생각되는 적절한 타이밍에 매수
- 매도 규칙 : 장기간 보유하여 충분히 오르거나 고평가되었다고 생각할 때 매도
- 전략의 원리 : 주가지수는 경제가 성장함에 따라 일시적으로 부침을 거듭하지만, 장기적으로는 우상향하므로 매수 후 장기 보유하면 큰 수익을 얻을 수 있다.

그렇다면 이 전략을 실제로 우리나라 주식시장에 적용한다면 그 결과는 어떻게 나타날까요?

한 가지 안타까운 사실은 앞으로 살펴볼 전략들은 실제 매매에 적용했을 때 어떤 결과가 나오는지 객관적인 데이터로 확인이 가능한데, 이 매수 후 보유 전략만은 불가능하다는 것입니다. 왜냐하면 매수 후 보유 전략의 매수와 매도의 기준이 매우 애매모호하기 때문입니다. '쌀 때 사서, 비쌀 때 판다'라는 개념은 사실 기준이 없는 것과 마찬가지입니다.

따라서 '매수 후 보유' 전략의 성과를 평가하기 위해서는 단순히 주가지수를 보고 대략적으로 수익과 손해가 어떻게 났는지 확인하는 방법밖에 없습니다. 그럼 살펴볼까요?

그림 2-1 **코스피지수 : 1985년 1월 ~ 2017년 6월**

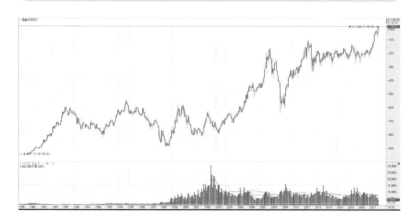

〈그림 2-1〉은 1985년 1월부터 2017년 6월까지의 코스피지수 데이터입니다. 막연하게 '주식은 오를 때도 있고 내릴 때도 있지만, 장기적으로는 우상향하니까 우량주를 사서 진득하게 들고 있으면 수익이 날 것'이라는 전제하에 이 전략에 따라 투자했다면 어떤 일이 발생했을지 확인해보겠습니다.

1985년에 주식투자를 시작했다고 가정합시다. 그런데 1985년에 138로 시작했던 코스피지수가 4년이 지나니 1,000이 되어 거의 7배로 껑충 뛰었습니다. 그런데 이후 1993년까지 반 토막이 났습니다. 만약 1985년부터 투자했으면 다행이겠지만, 1989년에 들어갔다면 원금에서 50% 손실이 난 상황이 될 것입니다.

그다음은 어떻습니까? 다시 1,000으로 100% 가까이 상승하다가 IMF 사태가 일어난 1997년 이후까지 지수는 60% 하락했습니다. 이는 반 토막이 난 상황보다 더 심각합니다. 그다음에는 또 극적으로 상승하다 또 반 토막 나고, 그러다가 유례없는 대세 상승장을 맞아 지수가 2,000까지 상승합니다. 이후에는 잘 알다시피 2008년 금융위기에 또 지수는 반 토막이 납니다. 이후에는 다시 상승했다가 5년 이상의 지루한 횡보장에 빠지게 됩니다. 그리고 2017년부터는 코스피가 동력을 다시 회복하며 역사적 신고가를 기록하고 있는 모습입니다.

그럼 다음 내용을 다시 한 번 생각해볼까요?

"주식은 오를 때도 있고 내릴 때도 있다. 하지만 장기적으로는 우상향하기 때문에 우량주를 사서 진득하게 들고 있으면 수익이 난다"라는 말이 과연 맞는 말일까요? 완전히 틀린 말도 아니지만, 전적으로 맞는 말도 아닙니다. 정확하게 얘기하면 맞는 것보다는 틀린 것에 훨씬 가깝습니다. 그리고 설령 맞다고 해도 이 전략에는 너무나 심각한 문제점이 있습니다.

그럼 이제부터 '매수 후 보유' 전략의 문제점을 하나씩 살펴보도록 하겠습니다.

첫째, 주식이 장기적으로 우상향한다는 개념은 '일반적'으로는 맞지만, 그렇지 않은 경우도 있습니다. 대표적인 사례가 1989년 이후 무려 20여 년이 넘도록 장기 불황에 빠진 일본의 경우입니다.

일본의 경우 1989년 부동산 버블이 꺼져 주식시장 대폭락이 발생한 이후 25년이 넘도록 장기 불황에 빠져 있습니다. 물론 일본 시장의 경우 부동산 버블은 비정상적인 펀더멘털에 기인한 것이기 때문에 예외적으로 해석해야 한다는 입장도 있습니다. 이 주장도 일리는 있지만, 순수하게 가격 자체의

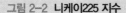
그림 2-2 니케이225 지수

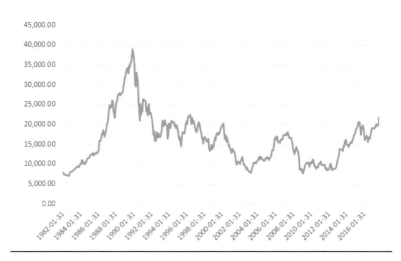

움직임만 놓고 본다면 모든 주식시장이 장기적으로 반드시 안정적으로 우상
향한다고 보장할 수 없다는 것을 알 수 있습니다. 미국 시장과 같이 100년 넘
게 지속적으로 성장하는 시장도 있지만, 일본과 같은 주식시장도 존재합니
다. 그럼 우리나라는 어떨까요? 우리나라도 일본같이 되지 말라는 법은 없
습니다.

둘째, '장기간 보유'라는 개념을 너무 쉽게 생각하는 경향이 있습니다.

우리나라의 30여 년간의 코스피지수의 움직임을 보고 혹시 이런 생각을
하지는 않으셨나요? '지수가 반 토막이 난 적이 4번이나 있었지만, 결국 장
기적인 관점에서 보유하니 지금처럼 2,400선도 돌파한 것이 아닌가? 인내심
을 가지고 버티면 결국 돈을 벌게 될 것이다.'

이렇게 생각하셨다면 큰 오산입니다. 그 이유는 다음과 같습니다.

사람들이 자산 증식의 수단으로 주식을 보유할 수 있는 기간은 현실적으로 생각하는 것보다 길지 않습니다. 사람마다 차이가 있기는 하지만, 대다수의 한국 성인 남성이 주식에 손을 대는 시기가 대체적으로 직장을 얻은 후 야심 차게 재테크를 시작하는 20대 후반에서 30대 초반입니다. 물론 40대에 들어서 처음 시작하는 경우도 상당합니다.

빠듯한 봉급으로 직장생활하고, 집 사고, 차 사고, 애들 키우느라 돈이 들어갈 데가 한두 군데가 아닙니다. 더군다나 이렇게 경제활동이 왕성한 30~40대에는 집을 마련해야 하는 시기이므로, 거액의 자금이 필요하기 때문에 지속적으로 주식에 장기투자하기는 상당히 어렵습니다. 비단 집뿐만 아니라 개인의 형편과 사정에 따라 거액의 자금을 주식에 장기간 묵혀두는 것은 현실적으로 그리 녹록지 않습니다.

이렇게 불규칙하게 주식에 투자하는 기간을 제외하고 비교적 안정적으로 자산이 형성되는 시기를 40대 중반 이후로 본다면, 이때부터 비로소 주식에 자금을 본격적으로 장기간 '묵힐 수 있는' 여건이 갖춰집니다. 그런데 이때부터 시작한다고 해도 10~20년이 지나면 또 자식들을 결혼시키기 위해 큰돈이 필요합니다. 그 시간이 지나면 나이가 들어 주식에 대한 관심은 시들해지고, 여생을 마무리해야 할 시기가 옵니다.

이처럼 현실적으로 조금만 깊이 생각해보면, 그냥 막연하게 '주식이 좀 떨어져도 주가의 힘을 믿고 20~30년 동안 인내심을 가지고 묵히자'라는 말이 얼마나 비현실적이고 위험한 것인지 알 수 있습니다.

상황에 따라 장기간 투자할 수도 있지만, 경제 사정 때문에 피치 못하게 투자금을 빼야 하는 경우도 흔하게 발생합니다. 만약에 막연하게 '그저 오래

붙잡고 있으면 올라가겠지'라고 생각해서 거액을 투자했는데, 이후에 주가가 반 토막이 난다면 어떻게 하시겠습니까?

반 토막이 나도 급전이 필요하지 않다면 붙들고 있으면 다행일 것입니다. 하지만 급전이 필요하다면 꼼짝없이 주식을 팔아야 합니다. 그러면 고스란히 손실을 확정하는 것입니다.

주가가 떨어질 것 같으면 빼면 된다고요?

물론 그렇게 하면 되겠지만, 어떤 방법으로 비중을 줄여야 하는지에 대한 개념조차 없는 경우가 대부분입니다.

주가가 반 토막 나는 일은 앞으로 없을 거라고요?

아닙니다. 시장이 과열되었다가 조정이 오는 것은 지극히 정상적인 경제 사이클입니다. 우리나라의 경우만 보아도 최근 20년 동안 주가가 반 토막 나는 경우가 5번 정도나 있었습니다. 내가 원하지 않는다고 주가가 떨어지지 않는 것은 전혀 아니라는 냉정한 사실을 받아들여야 합니다.

불굴의 인내심으로 폭락하는 5번의 구간을 인내심으로 이겨냈다고 가정해봅시다. 그렇다고 행복할까요?

자산이 반 토막 이상으로 폭락하는 것을 견디는 것은 결코 쉬운 일이 아닙니다. 잠도 못 자고, 살도 빠지고, 머리도 다 빠질 겁니다. 그렇게 해서 돈을 번다고 한들 20년 동안 두 다리 한 번 제대로 뻗지도 못하고 사는 게 무슨 의미가 있을까요? 이런 이유 때문에 단순히 장기간 주식을 막연하게 보유한다는 개념은 매우 허술하고 위험한 것입니다.

셋째, 엄밀한 의미에서 따져보면 '매수 후 보유' 전략은 사실상 투자 전략이 아니라는 것입니다. 전략이라는 것은 객관적이고 구체적인 매수와 매도의 기준이 있어야 하는데(이를테면 앞서 살펴본 추세추종 매매의 규칙과 같이 최근 10개월간 주가보다 높으면 매수, 낮으면 매도), '매수 후 보유' 전략은 그런 규칙이 전혀 없습니다. 사실상 규칙이 없기에 전략이라고 할 수 없습니다.

넷째, 바로 이런 특성들 때문에 '매수 후 보유' 전략은 손실에 대한 방어 계획이 전혀 없어서 주가가 반 토막이 나건, 1/10 토막이 나건 손쓸 방법이 전혀 없어서 그대로 손실을 맞아야 합니다. 그리고 주식이 충분히 올라도 팔아야 하는 기준이 없기 때문에 그동안 벌었던 수익을 다 토해낸다고 해도 할 수 있는 게 아무것도 없습니다.

바로 이런 이유들 때문에 막연하게 우량주 펀드에 장기간 묵혀두면 수익이 난다라는 생각에 솔깃해합니다. 하지만 이러한 치명적인 단점 때문에 자산을 속편하고 안정적으로 운용하는 데는 부적절한 방법입니다.

이런 문제점을 개선할 수 있는 전략은 없을까요?

이를 위해 나온 것이 바로 '적립식 전략'입니다. '적립식 전략'은 주식을 특정 시점에 한꺼번에 다 사는 것이 아니라, 매달 혹은 특정 주기로 나누어서 사는 것입니다. 이렇게 하면, 손실을 획기적으로 줄일 수 있습니다. 그래서 많은 펀드 매니저나 증권사 직원이 이 방법을 추천하고 있습니다.

그렇다면 과연 적립식 전략은 우리가 생각하는 것처럼 그렇게 좋은 방법일까요? 바로 확인해봅시다.

실전 투자 전략
2 적립식 투자 전략

🔍 핵심 요약

1. 적립식 투자 전략은 코스트 에버리징 효과(일정간격을 두고 일정액을 특정 증권이나 포트폴리오에 계속 투자하는 투자 방법)에 의해 저가에 상대적으로 많이 살 수 있는 장점이 있고, 시간에 따른 분할 매수 효과로 손실을 줄일 수 있다고 일반적으로 알려져 있다.

2. 하지만 적립식 투자 전략 또한 매수와 매도의 기준이 없고, 적립 기간이 늘어날수록 리스크 분산 효과는 급격하게 감소하여 매수 후 보유 전략과 별 차이가 없는 치명적인 단점이 있다.

우리는 앞에서 매수 후 보유 전략이 얼마나 위험한지 확인했습니다. 이런 매수 후 보유 전략의 대안으로 나온 것이 바로 적립식 투자 전략입니다.

💲 적립식 투자 전략

적립식 투자 전략이란, 특정 시점에 자금 전체를 투자하는 것이 아니라 자금을 일정 주기 단위로 나누어 사는 방법입니다. 예를 들어 1,200만 원으로 삼성전자에 투자한다고 가정해봅시다.

앞서 살펴본 매수 후 보유 전략은 오늘 1,200만 원 모두를 삼성전자 주식에 투자하는 방법(거치식 투자 전략)이고, 적립식 투자 전략은 오늘 한꺼번에 다 사지 않고 매달 100만 원씩 나누어서 1년간 사는 방법입니다.

일반적으로 적립식 투자 전략은 적금 붓듯이 매월 날짜를 정해두고 해당 날짜에 정해진 금액을 불입하는 방식입니다. 2000년대 초반, '적립식 펀드' 열풍이 불면서 대중에게도 널리 알려진 투자 방법입니다.

적립식 투자 전략의 장점은 한꺼번에 돈을 모두 투자하지 않고 여러 기간에 따라 분산해서 투자하기 때문에, 거치식보다 손실폭과 변동성이 적어 안정적이라고 알려져 있습니다. 그리고 금융 상품 홍보 광고를 통해 친숙해져 있습니다.

그런데 적립식 투자는 과연 안전한 투자법일까요?

💲 적립식 투자 전략의 규칙

- 매수 대상 : 주식, 인덱스^{KOSPI 200 ETF} 등
- 매수 규칙 : 매수 대상 종목을 매달 동일한 금액으로 매수
- 매도 규칙 : 충분히 수익이 났을 때 차익 실현

이 규칙을 우리나라 코스피시장에 적용해보면 어떤 결과가 나타날까요? 다음의 가상 투자 전략을 통해 확인해보겠습니다.

- 테스트 기간 : 1985년 1월 ~2017년 6월
- 매수 대상 : 코스피지수(코스피지수 추종 ETF)
- 매수 규칙 : 매월 100만 원을 코스피지수에 투자

예를 들어 1985년 1월 적립식 투자를 시작하여, 2017년 6월까지 총 390개 월간 매월 말 100만 원씩 코스피지수를 매수했다고 가정해보겠습니다. 이 투자 기간 동안 투자된 총금액은 3억 9,000만 원입니다.

먼저 1985년 1월에 한꺼번에 3억 9,000만 원을 투입하고 묵혀두었을 때(거치식)와 매월 말일에 100만 원씩 390개월간 나누어 샀을 때의 수익률을 비교해보겠습니다.

거치식은 17배로 올랐고, 적립식은 3.3배로 오른 것을 확인할 수 있습니다. 즉 거치식 투자를 했다면 원금 3억 9,000만 원이 66억 3,100만 원으로, 적립식 투자를 했다면 13억 500만 원이 되었다는 것이지요.

적립식의 총 투자 수익률이 거치식보다 낮은 이유는 상승 구간에서도 나누어 샀고, 폭락 구간에서도 나누어 샀기 때문입니다. 상승장에서의 수익률은 거치식보다 낮지만, 얼핏 보기에 하락 구간에서의 손실도 거치식보다 작아 보입니다. 진짜 그럴까요? 한 번 확인해보겠습니다.

적립식 투자의 총 계좌평가액을 좀 더 자세히 살펴보겠습니다.

〈그림 2-4〉를 자세히 살펴보면 다음과 같은 현상을 확인할 수 있습니다.

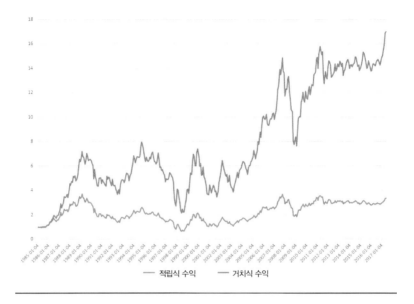

그림 2-3 적립식 수익률 vs. 거치식 수익률

적립식 수익   거치식 수익

적립식 투자 방법의 투자 수익곡선은 적립식 초기(1985~1992년)에는 지수가 하락하는 구간에서도 손실폭이 크지 않습니다. 하지만 시간이 점점 경과할수록 코스피지수와 움직임의 차이가 없음을 볼 수 있습니다. 좀 더 자세히 살펴보면, 적립식 투자법도 지수가 반 토막 나는 구간(2008년)에서는 유사한 수준으로 큰 폭의 손실이 나는 것을 확인할 수 있습니다. 서브프라임 당시 지수가 반 토막 날 때는 적립식 투자도 똑같이 반 토막이 났습니다. 즉 적립식은 오래 투자하면 할수록 과거에 한 번 올인해서 투자한 것과 차이가 없어지고 리스크 감소 효과도 점점 희석된다는 것입니다.

어떻습니까, 충격적이지 않습니까? 적립식 투자는 분명히 안전하다고 들었는데 어떻게 이런 일이 일어나는 것일까요?

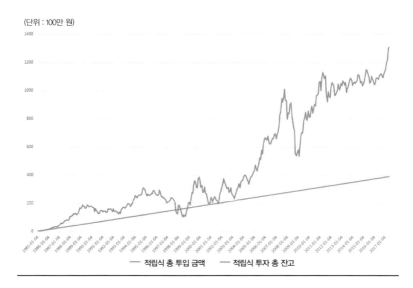

그림 2-4 **적립식 총 투입 금액 vs. 적립식 투자 총 잔고**

(단위 : 100만 원)

— 적립식 총 투입 금액   — 적립식 투자 총 잔고

막연하게 적립식으로 투자하면 안전하다고 생각했을지 모르지만, 진실을 파헤쳐보면 적립식 투자도 사실은 그다지 좋은 투자법이 아님을 알 수 있습니다

적립식 투자의 최대 장점이 시간에 분산해서 투자하는 것이기 때문에 한 번에 올인하는 것보다 안전하다는 것이 상식이라고 생각합니다. 그리고 심지어 금융 전문가들도 '코스트 에버리징' 효과를 역설하면서 강조하는데, 대체 왜 이런 일이 발생했을까요?

이유가 무엇인지 확인하기 위해 간단한 계산을 해보겠습니다. 적립식 투자에서 큰 폭의 손실이 발생한 2008년 금융위기 당시를 기준으로 살펴보겠습니다.

1985년 1월부터 투자를 시작했다면 서브프라임 사태가 터지기 직전인 2007년 10월까지 22년 10개월간 매달 100만 원씩 불입하여 불어난 총 투자 자산은 서브프라임 사태 직전에 10억 1,000만 원입니다. 그런데 2007년 10월을 정점으로 2008년 10월까지 1년간 코스피는 기록적인 폭락을 보이게 됩니다. 1년 사이에 반 토막이 난 상황이지요.

2007년 10월까지 투자를 통해 불어난 10억 1,000만 원이라는 총 계좌 자산은 폭락 전에 이미 투자된 상황이므로, 이 하락 기간에는 속수무책으로 반 토막이 날 수밖에 없었습니다. 2007년 10월 이후 폭락 구간에서 매달 투입되는 월 100만 원의 자금을 1년간 투입해봤자 1,200만 원에 불과합니다. 이미 10억여 원에 달하는 자금은 지수가 반 토막이 날 때 같이 반 토막이 났습니다.

그래서 5억 원이 손해나는 상황에서 1,200만 원을 분산해서 투자해봤자 새 발의 피(2.4%)에 불과합니다. 이미 장기간 투자된 자산의 규모 대비 손실을 충분히 보상해주지 못할 정도로 미미하기 때문에 이런 현상이 발생하는 것입니다.

만일 적립식 투자를 서브프라임 직전부터 시작했다면 얘기는 달라지겠지요? 그렇게 했다면 서브프라임 사태 최악의 시점에서 손실은 훨씬 작았을 것입니다. 하지만 그렇다고 하더라도 시간이 지날수록 이미 투자된 금액 대비 투입 금액의 비율은 점점 작아지기 때문에 수학적으로 손실 감소 효과는 미미해질 수밖에 없습니다.

이처럼 적립식 투자 방식의 코스트 에버리징, 물타기 효과의 손실 방어 메커니즘은 한편으로는 의미가 있긴 하지만, 다른 한편으로는 '장기투자' 할 경우 오히려 손실 방어에 별 도움이 안 된다는 치명적인 단점을 안고 있습니다. 그런데 절대다수의 투자자가 이런 단순한 부분도 깊이 생각해보지 않기 때문에 전혀 알지 못하지요. 더욱 안타까운 것은 투자 전문가라는 사람들도 이런 사실에 대해 잘 알지 못한다는 것입니다.

　적립식 투자의 또 하나 치명적인 단점은 적립식 투자 방법에는 매도 기준이 전혀 없다는 것입니다. 매수에 대한 기준만 있지, 언제 팔아야 하는지에 대한 기준이 전혀 없습니다. 매도 기준이 없다는 것은 거치식 투자 방법과 마찬가지로 적립식 투자 방식에서도 치명적인 문제를 야기합니다.

　이것은 언제 차익실현을 해야 하는지에 대한 기준이 없다는 것을 의미하기 때문에 주가가 지속적으로 올라도 팔지 못하고, 하염없이 손실을 보면서 떨어져도 팔지 못하고 무조건 사야 한다는 것을 의미합니다. 적절한 타이밍에 차익실현을 함으로써 자산을 불려가는 구조가 아닌, 비효율적인 투자 구조를 가지게 되는 것입니다.

　이런 이유로 적립식 투자의 초기에는 거치식 투자에 비해 리스크를 현저하게 감소시키는 것은 장점입니다. 하지만 시간이 지남에 따라 불입 규모가 커지면서 리스크 감소 효과가 희석되고 매도 규칙이 없다는 단점이 있습니다. 이로 인해 거치식 매수와 별반 다름 없는 결과를 초래하게 되는 것입니다.

　결론적으로 적립식 투자 방법 역시 좋은 매매 방법이 아닙니다. 적립식 투자를 통해 효율적인 수익을 달성하기 위해서는 매매 규칙 자체에 매수-매도에 대한 명확하고도 정량적인 기준이 있어야 합니다.

　이러한 적립식 매매의 치명적인 단점을 개선하기 위해 다음 세 가지 방법을 이용할 수가 있습니다.

첫째, 끝없이 불입만 할 것이 아니라, 불입이 마무리되는 기간의 한계를 길지 않은 수준으로 정해놓고 분할적립합니다. 그러다 만기가 되면 전체를 매도한 후 다시 분할하여 적립하는 방식입니다. 이를 '순환적립식 불입 방식'이라고 합니다.

둘째, 큰 기복 없이 장기적·안정적으로 우상향하는 성질을 가진 자산이나 포트폴리오에 분산투자하는 방법입니다.

셋째, 정량적인 기준을 설정한 후 장세에 따라 적극적으로 투자 비중을 조절합니다. 즉 하락 구간에서 투자 비중을 줄이고, 상승 구간에서 투자 비중을 늘려 저점 매수, 고점 매도의 효과를 취하는 '추세추종 전략'을 사용합니다.

이제 이러한 원리를 이용하여 적립식 투자 방법의 결정적인 단점을 개선하여 안정적인 수익을 취할 수 있는 방법들을 차례대로 살펴보겠습니다.

실전 투자 전략
3 순환적립식 투자 전략

🔍 핵심 요약

1. 순환적립식 투자 전략은 만기를 정한 상태에서 분할적립식으로 투자한 후, 만기 시 전체를 환매 후 다시 분할적립하는 방식을 말한다.

2. 주식과 같이 장기적으로 변동성과 리스크가 큰 단일 자산에만 장기투자하는 경우, 단순적립식 투자는 투자 기간이 길어질수록 리스크 감소 효과가 현저히 줄어든다. 하지만 순환적립식은 훨씬 더 큰 리스크 감소 효과를 얻을 수 있어 순환적립식 투자 전략이 유리하다.

3. 장기적으로 큰 손실 없이 안정적으로 우상향하는 자산이나 상품에 투자하는 경우에는 단순 '매수 후 보유' 전략이나 단순적립식 방법이 유리하다.

앞서 살펴본 단순한 적립식 투자의 최대 문제점은 적립 기간이 늘어나면 투자된 총 자산은 점점 커지는데, 그에 비해 매월 새로 투자하는 금액은 일정하다는 것이었습니다. 즉 투자 기간이 길어질수록 총 누적 자산 대비 적립식으로 새로 투자되는 금액의 비율은 점점 감소하기 때문에 리스크 희석 효과가 거의 사라지게 된다는 것이었습니다.

이런 문제를 해결하기 위한 방법 중 하나가 지금 소개할 순환적립식 투자 전략입니다. 순환적립식 투자 전략은 끝없이 불입만 하는 것이 아니라, 불입이 마무리되는 기간의 한계를 그리 길지 않은 수준으로 정한 상태에서 총 투자 금액을 분할적립하다가 만기가 되면 전체를 매도한 후 다시 분할하여 적립하는 방식입니다.

적립하는 기간을 지나치게 길지 않게 선정한 상태에서 분할적립하면, 투자 기간이 경과해도 일정 주기 단위로 리셋됩니다. 그렇기 때문에 앞서 살펴본 단순적립식 투자 전략의 심각한 문제를 쉽게 해결할 수 있습니다.

예를 들면 1억 원의 자금을 12등분하여 1년 단위로 순환적립식 투자 전략으로 진행하면 어떻게 될까요? 운이 나빠 투자를 시작하자마자 장이 3년 동안 지속적으로 하락했다고 가정해봅시다.

순환적립식으로 투자하면 12등분한 분할적립의 한 사이클이 마무리되는 1년 후에 전체 자금을 모두 매도한 후 이 자금을 다시 12등분하여 투자를 다시 시작하는 방식입니다. 따라서 투자 2년 차 시작 시점에서는 전체 자금의 1/12만 주식에 다시 투입하며 (11/12은 현금 보유) 시작됩니다. 따라서 비록 1년간 손해는 발생했지만, 2년 차 투자부터는 전체 금액의 1/12, 2/12… 이렇게 점진적으로 다시 매월 불입이 진행됩니다. 때문에 전체 투자 금액을 전혀 빼지 않고 폭락의 피해가 고스란히 누적되는 적립식 투자에 비해 구조적으로 훨씬 안정적인 리스크 감소 효과를 기대할 수 있습니다.

그렇다면 직접 시뮬레이션으로 확인해볼까요?

• 테스트 기간 : 1985년 1월 ~2017년 6월

• 매수 대상 : 코스피지수(코스피지수 추종 ETF)

• 매수 규칙 : 총투자 자산 규모 및 적립 기간 선정(총 투자 자산 : 1억 원, 적립

기간 : 12개월)

매월 투자 금액 = 총 투자 자산 / 적립 기간

투자 금액을 제외한 자산은 현금으로 보유(연 3% 금리 단기 국고채로 가정),

적립 기간이 지나면 전액 매도 후 다시 12등분하여 분할적립 반복

그림 2-5 순환적립식 투자 수익곡선

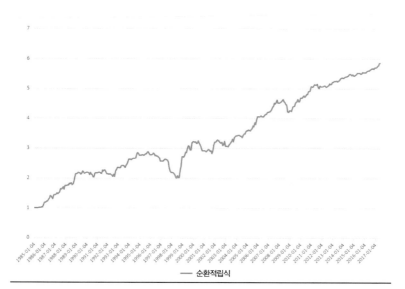

— 순환적립식

〈그림 2-5〉의 그래프에서 보는 바와 같이 원금이 5.86배로 증가했습니다. 전체적인 수익곡선을 보면 앞서 살펴본 단순적립식보다는 훨씬 안정적인 것을 확인할 수 있습니다. 물론 금융 위기 시에 큰 폭의 손실이 발생하는 구간도 있지만, 일정 주기로 주식 비중을 리셋하는 구조이므로 끝없이 하락하지는 않습니다.

그렇다면 단순적립식과 수익곡선을 비교해볼까요?

확실히 다르죠? 왜 이런 현상이 발생하는지 이제 이해가 될 것이라고 생각합니다. 순환적립식 투자의 경우, 경제위기와 같은 대폭락장에서의 손실을 현저히 줄여주기 때문에 커다란 금융위기가 4번이나 있었던 지난 30여 년간의 부침을 견뎌낼 수 있었습니다.

그림 2-6 **단순적립식 vs. 순환적립식 투자 수익곡선**

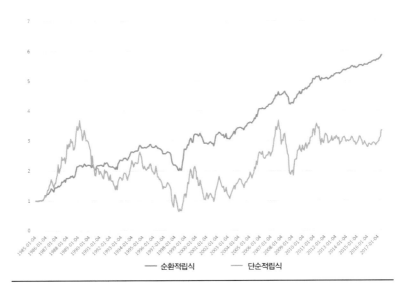

― 순환적립식　　― 단순적립식

그렇다면 이제 거치식까지 함께 모두 비교해보겠습니다.

장기 불황에 빠진 일본 니케이225 지수에 투자한다면 어떻게 되었을까요?

장기적인 하락에 빠진 니케이225 지수의 경우 순환적립식이 거치식보다 오히려 더 높은 수익률을 보여줍니다. 단순히 장기 상승을 믿고 거치식이나 단순적립식으로 투자했다면 끔찍한 결과를 맞았을 것입니다.

이것을 보고 '그래도 코스피와 같이 장기적으로 우상향한다면 장기 수익률은 거치식이 가장 높으니 역시 거치식으로 가야겠다'라고 생각하셨습니까? 이것은 큰 오산입니다.

앞서 살펴본 바와 같이 거치식이나 단순적립식 투자의 장기 수익률이 가장 높기 위해서는 결과적으로 지수가 큰 기복 없이 우상향한다는 전제조건

그림 2-7 거치식 vs. 단순적립식 vs. 순환적립식 투자의 수익곡선 비교(니케이255)

이 충족되어야만 합니다. 하지만 사실은 그렇지 않죠. 앞서 언급한 바와 같이 주식시장에 일정한 주기로 큰 조정이 오는 것은 전혀 이상할 것이 없는 지극히 정상적인 시장의 속성입니다.

뿐만 아니라 앞날은 아무도 모릅니다. 살펴본 바와 같이 일본과 같은 장기 불황에 빠진다면 거치식은 가장 끔찍한 투자 손실을 안길 수밖에 없습니다. 따라서 주식과 같은 위험 자산군에 단독으로 장기투자할 경우 거치식 투자는 그래프에서 확인할 수 있는 무시무시한 손실 구간을 버틸 수가 없습니다. 때문에 가장 피해야 할 투자법입니다.

단순적립식은 어떻습니까? 단순적립식 또한 치명적인 문제가 있음을 확인했죠? 하지만 순환적립식은 거치식과 단순적립식의 문제점을 어느 정도 해결했기 때문에 전반적으로 안정적인 수익곡선을 보여줍니다.

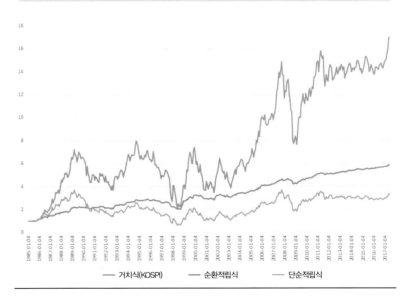

그림 2-8 **거치식 vs. 단순적립식 vs. 순환적립식 투자의 수익곡선 비교(코스피)**

거치식(KOSPI)　　　순환적립식　　　단순적립식

우리는 지금까지 다양한 방법의 투자 방법을 살펴보았는데, 결과는 의외로 충격적입니다. 시장의 금융 전문가들이 이구동성으로 주장하는 한국 경제의 힘을 믿고, 주식에 장기투자하라는 매수 후 보유 전략은 최악이었고, 그에 못지않은 적립식 분할 매수 또한 실상을 확인하면 장기투자로 갈수록 매수 후 보유 전략과 본질적으로 차이가 없어지는 치명적인 단점을 확인하였습니다.

오히려 대중들에게 상대적으로 덜 알려져 있는 순환적립식 투자 방법이 가장 안정적인 수익을 올릴 수 있음을 확인할 수 있었습니다. 따라서 주식과 같이 변동성이 큰 자산에만 100% 투자하는 경우 거치식이나 단순적립식은 반드시 피하고 순환적립식 방법을 선택하는 것이 좋습니다.

그렇다면 거치식이나 단순적립식은 완전히 쓸모없는 방법일까요? 그렇지 않습니다. 투자 자산이 안정적으로 우상향하는 경우 거치식이나 단순적립식이 순환적립식보다 훨씬 더 유리합니다. 왜냐하면 순환적립식은 자산의 변동성이 클 때 이를 시간에 분산투자함으로써 손실을 줄이는 구조입니다. 그렇기 때문에 안정적으로 우상향하는 자산이 있다면 자금을 빼지 않고 오래 투자할수록 수익률이 높아집니다.

이런 관점에서 본다면, 가장 이상적인 투자 방법은 '장기적으로 큰 기복 없이 안정적으로 우상향하는 자산이나 상품'에 큰 금액을 거치식으로 투자를 시작한 뒤 주기적으로 소량씩 단순적립식으로 추가하는 방식이라고 할 수 있습니다.

그렇다면 큰 기복 없이 안정적으로 우상향하는 투자 자산은 어떤 것이 있을까요?

사실 가만히 내버려뒀는데 알아서 큰 기복 없이 안정적으로 우상향하는 투자 자산은 찾기가 쉽지 않습니다. 굳이 가장 비슷한 투자 자산을 들라면 채권이 그나마 가장 가깝지만, 채권도 만기가 길어지면 주식 못지않은 변동성과 리스크가 있습니다.

그렇다면 방법은 없을까요?

있습니다! 큰 기복 없이 안정적으로 우상향하는 투자 전략을 만들면 됩니다. 그리고 이 전략에 거치식이나 단순적립식으로 투자하면 손실은 작으면서도 장기적인 큰 복리 수익을 기대할 수 있습니다.

이제부터 절대 수익을 내는 전략을 만드는 방법에 대해 알아보도록 하겠습니다.

실전 투자 전략

❹ 주식 : 현금(또는 채권) 1 : 1 혼합 전략

🔍 핵심 요약

1. 상관관계가 낮은 주식 : 현금 또는 주식 : 채권을 동일비중으로 구성하고, 월 단위로 리밸런싱하면 주식시장의 리스크를 상당히 줄인 상태에서 안정적으로 투자할 수 있다.

2. 주식시장의 변동성을 커버하기 위해서는 만기가 긴 장기 채권에 분산투자 하는 것이 이상적이다.

지금부터는 '매수 후 보유(거치식, 적립식) 전략'의 문제점을 개선하고, 시장의 리스크를 최소화하여 안전하게 투자할 수 있는 투자법을 하나씩 살펴보겠습니다. 천릿길도 한 걸음부터라는 말이 있죠? 우선 가장 단순한 전략부터 기초를 닦고 한 단계씩 전략을 가다듬고 발전시켜보겠습니다.

처음으로 살펴볼 전략은 가장 기초적인 전략인 주식과 현금(또는 채권) 혼합 전략입니다. 우리는 이전에 손실을 줄이고 수익을 늘리는 핵심 원리로, 상관성이 낮은 자산에 분산투자하여 정기적으로 리밸런싱하는 방법을 살펴보았습니다. 지금 살펴볼 전략은 바로 이 원리에 기초를 두고 있습니다.

이 전략은 주식 하나에만 올인해서 투자하는 것이 아니라, 상관성이 낮은 주식과 현금(또는 채권)에 반반씩 투자해서 매달 동일비중으로 리밸런싱하는 전략입니다. 주식의 움직임과 무관하거나, 반대로 움직이는 현금이나 채권에 절반씩 투자함으로써 하락장에서의 손실을 절반으로 줄이는 원리입니다. 그리고 주기적인 리밸런싱에 의한 추가적인 수익도 노리는 전략도 포함되어 있습니다.

⑤ 주식 : 현금 혼합 전략

- 투자 기간 : 2001년 1월 ~ 2017년 6월
- 투자 대상 : 코스피200지수, 현금
- 매수 · 매도 규칙 : 코스피지수와 현금을 1:1 비율로 나누어 매수(절반씩 매수)

매월 말 주식과 현금 평가액을 1:1로 동일하게 맞춤(동일비중 리밸런싱)

＊현금은 3년 만기 국고채 지수

이에 대한 결과는 〈그림 2-9〉와 같습니다.

현금에 절반을 투자했으므로 주식에 올인했을 때와 비교하면 수익도 대략 절반 수준입니다. 하지만 손실폭도 절반 수준 이하로 감소한 것을 확인할 수 있습니다. 주식이 반 토막이 나는 구간에서도 손실은 −23% 정도에 불과합니다. 따라서 무턱대고 주식에만 올인하는 것보다 비록 수익은 작지만, 훨씬 안정적인 투자 방법으로 생각할 수 있습니다.

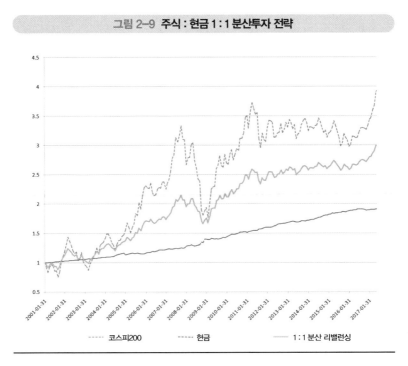

그림 2-9 주식 : 현금 1 : 1 분산투자 전략

	코스피200	현금	1 : 1 분산	1 : 1 분산 리밸런싱
연평균수익률	8.7%	4.0%	6.7%	6.9%
최대 손실률	-47.0%	-2.0%	-31.5%	-22.6%

여기서 리밸런싱한 것과 하지 않은 결과를 비교해볼까요?

〈그림 2-10〉에서 보는 것처럼 주식과 현금에 1:1로 분산해서 리밸런싱을 하지 않으면 연평균 수익률은 6.7%입니다. 그런데 월간 리밸런싱을 한 결과 6.9%로, 연 0.2%의 추가 수익이 발생했습니다. 그리고 최대 손실률도 10% 가까이 낮을 뿐만 아니라 수익곡선도 더 안정된 것을 확인할 수 있습니다. 이것이 바로 리밸런싱의 위력입니다.

이 시뮬레이션의 결과는 주식과 현금을 1:1로 섞어서 리밸런싱한 결과입니다. 물론 현금이라는 자산은 가장 변동성이 작아서 손실을 줄이는 데에는 도움이 되지만, 수익률은 가장 낮기 때문에 현금을 혼합하면 전체 포트폴리

그림 2-10 **주식 : 현금 단순 분산 vs. 월 단위 리밸런싱**

—— 1:1 분산 리밸런싱   —— 1:1 분산

오의 수익률도 낮아지는 단점은 있습니다.

그렇다면 주식과 분산투자하기에 가장 이상적인 수단은 무엇일까요?

바로 국고채입니다. 일반적으로 국고채는 주식시장의 움직임과 음의 상관관계를 보여 주식과 혼합 시 효과적으로 손실을 줄일 수 있습니다. 그리고 현금보다는 변동폭과 수익도 높기 때문에 이상적인 분산투자 수단입니다.

국고채는 만기가 짧은 것과 긴 것이 있는데, 단기 국고채일수록 현금과 유사하게 가격 변동이 작고, 장기로 갈수록 변동성이 커집니다. 따라서 단기 국고채일수록 안정성은 높지만 수익률이 낮고, 장기 국고채일수록 수익률은 높지만 안정성이 낮습니다.

현재 우리나라에 출시된 국고채는 다음과 같습니다.

- 1~3개월 정도의 초단기 국고채 : KODEX 단기 자금
- 3년 만기 국고채 : KODEX 국고채, KOSEF 국고채
- 10년 만기 국고채 : KODEX 국채선물 10년
- 20년 만기 국고채 : KOSEF 국고채 10년 레버리지

포트폴리오 투자 전략에서는 일반적으로는 3년 만기 국고채를 '현금'으로 분류합니다.

⑤ 주식 : 채권 혼합 전략

이번에는 주식과 국고채를 1:1로 섞어 매달 리밸런싱한 전략의 결과를 살펴보겠습니다. 현재 우리나라에 국고채 ETF가 상장된 지는 불과 3~4년 정도밖에 되지 않아 짧은 데이터로 시뮬레이션 하기는 어렵습니다. 때문에 과거 국고채 금리 데이터를 이용해 10년과 20년 만기 장기 국고채의 지수를 가상으로 생성한 데이터를 이용하여 시뮬레이션 해보겠습니다.

- 투자 기간 : 2001년 1월~2017년 6월
- 투자 대상 : 코스피200지수, 10년 만기 국고채 지수

그림 2-11 주식 : 10년 국채 1 : 1 분산투자 전략

—— 1:1 리밸런싱   ····· 코스피200   ····· 10년 만기 국고채

- 매수 & 매도 규칙 : 코스피200지수와 10년 만기 국고채 지수를 1 : 1로 분산하여 매수
- 매월 말 주식과 채권 평가액을 1 : 1로 동일하게 맞춤(동일비중 리밸런싱)

어떻습니까? 10년 만기 국고채는 현금보다 변동성이 더 크기 때문에 전

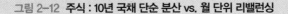

그림 2-12 **주식 : 10년 국채 단순 분산 vs. 월 단위 리밸런싱**

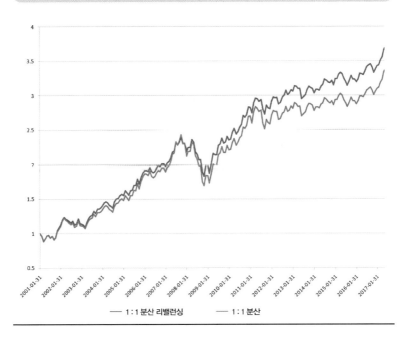

	코스피200	10년 만기 국고채	1 : 1 분산	1 : 1 분산 리밸런싱
연평균수익률	8.7%	6.5%	7.7%	8.3%
최대 손실률	-47.0%	-10.5%	-30.3%	-23.8%

체적인 수익률도 높으면서 손실도 효과적으로 줄이는 것을 확인할 수 있습니다.

만기가 더 긴 20년 만기 국고채와 주식에 분산투자한 결과는 어떨까요? 현재 데이터로 추적 가능한 국내의 20년 만기 국고채 지수의 장기 데이터가 없기 때문에, 가상의 10년 만기 국고채 일간지수의 2배 레버리지 인덱스를

그림 2-13 주식 : 20년 국채 단순 분산 vs. 월 단위 리밸런싱

----- 20년 만기 국고채   —— 1:1 분산 리밸런싱   ----- 코스피200

	코스피200	20년 만기 국고채	1:1 분산 리밸런싱
연평균수익률	8.7%	12.7%	11.7%
최대 손실률	-47.0%	-20.7%	-23.2%

생성하여 가상으로 시뮬레이션 해보았습니다.(거래비용 및 실제 운용상 발생하는 제반 오차를 고려하지 않은 가상 데이터이기 때문에 실제 값과는 오차가 있을 수 있습니다).

주식에 100% 투자한 것보다 리스크도 현저히 감소할 뿐만 아니라 수익률도 더 높습니다. 채권의 만기가 길수록 변동성도 더 커지기 때문에, 장기적인 수익률도 더 높아지는 것을 확인할 수 있습니다.

그러면 무조건 긴 채권이 가장 유리할까요? 꼭 그렇지만은 않습니다. 채권은 만기가 길수록 변동성이 커 하락할 때 낙폭도 더 커집니다. 이 때문에 일시적으로는 더 큰 손실을 볼 수도 있습니다.

주식 : 채권 동일비중 포트폴리오 전략을 미국의 데이터로 시뮬레이션 해보면 어떨까요?

- **투자 기간** : 2002년 8월 ~ 2017년 6월
- **투자 대상** : 미국 S&P500^{SPY}, 미국 3년 만기 국채^{SHY}, 10년 만기 국채^{IEF}, 20년 만기 국채^{TLT}
- **매수 & 매도 규칙** : S&P500지수와 미국 국채를 1:1 비율로 나누어 투자
  매월 말 S&P500지수 투자평가액과 채권 평가액을 1:1로 리밸런싱
  이 과정을 매월 말 계속 반복

우선 미국 S&P500지수와 만기에 따른 미국 국채의 가격 움직임부터 살펴보겠습니다.

〈그림 2-14〉의 그래프에서 보는 바와 같이 만기가 짧은 국채는 변동성이

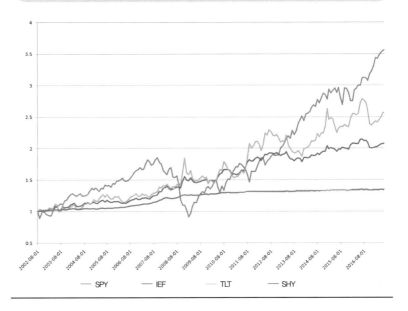

그림 2-14 미국 주식 : 미국 10년 만기 국고채, 미국 20년 만기 국고채,
미국 3년 만기 국고채(현금) 지수

작은 것을 볼 수 있습니다. 그리고 만기가 긴 국채는 변동성이 큰 것을 볼 수
있습니다. 또한 미국 주식(S&P500)의 움직임과 채권의 움직임을 살펴보면,
대체적으로 반대방향으로 움직이는 것을 볼 수 있습니다.

그렇다면 이제 미국 주식과 미국 채권을 1 : 1로 섞어서 매달 리밸런싱하
여 투자한 결과를 살펴보겠습니다.

일반적으로 채권의 움직임은 주가와 반대 방향이고 변동성도 현금보다
크기 때문에, 주식/채권 포트폴리오가 주식/현금 포트폴리오보다 장기적으
로 우월한 결과를 보여주는 것을 확인할 수 있습니다.

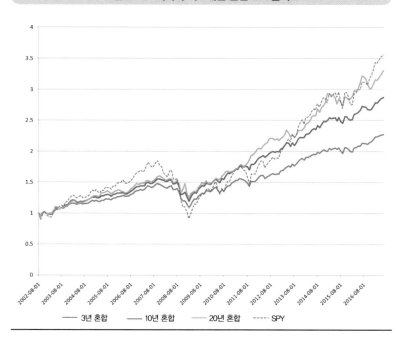

그림 2-15 **미국 주식 : 채권 분산 포트폴리오**

— 3년 혼합   — 10년 혼합   — 20년 혼합   ---- SPY

	SPY	3년 혼합	10년 혼합	20년 혼합
연평균수익률	8.9%	5.7%	7.3%	8.4%
최대 손실률	-50.8%	-26.1%	-23.1%	-22.2%

＊일반적으로 3년 만기 국고채 = 현금성 자산으로 분류하기 때문에 그래프는 앞서 살펴본 주식 : 현금 혼합
전략으로 볼 수도 있습니다.

10년 국채와 20년 국채를 혼합한 결과만 살펴볼까요? (그림 2-16)

이러한 이유로 서브프라임 사태 때 지수가 50% 하락하는 상황에서도 채권 혼합 포트폴리오의 손실은 −20%도 채 되지 않는 것을 확인할 수 있습니다. 주식과 혼합하여 투자하기에 이상적인 국고채는 10년 만기나 20년 만기

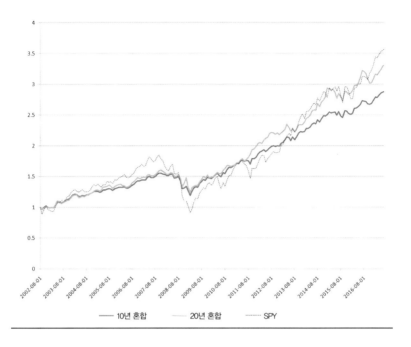

그림 2-16 **미국 주식 : 장기 국채 혼합 포트폴리오**

— 10년 혼합　　— 20년 혼합　　······· SPY

국고채와 같이 만기가 긴 국고채입니다. 왜냐하면 만기가 짧은 국고채는 변동폭이 작아서 주가 하락 시 손실을 충분히 방어해주지 못하기 때문입니다. 〈그림 2-15〉에서 본 것처럼 만기가 긴 국고채는 변동폭도 주식과 유사한 수준으로 나타나기 때문에(20년 만기 국고채) 효과적으로 주식의 위험성을 상쇄해줄 수 있습니다.

　이처럼 주식의 움직임과 상관성이 거의 없거나, 음의 상관관계인 현금이나 채권을 주식과 섞어서 분산해 매달 리밸런싱해주면, 단순히 매수 후 보유했을 때보다 변동성과 위험성을 절반 이상으로 감소시킬 수 있습니다. 뿐만 아니라 리밸런싱에 의한 추가적인 수익 효과가 부가되어 안정적이면서도 높은 수익을 기대할 수 있습니다.

그리고 두 가지 자산만으로 분산투자할 것이라면, 주식과 현금 조합보다는 주식과 장기 국고채의 혼합 전략이 장기적으로는 더 이상적이라고 할 수 있습니다. 이러한 주식 : 채권 = 1:1 매수 후 리밸런싱 전략을 니프티 피프티 Nifty Fifty Portfolio라고도 부르며 가장 기본적인 분산투자 전략 중 하나로 이용되고 있습니다.

앞서 소개한 매수 후 보유 전략 및 이에 기반을 둔 적립식 투자법은 추천하지 않지만, 이러한 50 : 50 혼합 전략은 충분히 장기간 투자해도 좋은 투자 전략입니다. 그리고 이 전략에는 기본적으로 손실을 줄이는 메커니즘이 내재되어 있기 때문에 적립식 전략으로 이용하기에 유용한 전략입니다.

⑤ 주식 : 현금 : 채권 혼합 전략

주식과 채권의 분산투자의 유용성에 대해서는 잘 알고 있을 것입니다. 그렇다면 대체 현금이라는 자산은 어떤 의미를 지니고 있을까요? 딱히 강력한 수익을 내는 것도 아니고, 채권처럼 주식의 리스크를 효과적으로 상쇄시키지도 못하는데 말이죠.

결론부터 말하자면, 현금은 포트폴리오 전체의 리스크(변동성)를 줄여주는 가장 이상적인 투자 수단이라는 점에서 아주 중요한 의미를 지니고 있습니다. 현금 자체는 움직임이 매우 작고, 다른 자산군과 상관성도 매우 낮습니다. 그렇기 때문에 어떤 시점에, 어떤 자산군과 혼합하더라도 리스크는 확실히 줄일 수 있습니다. 따라서 현금은 가장 중요한 '분산투자' 수단입니다.

예를 들면 주식과 채권은 '일반적'으로 움직임이 반대이지만, 경우에 따라 상관성이 증가하여 단기적으로 똑같이 하락하는 경우도 흔히 있습니다. 이런 경우에는 아무리 상관성이 낮은 주식과 채권쌍으로 조합해도 전체 포트폴리오의 손실은 피할 수가 없습니다.

하지만 현금은 어떨까요? 현금은 일반적으로 그냥 가장 밋밋하게 올라가는 자산군이기 때문에 어떤 상황에서 어떤 자산과 분산투자할 경우 방향성이 틀려도 큰 폭의 손실이 나는 경우는 없습니다. 그렇기 때문에 포트폴리오 전체의 리스크와 변동성을 현금의 혼합비율을 조절함으로써 얼마든지 조절할 수가 있습니다. 고위험 고수익을 추구한다면 현금비율을 줄이고, 저위험·저수익을 선호한다면 상대적으로 현금비율을 늘리면 됩니다.

그렇다면 주식 : 현금 : 채권 (20년 만기) 3가지 자산군에 모두 동일비중으로 분산투자하면 어떻게 될까요? 국내 데이터(그림 2-17)와 미국 데이터(그림 2-18)로 나누어 살펴보겠습니다.

비록 수익률은 현금을 혼합하지 않은 포트폴리오보다 낮아졌지만, 전체적인 안정성은 훨씬 더 높아졌습니다. 20년 만기의 장기 국고채를 이용했기 때문에 단순히 주식에만 올인한 것보다 수익률은 오히려 더 높습니다. 하지만 투자 기간 내 최대 손실률은 1/3 수준에 불과합니다.

미국 데이터도 유사한 결과를 보여주고 있습니다. 주식:채권:현금 동일비중 포트폴리오의 안정성은 상당히 높은 것을 확인할 수 있죠? 다만, 미국의 장기 채권지수는 우리나라처럼 추세적이지 않아 10년과 20년물의 장기 수익률의 차이가 드라마틱하지는 않습니다. 이처럼 주식과 채권의 포트폴리오에 현금을 가미하면 안정성을 더 높일 수 있습니다.

"주식 : 채권 포트폴리오에 투자할 것이냐, 주식 : 현금 : 채권 포트폴리오에 투자할 것인가?"

"10년 만기 국고채를 이용할 것이냐, 20년 만기 국고채를 이용할 것인가?"

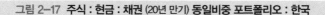

그림 2-17 **주식 : 현금 : 채권 (20년 만기) 동일비중 포트폴리오 : 한국**

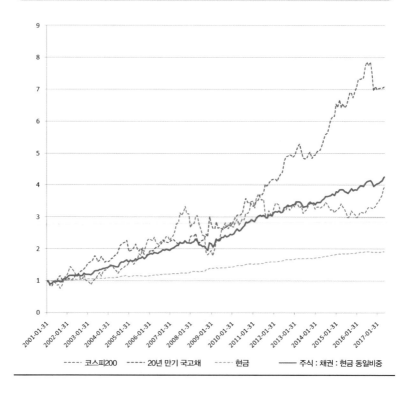

	코스피200	20년 만기 국채	현금	주식 : 채권 : 현금 동일비중
연평균수익률	8.7%	12.7%	4.0%	9.2%
최대 손실률	-47.0%	-20.7%	-2.0%	-15.1%

정답은 없습니다. 전략은 얼마든지 각자의 성향에 맞게 디자인할 수 있습니다. 전략 자체보다 중요한 것은 그 전략의 원리를 이해하고, 끝까지 그 원칙을 지키면서 투자하는 것입니다.

그림 2-18 주식 : 현금 : 채권(20년 만기) 동일비중 포트폴리오 : 미국

	SPY	TLT	SHY	주식 : 채권 : 현금 동일비중
연평균수익률	8.9%	6.5%	2.0%	6.3%
최대 손실률	-50.8%	-21.8%	-1.2%	-13.3%

실전 투자 전략
5 주식 : 채권 변동성 조절 전략
(변동성 역가중, 위험균형 전략)

🔍 핵심 요약

1. 주식과 채권의 평균적인 등락폭(변동성)은 차이가 있고, 이마저도 지속적으로 변한다.

2. 주식과 채권의 변동성을 계산한 뒤, 변동성에 반비례하도록 자산을 배분하는 전략을 변동성 역가중 전략이라고 한다.

3. 변동성 역가중 전략은 단순 동일비중 전략에 비해 위험 대비 수익률이 우월하다.

　주식과 장기 채권을 반반씩 섞으면 주식시장의 리스크를 효과적으로 헤지하면서도 주식과 채권의 평균적인 수익은 안정적으로 취할 수 있다는 사실을 확인했습니다. 그런데 이 전략에는 한 가지 단점이 있습니다. 지금부터는 그 단점이 무엇인지 알아본 후 개선 방안을 찾아보겠습니다.

⑤ 주식 : 채권 혼합 전략의 문제점과 개선 방안

주식 : 채권 혼합 전략의 문제점은 주식과 채권의 평균적인 등락폭(변동성)이 서로 다를 뿐만 아니라 시시각각으로 변하는 등락폭(변동성)을 반영하지 못한다는 점입니다. 일반적으로 주식의 변동성이 채권의 변동성보다 훨씬 크기 때문에, 단순히 주식과 채권을 1:1로만 혼합하면 포트폴리오 전체의 변동성은 주식의 변동성에 훨씬 더 큰 영향을 받게 됩니다. 따라서 이를 상쇄하기 위해서는 최대한 변동폭이 큰 장기 채권(10년 만기나 20년 만기 채권)을 주식과 혼합해야 합니다.

즉 주식이 5% 떨어질 때, 채권이 이 손실을 충분히 만회하려면 적어도 5% 정도 상승해야 합니다. 그런데 평균적으로 주식이 5% 움직일 때 채권이 1% 정도밖에 상승하지 않는다면, 주식과 채권을 1:1로 섞으면 손실을 충분히 방어할 수가 없습니다. 손실을 충분히 방어하기 위해서는 주식 : 채권 = 1:5로 혼합해야 합니다.

결론적으로, 각 자산의 평균적인 변동폭(변동성)의 역수에 비례하여 배분하면 각 자산군의 등락폭을 맞출 수 있습니다. '주식 : 채권 변동폭 = 5:2'라면 어떻게 배분하면 될까요? 주식 : 채권 배분비 = 1/5 : 1/2 = 0.2 : 0.5 = 2:5, 즉 주식에 28%(2/7), 채권에 72%(5/7)를 투자하면 됩니다.

하지만 이렇게 변동폭이 큰 장기 채권을 섞어도 문제가 완전히 해결되는 것은 아닙니다. 왜냐하면 주식과 채권의 평균적인 변동폭은 시간에 따라 지속적으로 변하기 때문입니다. 따라서 좀 더 효과적으로 주식의 변동성을 방어하기 위해서는 주식과 채권 변동성의 정도를 실시간으로 조절해주어야 효과적으로 포트폴리오의 손실을 줄일 수가 있습니다.

예를 들어 최근 주식과 채권의 변동성의 정도가 5:1이었다면, 1:5로 투자를 시작해야 합니다. 그러다가 그다음 달에는 변동성이 3:1 정도로 변했다면, 투자비율은 다시 1:3으로 재조정하는 방식입니다.

이러한 전략을 변동성 역가중 전략Inverse Volatility Weighting 혹은 Naive Risk Parity 이라고 합니다. 이렇게 주식과 채권의 변동성에 따라 각 자산의 변동성에 반비례하는 방식으로 투자비율을 시시각각 조절해주면 그냥 1:1로 고정한 것보다 훨씬 더 효과적으로 손실을 줄일 수 있습니다.

그렇다면 실제로 미국 주식을 대상으로 이러한 변동성의 변화에 따라 좀 더 액티브하게 매달 비중을 조절해주는 전략을 시뮬레이션 해보겠습니다. 방법은 다음과 같습니다.

1. 최근 12개월간의 주식과 채권의 월간 수익률을 매달 각각 구합니다(총 12개).
2. 앞서 구한 12개의 월별 수익률의 표준편차를 계산합니다. 이것이 주식과 채권의 평균 변동성입니다.
3. 2에서 구한 변동성에 역수를 취한 값이 주식 : 채권의 투자 비중입니다.

매달 주식과 채권의 최근 12개월간의 평균적인 등락폭(변동성)을 계산한 뒤, 그 변동성의 역수비율로 투자하는 것입니다. 이번 달에 주식과 채권이

그림 2-19 **주식 : 장기 채권 변동성 역가중 포트폴리오**

범례: ----- 코스피200 ── 10년 국고채 (변동성 역가중) ── 20년 국고채 (변동성 역가중)

변동성의 비가 3 : 2였으면, 주식 : 채권 = 1/2 : 1/3로 투자하는 것입니다(주식 40% : 채권 60%).

그렇다면 주식 : 채권의 동일비중 포트폴리오와 변동성 역가중 포트폴리오의 수익곡선을 비교해보겠습니다.

먼저 국내 데이터입니다.

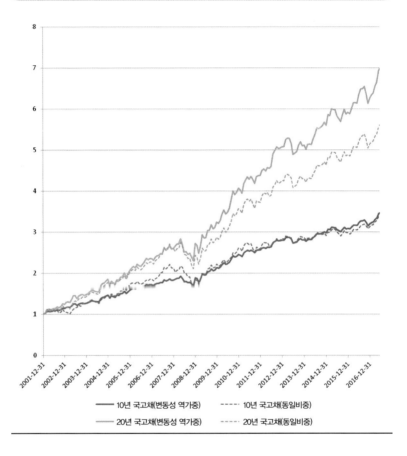

그림 2-20 주식 : 장기 채권 동일비중 vs. 변동성 역가중 포트폴리오(한국)

	코스피200	10년 국고채 (변동성 역가중)	20년 국고채 (변동성 역가중)	10년 국고채 (동일비중)	20년 국고채 (동일비중)
연평균수익률	8.47%	8.34%	13.35%	8.22%	11.76%
최대 손실률	-47.0%	-11.9%	-19.1%	-23.8%	-23.2%

변동성 역가중 포트폴리오와 단순 동일비중 포트폴리오를 비교해볼까요?

변동성 역가중 포트폴리오의 성과는 10년 국고채, 20년 국고채 조합 모두에서 단순 동일비중 포트폴리오에 비해 수익률도 우월합니다. 뿐만 아니라 최대 손실률도 더 낮음을 확인할 수 있습니다.

특별히 10년 국고채와 코스피200을 변동성 역가중으로 구성한 경우에 장기 수익률은 코스피에 올인한 것과 거의 유사합니다. 그러나 drawdown(드로우다운, 손실폭)은 비교할 수 없을 정도로 낮고, 시장 상황과 무관하게 안정적인 절대 수익률에 가까운 것을 확인할 수 있습니다.

미국은 어떨까요?

미국 데이터에서도 변동성 역가중 전략의 우월성을 확인할 수 있습니다. 주식이 반 토막 나는 상황에서도 변동성 역가중 전략의 손실은 −11% 수준에 불과합니다. 그리고 시장이 폭락하는 상황에서도 이 전략의 수익곡선은 상당히 안정되게 우상향하는 것을 확인할 수 있습니다.

이런 안정적인 결과가 나타나는 이유는 무엇일까요?

변동성 역가중 방식은 포트폴리오의 수익 극대화에 초점을 맞춘 것이 아니라 손실 최소화에 초점을 맞추었기 때문입니다.

앞서 기하평균의 원리에 의해 장기적인 성공 투자의 핵심 원리가 수익 극대화가 아닌 손실 최소화임을 확인하였습니다. 변동성 역가중 방식은 기본적으로 변동성이 상대적으로 작은 자산에 더 많이 투자하는 구조입니다. 그렇기 때문에 당연히 포트폴리오 전체의 변동성도 작아지고, 장기적인 수익곡선이 안정되는 효과가 나타나게 됩니다.

그림 2-21 미국 주식 : 장기 국채 변동성 역가중 포트폴리오

SPY ----　　10년 국채(변동성 역가중)　　20년 국채(변동성 역가중)

　　변동성 역가중 전략은 상관성이 낮은 자산군을 대상으로 한 포트폴리오에서 특별히 빛을 발합니다. 일반적으로 주식과 채권의 상관성은 낮지만, 항상 그런 것은 아닙니다. 경우에 따라 주식과 채권이 같은 방향으로 움직일 때도 있습니다. 이를테면 금리가 올라가면 채권과 주식이 동반 하락하기도 하고, 여러 가지 경제 변수에 따라 주식과 채권의 상관성이나 변동성이 커지기도 하고 작아지기도 합니다. 이렇게 상관성이 일시적으로 높아진 구간에

그림 2-22　주식 : 장기 채권 동일비중 vs 변동성 역가중 포트폴리오(미국)

	SPY	10년 국채 (변동성 역가중)	20년 국채 (변동성 역가중)	10년 국채 (동일비중)	20년 국채 (동일비중)
연평균수익률	8.75%	6.71%	9.50%	7.33%	8.50%
최대 손실률	-50.8%	-11.6%	-16.0%	-23.1%	-22.2%

서 동반 하락하는 경우에는 변동성 역가중 전략으로 주식과 채권 포트폴리오를 구성해도 일시적인 손실을 피할 수 없습니다.

　따라서 변동성 역가중 전략을 이용하다가 일시적으로 주식과 채권이 한 방향으로 움직여 손실이 발생한다고 해서 뭔가 잘못되었다고 오해해서는 안됩니다. 일시적으로 그런 구간도 있지만, 일반적이고 평균적인 관점에서는 약한 음의 상관성을 보이는 것이기 때문에 장기간 이 전략을 유지해도 안정적인 수익을 기대할 수 있습니다.

지금까지 주식과 상관성이 있는 자산을 이용해서 효과적으로 분산투자하는 방법을 살펴보았습니다. 가장 기초적인 전략은 주식 : 현금 = 1 : 1 리밸런싱이었는데, 이는 손실은 절반으로 줄여주지만 수익이 너무 낮다는 단점이 있었습니다.

이를 업그레이드한 전략이 '주식 : 장기 채권 = 1 : 1 리밸런싱 전략'이었는데, 이는 현금의 낮은 수익을 보상해주는 장점이 있습니다. 하지만 시시각각 변하는 주식과 채권의 변동성에 대한 고려 없이 고정된 비율로 투자해야 한다는 단점이 있었습니다.

변동성 역가중 전략은 이 단점을 세련되어 실제대으로 변하는 자산 간의 변동성을 액티브하게 반영해서 적극적으로 조절해주기 때문에, 수익률뿐만 아니라 안정성도 더욱 향상시킬 수가 있습니다. 주식과 장기 채권의 변동성 역가중 전략의 콘셉트는 지극히 단순하면서도 성과도 안정적이므로 실제 투자에서 적극적으로 활용할 수 있습니다.

다음에는 이 책의 핵심이자 백미인 추세추종에 기반을 둔 '모멘텀' 전략을 이용해서 안정적이면서도 강력한 수익을 낼 수 있는 방법을 살펴보도록 하겠습니다.

실전 투자 전략
6 절대 모멘텀 전략

Q 핵심 요약

1. 월간 절대 모멘텀 전략은 추세추종 전략의 일종으로 하락장에서의 큰 손실을 최소화하고 상승장에서 큰 수익을 취할 수 있다.

2. 특정한 단일 기간 값에 의존하는 것보다 여러 기간에 분산하는 평균 모멘텀 스코어 전략을 이용하면 과최적화의 위험 없이 안정적이고 범용적인 추세추종 효과를 기대할 수 있다.

3. 모멘텀 전략에 일정 비율의 현금을 섞어주면, 추세추종 전략의 단점인 횡보장에서의 지속적인 손실을 최소화할 수 있다.

4. 투자 전략의 결과로 나타난 수익곡선에 시스템 손절(수익곡선 모멘텀) 전략을 최종적으로 걸어주면, 전략 자체의 성과가 나빠지는 경우 전략에 투입되는 투자 비중을 줄임으로써 손실을 최소화할 수 있다.

지금부터는 주식 : 채권의 상관성과 변동성을 이용한 전략이 아닌 전혀 새로운 방식의 투자 전략을 알아보겠습니다. 바로 추세추종 전략의 일종인 '모멘텀 전략'입니다.

추세추종형 전략과 모멘텀 전략의 개념에 대해서는 이미 앞에서 자세히 살펴보았습니다. 이 내용을 모르면 지금 설명하는 내용을 제대로 이해하기 어려울 수 있으니, 다시 한 번 확인해보기 바랍니다.

지금부터 다룰 내용은 절대 모멘텀에 기반을 둔 전략입니다.

⑤ 단순 모멘텀 전략

- 투자 기간 : 1986년 1월~2017년 6월
- 투자 대상 : 코스피지수
- 매수 규칙 : 당월 주가 > n개월 전 주가(n개월 모멘텀 > 0) → 주식 매수
- 매도 규칙 : 당월 주가 < n개월 전 주가(n개월 모멘텀 < 0) → 주식 매도, 현금 보유

이에 대한 결과는 다음과 같습니다.

〈그림 2–23〉의 그래프에서 보는 바와 같이 1~12개월 사이의 모멘텀 전략 대부분 장기적으로 코스피지수의 수익을 상회하면서도 폭락장에서의 손실폭은 훨씬 작은 것을 볼 수 있습니다.

모멘텀 기간에 따른 수익률 그래프가 너무 많아 복잡하지요? 12개 다 보지 않고 〈그림 2–24〉와 같이 5개만 살펴보겠습니다. 1, 3, 6, 9, 12개월 모

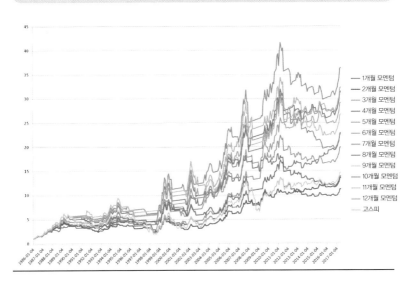

그림 2-23 모멘텀 기간에 따른 절대 모멘텀 전략의 수익곡선

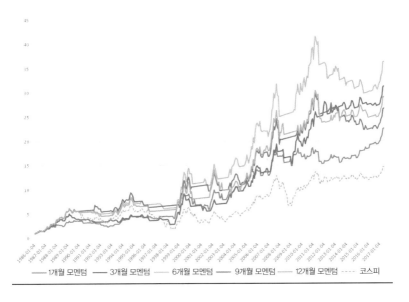

그림 2-24 모멘텀 기간에 따른 절대 모멘텀 전략의 수익곡선 : 1, 3, 6, 9, 12개월 모멘텀

멘텀 모두 지수가 반 토막 나는 구간에서도 손실을 확실히 줄여주는 것을 볼 수 있습니다. 그러면서도 수익은 단순 '매수 후 보유 전략'보다도 더 높습니다.

그런데 이런 단순 모멘텀 전략에는 다음 3가지 문제점이 있습니다.

1. 1~12개월 모멘텀이 모두 잘 작동하는데 대체 어느 모멘텀을 기준으로 투자해야 하는지 모릅니다.
2. 변동성이 크게 줄긴 했어도 사람에 따라 이 정도의 손실도 크다고 생각할 수도 있고, 시장 상황에 따라 우월하게 나타나는 모멘텀 기간 값이 그때마다 다릅니다.
3. 모멘텀 전략이 급락장에서의 손실을 크게 줄일 수 있다는 장점이 있지만, 추세추종 매매의 본질상 오히려 횡보 구간에서는 손실이 커집니다.

첫 번째와 두 번째 문제점을 해결하는 긴단한 방법은 어느 특정한 모멘텀 기간을 골라 이용하지 않고, 1~12개월의 평균적인 모멘텀을 스코어로 매겨 주식투자비율을 조절하는 것입니다. 이 개념은 앞서 소개한 평균 모멘텀 스코어 전략입니다. 평균 모멘텀 스코어를 구하는 방법은 간단합니다.

1. 최근 1~12개월의 모멘텀을 각각 구합니다(1개월 모멘텀, 2개월 모멘텀, 3개월 모멘텀… 12개월 모멘텀).
2. 모멘텀 > 0 이면, 1점을 주고, 모멘텀 < 0 이면 0점을 줍니다.
3. 이 점수 12개를 합산한 뒤 12로 나누어 평균을 냅니다.
4. 이 평균 점수가 당월의 주식투자비율이고, 매달 이 비율로 주식 : 현금

비율을 조절하여 투자합니다.

예를 들어 아주 강력한 상승 추세에 있어서 연고점을 갱신한 경우에는 모멘텀 스코어는 1이 되기 때문에 주식에 100%, 현금 0%로 투자하면 됩니다. 그리고 강력한 하락 추세라 연저점을 깨고 내려가는 경우에 모멘텀 스코어는 0이 되기 때문에 현금에 100% 투자하는 방식입니다.

어중간한 상승 추세라면, 주식 비중은 50~100% 사이가 될 것입니다. 횡보 구간에서는 50% 남짓이 될 것이고, 하락 추세가 좀 더 강하다면 50% 미만이 될 겁니다.

이 방법의 장점은 매우 단순하고 직관적이면서도 정량적으로 시장의 상황을 편견 없이 대변해준다는 것입니다. 상승 추세가 강할수록 점점 스코어가 올라가고 하락 추세가 강하면 자연스럽게 스코어가 떨어지는 구조입니다. 따라서 주관적인 판단으로 지금이 주식을 사야 할 때인지 말아야 할 때인지 쓸데없이 고민할 필요가 없습니다. 이러한 투자비율은 시장 상황(상승 강도)에 맞게 자동적으로 계산되기 때문에 객관적인 수치에 근거해서 기계적으로 편하게 투자를 지속하면 되는 것입니다.

기본적으로 추세추종의 철학이 녹아 있고, 과최적화의 문제를 없애기 위해 12개월간의 평균적인 스코어를 이용해서 주식의 투입비율을 상대적으로 조금씩 조절하는 방식입니다. 그러므로 주식에 100% 투자하거나 0%로 투자할 때 필연적으로 발생하는 심리적인 부담감도 줄일 수 있다는 장점도 있습니다.

이를테면 하락장인 것 같아서 주식을 다 팔고 나면, 항상 이런 생각이 들 것입니다.

'아, 팔긴 팔았는데 다음 달에 오르면 배 아파서 어쩌지?'

'사긴 샀는데 다음 달에 혹시 떨어지면 어쩌나?'

주식에 자금 전체를 투자하거나 전체를 매도하는 투자 방법의 치명적인 단점은 이런 심리적인 요인을 인간적으로 극복하기 매우 힘들다는 것입니다. 때문에 장기간 일관된 원칙을 고수하기 어렵다는 데 있습니다.

그런데 이런 식으로 조금씩 시장 상황에 맞게 주식의 보유 비중을 조절하는 방법은 심리적으로 유지하기 편합니다. 왜냐하면 한꺼번에 다 파는 것이 아니라, 시장 상황의 변동에 따라 매달 비율을 조금씩 증감하는 방식이기 때문에 심리적인 부담이 덜합니다. 뿐만 아니라 특정 타임 프레임에 종속되지 않기 때문에 과최적화의 위험성도 없다는 강력한 장점도 있습니다.

세 번째 문제점인 횡보 구간에서의 손실을 줄이는 방법에는 다음 2가지가 있습니다.

첫째, 주식과 상관성이 낮은 자산을 분산해서 혼합하는 것입니다.

이 자산에는 현금과 채권을 이용할 수 있습니다. 주식만으로 구성된 평균 모멘텀 비중 전략에서는 주식의 모멘텀 비중이 주가 되고, 주식의 모멘텀 비중을 제외한 나머지를 현금에 투입하는 방식입니다. 그런데 이 방법에서는 주식뿐만 아니라, 현금이나 채권의 모멘텀 비중도 동일하게 계산해서 모멘텀 비중에 비례하여 투자 비중을 결정합니다.

둘째, 전략의 결과 나타난 수익곡선에 평균 모멘텀 스코어 전략을 한 번 더 가해주는 방법입니다. 이를 '수익곡선 모멘텀 전략'이라고도 합니다. 자세한 내용은 곧 살펴보겠습니다.

자, 그럼 지금부터 구체적인 전략을 하나씩 살펴보겠습니다.

⑤ 평균 모멘텀 스코어 전략

- 투자 기간 : 1986년 1월~2017년 6월
- 투자 대상 : 코스피지수
- 매수 규칙 :

  주식투자비율 = 코스피지수 최근 1~12개월 평균 모멘텀 스코어

  현금비율 = 1 − 코스피지수 평균 모멘텀 스코어
- 매도 규칙 : 매달 말 주식의 평균 모멘텀 비중 업데이트하여 주식 : 현금 투자 비중을 리밸런싱(현금은 연 3% 수익률로 가정)

이에 대한 결과는 〈그림 2−25〉와 같습니다.

어떻습니까? 지수의 급락 구간을 상당히 효과적으로 방어해줄 뿐만 아니라, 특정 모멘텀 값 하나에 집착을 하지 않고 1~12개월의 모멘텀을 골고루 반영합니다. 때문에 과최적화의 가능성도 낮다고 볼 수 있습니다.

이런 이유로 급락 구간에서 어느 정도 손실은 불가피하지만, 손실폭을 상당히 감소시킴과 동시에 수익률도 단순히 주식을 '매수 후 보유'한 것보다는 월등한 것을 확인할 수 있습니다.

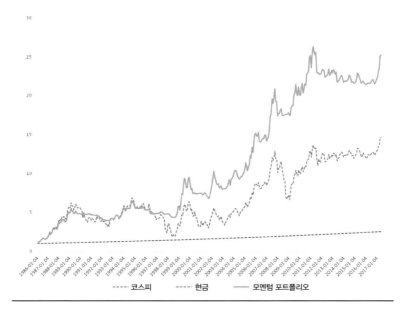

그림 2-25 1~12개월 평균 모멘텀 스코어 전략

	코스피	현금	모멘텀 포트폴리오
연평균수익률	8.93%	3.00%	10.83%
최대 손실률	-73.1%	0.0%	-33.1%

하지만 이 방법의 문제점은 무엇일까요?

최근 몇 년 동안 코스피지수가 횡보를 거듭한 시기에는 수익곡선이 상당히 나빴다는 점입니다. 추세추종 매매는 본질적으로 크게 오르건 크게 떨어지건, 추세가 강력하게 나타나는 경우에 그 효과가 극대화됩니다. 급락한다고 추세 매매가 손해를 보는 게 절대 아닙니다. 어차피 하락이 강하게 나타나면, 추세 매매는 신호에 따라 빠져 나오기 때문에 폭락장에서는 오히려 추세 매매가 유리합니다.

하지만 추세추종 매매는 본질적으로 추세가 없는, 즉 횡보 구간에서는 본질적으로 손실이 누적되는 구조입니다. 따라서 최근 5년간 코스피지수가 횡보를 거듭하고 박스권에 갇힌 구간에서는 오히려 손실이 누적되는 것을 확인할 수 있습니다. 뿐만 아니라 추세추종 매매는 추세가 꺾이는 초입에서 큰 손실을 보는 구조인데, 이런 점도 불리하게 작용합니다.

이 문제를 해결하기 위해서는 현금이나 채권을 주식 비중의 보조적인 수단으로 이용하지 않고, 독립적인 투자 자산으로 분산투자하면 됩니다. 앞서 살펴본 횡보 구간의 손실을 줄이는 첫 번째 방법이 바로 이것입니다. 즉 주식 : 현금(채권)의 분산투자 골격을 유지한 상태에서, 투자 비중은 주식 : 현금(채권)의 평균 모멘텀 비중의 비대로 투자하는 것이죠.

자세히 살펴볼까요?

💲 평균 모멘텀 스코어 분산투자 전략(현금 혼합)

- 투자 기간 : 1986년 1월~2017년 6월
- 투자 대상 : 코스피200지수(코스피200지수 추종 ETF), 현금(3년 만기 국고채)
- 매수 규칙 : 주식 : 현금 투자비율 = 주식 1~12개월 평균 모멘텀 스코어 : 1
- 매도 규칙 : 매달 말 위의 투자 비중을 새로 계산하여 주식 : 현금 투자 비중을 조절하여 반복

현금은 미미하게 한 달에 0.2~0.3% 정도 지속적으로 이자가 붙어 오르는

자산이므로, 현금의 평균 모멘텀 비중은 1로 계산하면 됩니다. 따라서 주식이 아주 강력한 상승 추세에 있어 주식의 평균 모멘텀이 1인 경우, 주식:현금=1:1이 됩니다.

이런 이유로 주식의 최대 투자 비중은 50%를 초과하지 못하게 되는 구조가 되어 자연스럽게 현금 비중이 증가하는 구조입니다. 하지만 주식의 투자 비중은 시장의 상황에 맞게 정량적으로 조절된다는 점에서 단순히 주식:현금=1:1로 고정한 상태로 리밸런싱하는 것과는 근본적인 차이가 있습니다.

이에 대한 결과는 〈그림 2-26〉과 같습니다.

어떻습니까, 수익곡선이 굉장히 안정되어 있죠? 시장이 반 토막 나는 경우가 무려 4~5차례나 있었음에도 불구하고 이 전략의 최대 손실은 −20%도 되지 않습니다. 물론 수익률 자체는 주식만 보유했을 때보다 낮지만, 리스크가 현저하게 줄어들었기 때문에 안정적으로 연 7~8%의 복리 수익을 얻기에는 안성맞춤인 전략입니다.

그러면 주식 위주로 평균 모멘텀 전략을 구사했을 때와 현금 혼합 모멘텀을 적용했을 때(그림 2-27)를 함께 비교해보겠습니다.

최근 5년간의 횡보 구간에서 주식 위주의 평균 모멘텀 비중 전략은 손실이 누적되는데 반해, 현금 혼합 모멘텀을 적용했을 때는 상당히 안정적인 모습을 보여주고 있습니다. 이는 현금 비중이 최소 50%가 적용되었기 때문에 리밸런싱 효과가 발생하기 때문입니다.

즉 추세추종 전략의 최대 단점인 횡보 구간에서의 손실은 이러한 현금이라는 주식과 상관성이 낮은 자산과 혼합해주고 리밸런싱하는 구조에 의해서 상쇄되는 구조입니다.

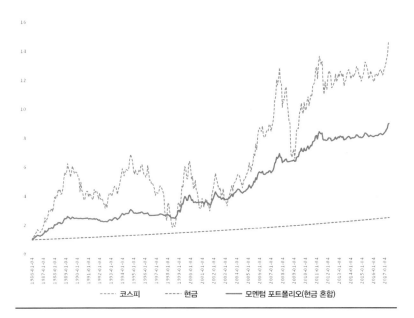

그림 2-26 1~12개월 평균 모멘텀 스코어 분산투자 전략(현금 혼합)

	코스피	현금	모멘텀 포트폴리오 (현금 혼합)
연평균수익률	8.93%	3.00%	7.25%
최대 손실률	-73.1%	0.0%	-19.1%

따라서 평균 모멘텀 스코어 비중 분산투자 전략은 추세 구간뿐만 아니라 비추세나 횡보 구간에서의 단점까지도 상쇄해주기 때문에 상승장이건 하락 장이건, 횡보장이건 어떤 장에서건 안정적인 수익을 낼 수 있는 구조라고 할 수 있습니다.

그림 2-27 평균 모멘텀 스코어 전략 : 현금 혼합(×) vs. 현금 혼합(○)

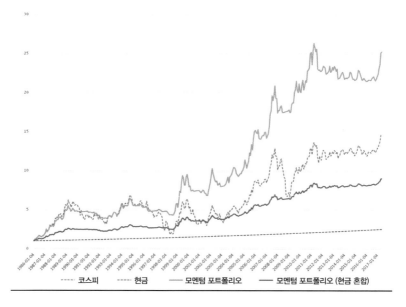

---- 코스피   ---- 현금   —— 모멘텀 포트폴리오   —— 모멘텀 포트폴리오 (현금 혼합)

	코스피	현금	모멘텀 포트폴리오	모멘텀 포트폴리오 (현금 혼합)
연평균수익률	8.93%	3.00%	10.83%	7.25%
최대 손실률	-73.1%	0.0%	-33.1%	-19.1%

지금까지 우리는 현금의 평균 모멘텀 스코어를 1로 고정하여 계산했습니다. 그런데 이 값을 적절히 조절하면 얼마든지 자신의 투자 성향에 맞는 포트폴리오를 만들 수 있습니다.

예를 들어 현금의 모멘텀 비중을 2로 잡는다면(주식 : 현금 = 주식 평균 모멘텀 스코어 : 2), 현금은 최소 66% 이상 보유하므로 훨씬 더 보수적인 포트폴리오가 될 것입니다(저위험, 저수익). 그리고 현금의 모멘텀 비중을 0.5로 잡으면(주식 : 현금 = 주식 평균 모멘텀 스코어 : 0.5) 현금의 최소 비중은 33%가 되므로 상대적으로 포트폴리오를 공격적으로 운용할 수 있습니다(고위험, 고수익).

한 번 비교해볼까요?

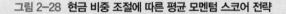

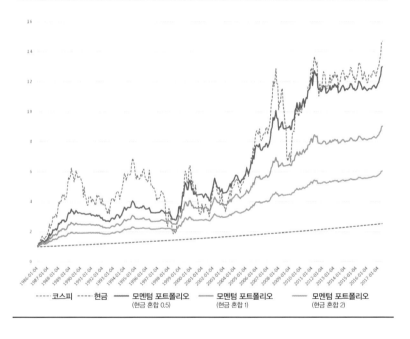

그림 2-28 현금 비중 조절에 따른 평균 모멘텀 스코어 전략

	코스피	현금	모멘텀 포트폴리오	모멘텀 포트폴리오 (현금 혼합 0.5)	모멘텀 포트폴리오 (현금 혼합 1)	모멘텀 포트폴리오 (현금 혼합 2)
연평균수익률	8.93%	3.00%	10.83%	8.51%	7.25%	5.90%
최대 손실률	-73.1%	0.0%	-33.1%	-31.6%	-19.1%	-8.7%

그렇다면 마지막으로 남은 것은 무엇일까요? 바로 주식과 현금을 혼합할 것이 아니라, 주식과 채권을 이 방법으로 혼합한다면 훨씬 더 좋아질 것입니다. 한 번 확인해보겠습니다.

💲 평균 모멘텀 스코어 분산투자 전략(채권 혼합)

- 투자 기간 : 2002년 1월 ~2017년 6월
- 투자 대상 : 코스피200 지수, 10년 (또는 20년) 만기 국고채 지수
- 매수 규칙 : 주식 : 채권 = 코스피200 최근 12개월 평균 모멘텀 스코어 : 10년(또는 20년) 만기 국고채 지수 최근 12개월 평균 모멘텀 스코어
- 매도 규칙 : 매달 말 위의 투자 비중을 새로 계산하여 주식 : 채권 투자 비중을 조절하여 반복

이에 대한 결과는 〈그림 2-29〉와 같습니다.

앞서 살펴본 현금 혼합 모멘텀 전략에 비해 수익률과 최대 손실률 모두 월등하게 좋아진 것을 확인할 수 있습니다.

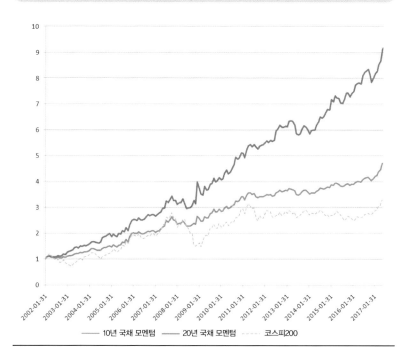

그림 2-29 **평균 모멘텀 스코어 분산투자 전략**(장기 채권 혼합)

	코스피200	10년 국채 모멘텀	20년 국채 모멘텀
연평균수익률	8.05%	10.58%	15.48%
최대 손실률	-47.0%	-13.5%	-14.3%

그렇다면 앞서 배운 주식 : 채권 변동성 역가중 전략과는 어떤 차이가 있을까요? (그림 2-30)

전체적으로 장기 수익률은 모멘텀 전략이 변동성 역가중 전략보다 우수하지만, 안정성은 국고채 만기에 따라 엎치락뒤치락 하는 양상입니다.

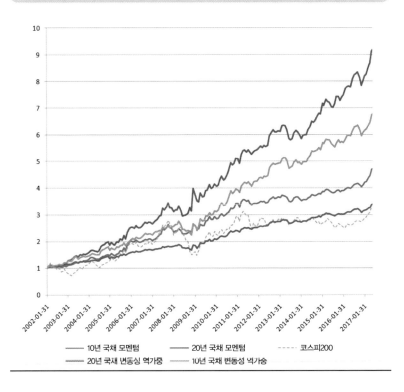

그림 2-30 주식 : 채권 평균 모멘텀 스코어 전략 vs. 변동성 역가중전략(한국)

— 10년 국채 모멘텀   — 20년 국채 모멘텀   ---- 코스피200
— 20년 국채 변동성 역가중   — 10년 국채 변동성 역가중

	코스피200	10년 국채 모멘텀	20년 국채 모멘텀	10년 국채 변동성 역가중	20년 국채 변동성 역가중
연평균수익률	8.1%	10.6%	15.5%	8.3%	13.2%
최대 손실률	-47.0%	-13.5%	-14.3%	-11.9%	-19.1%

다음은 미국 데이터(그림 2–31)로 시뮬레이션 해볼까요?

• 투자 기간 : 2003년 6월~2014년 4월

그림 2-31 주식 : 채권 평균 모멘텀 스코어 전략(미국)

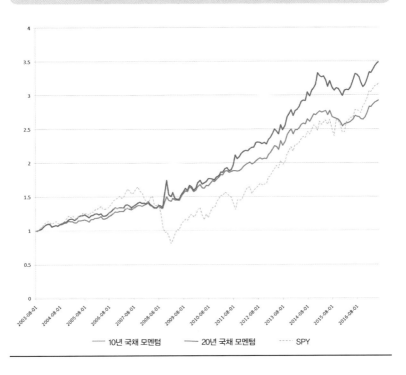

10년 국채 모멘텀 ── 20년 국채 모멘텀 ····· SPY

- **투자 대상** : S&P500 지수^{SPY}, 미국 10년 만기 국채^{IEF}, 20년 만기 국채^{TLT}

- **매수 규칙** : 주식 : 채권 = S&P500지수 최근 12개월 평균 모멘텀 스코어 : 10년 (20년) 만기 국고채 지수 최근 12개월 평균 모멘텀 스코어

- **매도 규칙** : 매달 말 위의 투자 비중을 새로 계산하여 주식 : 채권 투자 비중을 조절하여 반복

변동성 역가중 전략과 비교하면 어떨까요? (그림 2-32)

어떻습니까? 전체적인 시뮬레이션상 모멘텀 전략이 변동성 역가중 전략

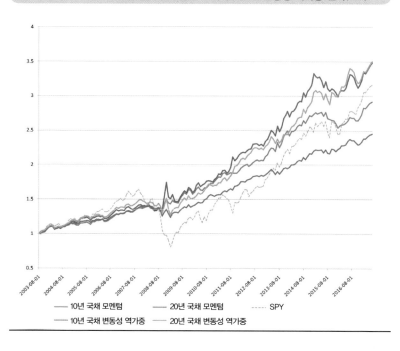

그림 2-32 **주식 : 채권 평균 모멘텀 스코어 전략 vs. 변동성 역가중 전략**(미국)

	SPY	10년 국채 모멘텀	20년 국채 모멘텀	10년 국채 변동성 역가중	20년 국채 변동성 역가중
연평균수익률	8.6%	8.0%	9.4%	6.7%	9.4%
최대 손실률	-50.8%	-8.3%	-15.8%	-11.6%	-16.0%

에 비해 근소하게 우세를 보이는 것을 볼 수 있습니다. 하지만 20년 국고채 결과는 사실상 별 차이가 없습니다.

미국 데이터 시뮬레이션 결과를 자세히 살펴보면 모멘텀 전략과 변동성 역가중 전략의 또 한 가지 차이점을 발견할 수 있습니다. 그것은 모멘텀 전략은 추세장에 강하고, 변동성 역가중 전략은 횡보장에 강하다는 점입니다.

미국 데이터에서 2015~2016년 구간을 살펴보면, S&P500지수가 오르락내리락 횡보가 심했다는 것을 확인할 수 있습니다.

추세추종은 횡보에 약하기 때문에 모멘텀 전략은 이때 손실이 지속되었습니다. 하지만 변동성 역가중 전략은 추세가 아닌, 자산군의 리스크를 동일하게 맞추는 데 집중하기 때문에 이 구간에서 투자 손실이 별로 크지 않은 것을 확인할 수 있습니다.

그렇다면 주식과 채권의 자산쌍에서 모멘텀 전략과 변동성 역가중 전략 중 어떤 것이 더 좋을까요? 결론부터 말하자면, 정답은 없고 일장일단이 있습니다.

모멘텀 전략은 추세추종 전략이기 때문에 추세장에서 효과가 극대화됩니다. 예를 들어 주식시장이 지속적으로 상승할 때 채권이 지속적으로 하락한다면 모멘텀 전략상 주식의 비중은 높아지고 채권의 비중은 떨어지게 됩니다. 반대로 하락장에서 주식이 지속적으로 하락하고 채권이 강세를 보인다면, 주식 비중은 떨어지고 채권 비중은 자연스럽게 높아지겠죠. 따라서 모멘텀 전략은 추세장에 유리합니다.

반면 변동성 역가중 전략은 시장이 상승하건 하락하건, 주식과 채권의 평균적인 변동폭을 고려하여 비중을 맞추는 방식입니다. 그래서 하나가 오르고 하나가 떨어져도 방향성에 베팅하기보다는 배분비율만 조절하게 되어 추세장에서는 상대적으로 큰 재미를 보지 못합니다.

하지만 반대로 주식과 채권의 상관관계가 낮게 유지된 상태의 횡보장일 때에는 변동성 역가중 전략이 빛을 발합니다. 방향성이 서로 다른 자산이 오르락 내리락 하는 상황에서 손실을 극소화하는 구조이기 때문입니다. 또한 지속적인 리밸런싱 게인^{Rebalancing Gain}(재조정 이익)이 발생하기 때문에 플러스 요인으로 작용합니다. 반면 추세추종 전략은 횡보장에서 지속적으로 손실을 본다는 단점이 있습니다.

이와는 별도로 주식과 채권의 상관성이 높아지면서 동시에 하락하는 경우에는 모멘텀 전략과 변동성 역가중 전략 모두 어쩔 수 없이 손실을 볼 수밖에 없습니다. 하지만 이런 경우는 흔하지 않고 대개 일시적이기 때문에 크게 걱정할 필요는 없습니다.

종합하면 주식 : 채권 포트폴리오에서 모멘텀 전략과 변동성 역가중 전략은 상관성이 낮은 상호 보완적인 '전략군'이라고 볼 수 있습니다. 따라서 모멘텀 전략과 변동성 역가중 전략에 분산투자하면 추세장과 횡보장에 모두 대처할 수 있습니다.

⑤ 주식 : 채권 : 현금 평균 모멘텀 스코어 분산투자 전략

지금까지 주식과 채권을 대상으로 평균 모멘텀 스코어 분산투자 전략을 테스트해봤습니다. 그럼 이제 안전 자산인 현금을 추가하는 과정에 대해 살펴보도록 하겠습니다.

현금은 수익률을 높이는 자산이 아니라, 변동성과 손실을 줄이는 자산이라고 여러 차례 강조하였습니다. 그럼에도 불구하고 현금을 혼합하는 이유는 다음과 같습니다. 주식과 채권은 일반적으로 상관성이 낮아 서로 반대 방향으로 움직이지만, 간혹 주식과 채권의 상관성이 높아지는 경우 주식과 채권에 나누어 분산투자하더라도 주식과 채권이 같이 폭락하는 경우 손실을 방어해줄 수단이 없다는 문제가 발생하기 때문입니다.

현금이라는 수단은 자체로서 큰 수익을 내는 자산군은 아니지만, 그 어떤 자산군과도 상관성이 없기 때문에 가장 효과적인 손실 방어 수단이 됩니다. 즉 현금을 포트폴리오에 혼합하는 것은 공격적인 수익을 노리기 위한 것이 아니라, 손실과 변동성을 효과적으로 감소시키기 위한 이유입니다. 즉 창이 아닌 방패의 수단이지요.

그럼 테스트를 해볼까요?

- **투자 기간** : 2002년 1월~2017월 6일
- **투자 대상** : 코스피200지수, 10년 만기 국고채 지수, 20년 만기 국고채 지수, 현금(3년 만기 국고채 지수)
- **매수 규칙** : 주식 : 채권 : 현금 = 코스피200지수 최근 12개월 평균 모멘텀 스코어 : 10년(20년) 만기 국고채 지수 최근 12개월 평균 모멘텀 스코어 : 1(현금 모멘텀)
- **매도 규칙** : 매달 말 위의 투자 비중을 새로 계산하여 주식 : 채권 : 현금 투자 비중을 조절하여 반복

〈그림 2-33〉의 그래프에서 보는 것처럼 현금까지 혼합하면 극도로 안정된 수익곡선을 얻을 수 있습니다. 조금 공격적으로 투자한 20년 국고채 혼합 전략에서조차 최대 낙폭^MDD은 −7% 정도에 불과합니다. 그런데 이는 코스피200지수에 100% 투자 시 금융위기 때 −48% 이상 손실을 보는 것에 비하면 1/7 수준에 불과합니다. 그런데다 장기 수익률은 9.91%로 코스피지수를 오히려 압도합니다.

이런데도 주식에만 올인하겠습니까? 손실은 7배나 크고, 수익까지 더 낮

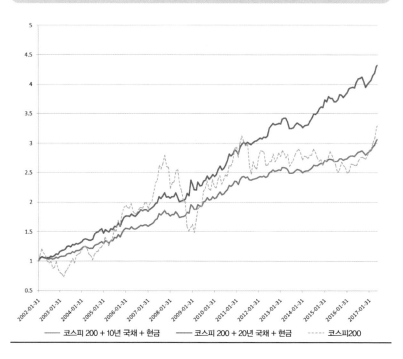

그림 2-33 **주식 : 채권 : 현금 평균 모멘텀 스코어 분산투자 전략**

	코스피200	코스피200 + 10년 국채 + 현금	코스피200 + 20년 국채 + 현금
연평균수익률	8.0%	7.5%	9.9%
최대 손실률	-47.0%	-6.6%	-7.2%

은데 주식에 올인해야 할 이유가 있을까요?

마지막으로 주식 + 채권 + 현금 모멘텀 전략과 주식 + 채권 + 현금 동일비중 전략을 비교하면 어떻게 될까요? 모멘텀 전략이 리스크를 효과적으로 차단하는 효과가 있어 장기적으로 동일비중 전략보다 우수한 것을 확인할 수 있습니다.

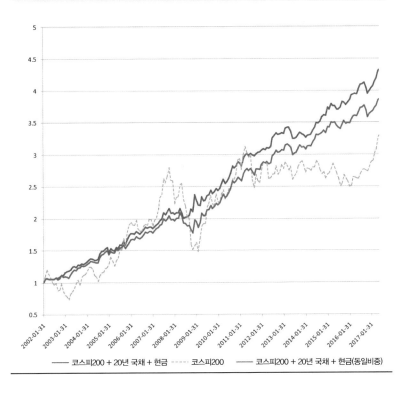

그림 2-34 주식 + 채권 + 현금 모멘텀 전략 vs. 주식 + 채권 + 현금 동일비중 전략

— 코스피200 + 20년 국채 + 현금 ····· 코스피200 — 코스피200 + 20년 국채 + 현금(동일비중)

	코스피200	코스피200 + 10년 국채 + 현금	코스피200 + 20년 국채 + 현금	코스피200 + 20년 국채 + 현금(동일비중)
연평균수익률	8.0%	7.5%	9.9%	9.1%
최대 손실률	-47.0%	-6.6%	-7.2%	-15.1%

그러면 미국 시장에 적용하면 어떻게 될까요? (그림 2-35)

• 투자 기간 : 2003년 8월~2017년 6월

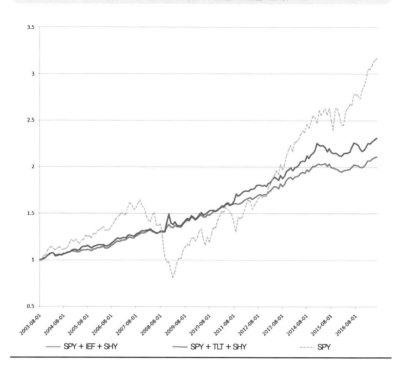

그림 2-35 **주식 + 채권 + 현금 모멘텀 전략**(미국)

	SPY	SPY + IEF + SHY	SPY + TLT + SHY
연평균수익률	8.6%	5.5%	6.2%
최대 손실률	-50.8%	-4.3%	-8.5%

- 투자 대상 : 미국 S&P500지수[SPY], 미국 10년 만기 국채[IEF], 20년 만기 국채[TLT], 현금[SHY]
- 매수 규칙 : 주식 : 채권 : 현금 = S&P500지수 최근 12개월 평균 모멘텀 스코어 : 10년 (20년) 만기 국고채 지수 최근 12개월 평균 모멘텀 스코어 : 1

- **매도 규칙** : 매달 말 위의 투자 비중을 새로 계산하여 주식 : 채권 : 현금 투자 비중을 조절하여 반복

안정된 수익곡선을 확인할 수 있죠? 최근 5년간 미국 시장은 끝없이 오르는데, 우리나라 시장은 소외되어 상대적으로 박탈감을 느끼신 분들이 많을 것이라고 생각합니다.

하지만 우리나라의 경우 최근 5년간, 장기 채권지수는 꾸준히 잘 올라주었기 때문에 모멘텀이나 변동성 역가중 기반의 자산 배분을 이용했다면 오히려 미국 시장에 투자한 것보다 훨씬 더 나은 수익률을 올릴 수 있음을 확인하였습니다.

우리는 지금까지 주식과 채권 그리고 현금이라는 지극히 단순한 자산군의 조합과 코스피지수의 수익률보다 더 높으면서 리스크도 현저히 낮은 투자를 할 수 있음을 객관적인 데이터로 확인했습니다.

ETF^{Exchange Traded Funds}(코스피200, 코스피50과 같은 특정지수의 수익률을 얻을 수 있도록 설계된 지수 연동형 펀드^{Index Fund}로 인덱스 펀드와 뮤추얼 펀드의 특성을 결합한 상품)의 출현으로 이제는 주식에만 투자해야 한다는 고정관념을 버려야 합니다. 장기 채권은 주식 못지않은 수익을 올려주지만, 주식보다 낮은 리스크를 가지고 있습니다. 그리고 주식과 장기적으로 분산투자하기에 이상적인 투자 수단이기 때문입니다.

또한 사람들이 아무런 쓸모도 없다고 생각하는 현금이라는 자산군도 리스크를 줄이고 리밸런싱 효과를 얻기 위해 아주 좋은 자산임을 확인했습니다. 주식보다 수익률이 더 높고, 리스크까지 낮은 포트폴리오 투자 방법이

있는데, 주식에만 올인하시겠습니까?

⑤ 수익곡선 모멘텀 전략(시스템 손절매 전략)

앞에서 추세추종 모멘텀 전략의 단점을 확인하였습니다. 횡보장에서는 계좌가 그대로 유지되는 것이 아니라 오히려 손실이 누적된다는 것 말입니다. 이 단점을 개선시키는 방법에는 두 가지가 있는데, 첫 번째 방법이 현금이나 채권같이 상관성이 낮은 자산군에 분산투자하는 것이었습니다. 그리고 두 번째 방법이 지금 설명할 수익곡선 모멘텀 전략입니다.

수익곡선 모멘텀 전략이란, 어떤 투자 전략에 의해 얻어진 최종 수익곡선을 하나의 종목처럼 간주하고, 여기에 모멘텀 전략을 한 번 더 가미하는 전략을 말합니다. 모멘텀 전략은 가격이 계속해서 잘 올라가면 투자 비중을 늘리고, 가격이 떨어지면 투자 비중을 줄이는 추세추종 전략과 같습니다.

수익곡선 모멘텀 전략이란, 어떤 전략의 결과로 발생한 계좌의 수익곡선이 우상향하면 그 '전략의 모멘텀 스코어'에 비례하여 전략의 비중을 높이고, 지속적으로 손실이 발생하여 수익곡선이 하락하면 수익곡선 자체의 모멘텀 스코어에 비례하여 '전략 자체'의 투자 비중을 줄이고, 현금 비중을 늘리는 전략입니다.

즉 수익곡선 모멘텀 전략을 이용하면 내가 사용하는 전략이 시장 상황과 맞지 않아 지속적으로 손실이 발생할 때 투자 비중을 줄여주고, 전략이 잘 나갈 때는 투자 비중을 자동적으로 늘려주는 효과를 기대할 수 있습니다.

수익곡선 모멘텀 전략은 시스템 트레이딩의 시스템 손절 전략System Stop의 개념을 응용한 것입니다. 그럼 시스템 손절 전략의 개념을 알아보고, 수익곡선 모멘텀 전략을 구체적으로 응용해보겠습니다.

⑤ 시스템 손절의 개념과 필요성

어떤 번뜩이는 투자 아이디어가 떠올라 전략으로 만들었고, 시뮬레이션 테스트에서도 준수한 결과를 확인했으며, 투자 로직도 탄탄하여 앞으로도 잘 먹힐 거라고 확신한다면 어떻게 하시겠습니까? '앞으로도 잘 먹힐 테니 부자 될 일만 남았군! 내 전략은 개념 없이 대충 만든 것이 아니라, 철저한 손절매를 통한 자금관리 전략까지 가미되어 있으니 이대로만 투자하면 크게 성공할 수 있을 거야'라고 생각할 수 있을 것입니다.

얼핏 보기에 아무런 문제가 없어 보이지만, 사실은 치명적인 약점이 있습니다. 그 약점이란 아무리 철저한 손실관리가 가미된 전략으로 투자하더라도, 지속적으로 손실이 누적되어 파산할 수 있다는 사실입니다. 그 이유에 대해 살펴보겠습니다.

"손실을 철저히 제한하는 구조(손절)가 있는데도 큰 손실을 볼 수 있다는 것은 모순 아닌가요?"

손실을 철저히 제한하는데도 투자에서 큰 손실을 보게 되는 것은 어떤 경우일까요? 바로 매 투자 시 계속 손실이 발생되어 누적되는 경우입니다.

예를 들어볼까요? 만약 어떤 전략으로 투자를 하는데, 이 전략의 손실관리 규칙은 매수가 대비 2% 이상 하락 시 손절하는 것이라고 가정해봅시다.

'음, 이 전략은 절대 한 번 매매에서 2% 이상 손실을 보지 않기 때문에 절

대 반 토막이 나는 상황은 발생하지 않아!'

어떻게 생각하십니까? 이것은 반은 맞지만 반은 틀린 말입니다. 우선 한 번의 매매에서 손절을 통해 손실을 2% 이내로 철저히 제한한다면, 한 번의 매매에서는 절대로 2% 이상의 손실이 발생하지 않는다는 것은 맞습니다.

하지만 우리는 매매를 한 번만 하고 끝내는 것이 아닙니다. 한 번 손절하고 난 뒤 또다시 매매를 지속해야 합니다. 만일 그다음 번 매매 그리고 또 그다음, 그다음 매매에서 연속적으로 2% 손절이 걸린다면 어떨까요?

한 번 매매에서의 손실은 2% 밖에 되지 않지만, 그로 인한 누적 수익곡선, 즉 궁극적으로 최종 투자 수익률은 −20%가 될 수도, −50%가 될 수도 있습니다. 그렇기 때문에 단순히 투자 전략 하나에 철저한 손실관리 로직이 녹아 있다고 하더라도, 결코 완전한 것은 아닙니다. 세상에 완벽한 전략은 존재하지 않습니다. 아무리 백테스트상에서 멋진 모습을 보여준다 하더라도 실제 투자에서는 참담한 결과를 초래하는 경우가 허다합니다.

그렇기 때문에 우리는 반드시 투자 전략의 손실 제한 하나에만 의존해서는 안 됩니다. 그 투자의 결과로 나타난 누적 수익곡선의 손실도 추가적으로 관리해야 비로소 완전한 손실관리를 기대할 수 있습니다.

이를 시스템 손절매라고 합니다. 즉 시스템 손절매란, 투자의 결과로 나타난 최종 수익곡선에 특정 수준 이상의 손실폭이 나타나면 전체 투자를 중단하거나 해당 투자의 비중을 줄이는 것을 의미합니다. 이는 트레이딩에서 매우 중요한 개념임에도 불구하고, 너무나 많은 사람이 이를 간과합니다. 때문에 단순히 한 가지 전략의 손절에만 신경을 쓰다가는 파산하고 맙니다.

시스템 손절매의 개념은 상식적이고 명쾌합니다. 하지만 이런 개념을 파악하지 못하고 있다면, 단순하고 확실한 안전장치가 있다는 사실을 모른 채

위험한 투자를 지속하다가 결국 파산하게 됩니다.

❺ 시스템 손절의 장점

그렇다면 시스템 손절의 장점은 무엇일까요?

첫째, 최종적인 계좌의 손실을 관리할 수 있다는 것입니다.

투자 전략에서의 손실관리는 어디까지나 한 번 투자했을 때의 손실관리이지, 지속적인 투자 과정에서의 손실관리가 아닙니다. 지속적인 투자 과정에서 최종적인 손실관리 룰이 바로 시스템 손절입니다.

둘째, 개별 투자 전략의 불완전함과 위험성을 관리할 수 있다는 것입니다.

항상 강조하지만, 그 어떤 시장 상황과 무관하게 손실 없이 자로 잰 듯이 우상향 수익곡선을 나타내는 단일 전략은 존재할 수 없습니다. 꽤 괜찮은 전략이지만, 경우에 따라서는 시장 상황과 맞지 않아 지속적으로 손실이 누적되는 경우도 비일비재합니다.

이를테면 모멘텀 전략 같은 추세추종 전략은 횡보장에서 지속적으로 손실을 볼 수밖에 없습니다. 이럴 때 시스템 손절이 없다면 하염없이 떨어지는 계좌를 그냥 방치할 수밖에 없겠죠?

이런 경우 시스템 손절이 있으면 해당 전략이 시장 상황과 맞지 않아 손실을 주는 구간에서는 자동으로 해당 투자 전략의 비중이 축소되거나 투자가 중단되기도 합니다. 그러므로 시스템 손절을 하지 않은 경우에 닥칠 무시무시한 손실 가능성도 크게 줄일 수도 있습니다.

❺ 시스템 손절매의 예시

〈그림 2-36〉은 특정 전략을 통해 발생한 누적 수익곡선입니다.

좌측은 과거 데이터를 통한 백테스트 결과이고, 우측은 실제 투자 수익곡
선입니다. 전략이 과최적화되었는지, 실제 투자에서는 투자한 지 얼마 되지
않아 수익을 잘 내지 못하고 지속적으로 손실이 누적되는 것을 확인할 수 있
습니다. 만일 시스템 손절의 구조가 없이 단순히 전략상의 손실관리만 했다
면, 열심히 꼬박꼬박 손절하면서 계좌 역시 꼬박꼬박 박살 나는 것을 속절없
이 지켜봐야만 했을 것입니다.

하지만 '최대 수익 폭 대비 −5% 이상 하락 시 시스템 손절 혹은 계좌에서
연속 누적 손실액이 어느 수준 이상이 될 때 시스템 손절'과 같은 방식(일종의
추적청산Trailing Stop)이 가미되어 있었다면, 비록 투자 이후 어느 정도 손실이

그림 2-36 **시스템 손절의 개념**

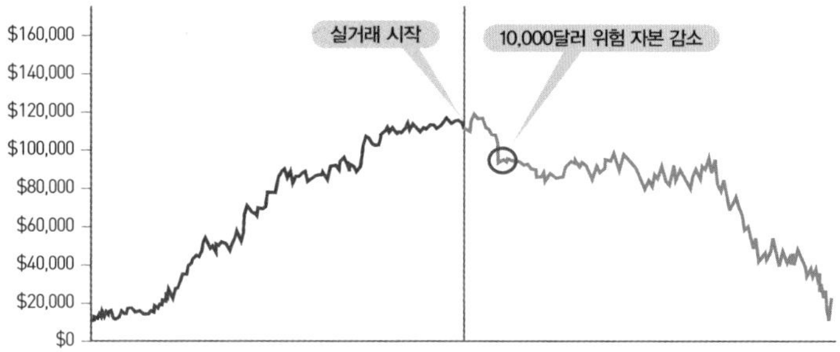

출처 : 주식투자 절대지식(브렌트 펜폴드 저)

발생하긴 할 것입니다. 하지만 이후에는 투자를 하지 않게 되어 추가적인 손실은 막을 수 있습니다.

❺ 언제 재진입할 것인가?

그렇다면 시스템 손절 이후에는 어떻게 해야 할까요? 그 전략은 영원히 폐기해야 할까요? 그렇지 않습니다.

시스템 손절 이후에는 비록 해당 전략으로는 직접 투자를 하지는 않지만, 투자가 지속된다는 가정하에 가상의 투자 수익곡선을 그려줍니다. 그 이후에 나름대로 정한 룰에 따라 수익곡선이 다시 회복되면 재진입하면 됩니다.

재진입하는 룰은 추세추종 방식에 따라 자유롭게 정하면 됩니다. 복잡하게 생각할 것 없고, 최종 수익곡선을 한 가지 종목의 움직임으로 가정하고, 여기에 하나의 추세추종 전략을 구사한다고 생각하면 됩니다.

예를 들면 수익곡선이 최근 20일간의 이동평균선을 이탈하면 투자를 중

그림 2-37 시스템 재투자의 신호

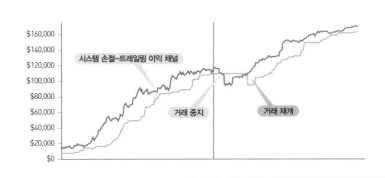

출처 : 주식투자 절대지식 (브렌트 펜폴드 저)

단하고, 가상의 수익곡선이 다시 20일 이동평균선을 회복하면 다시 해당 전략을 재개하는 방식입니다. 이동평균선 돌파 전략이건, 〈그림 2-37〉과 같은 채널 돌파 방식이건 간에 자신의 룰에 따라 구사하면 됩니다.

❺ 시스템 손절매의 실례 : 수익곡선 모멘텀 전략

앞에서는 주로 일봉을 단위로 한 스윙 트레이딩 전략의 사례를 살펴보았습니다. 하지만 우리는 주로 월 단위 타임 프레임에서의 모멘텀 전략을 핵심으로 살펴보고 있으므로, 시스템 손절매도 유사한 방식으로 만들어보겠습니다.

여러 차례 살펴본, 평균 모멘텀 스코어 전략에 시스템 손절매 전략을 추가해봅시다. 이 전략의 시스템 손절매 전략도 평균 모멘텀 스코어 전략입니다. 즉 평균 모멘텀 스코어 전략을 시스템 손절매 전략으로 이용한 것이 바로 수익곡선 모멘텀 전략입니다. 즉 개별 종목에 평균 모멘텀 스코어 전략을 사용하여 발생한 수익곡선에 다시 한 번 평균 모멘텀 스코어 전략을 시스템 손절매 전략으로 이용하는 방식입니다.

수익곡선 모멘텀 전략은 다음과 같습니다.

- **투자 자산** : 코스피지수 월봉
- **투자 전략** : 12개월 평균 모멘텀 스코어 전략(연 3% 수익 가정 현금 혼합 전략) + 6개월 평균 모멘텀 스코어 시스템 손절매 전략

12개월 평균 모멘텀 스코어 전략에 현금을 혼합한 것이 기본 투자 전략입니다. 그리고 이 전략에 의해 나타난 수익곡선을 하나의 종목처럼 간주하여 6개월 평균 모멘텀 스코어 전략을 한 번 더 가미한 것입니다.

12개월 평균 모멘텀 스코어 전략(현금 혼합)으로 전략이 마무리되는 것이 아니라, 이 수익곡선 자체의 모멘텀 스코어를 매달 평가하여 기본 전략의 투자 비중을 매달 조절하는 전략입니다. 예를 들어 이번 달의 수익곡선 모멘텀 스코어가 0.75이었다면, 투자 비중은 평균 모멘텀 스코어 전략 75%, 현금

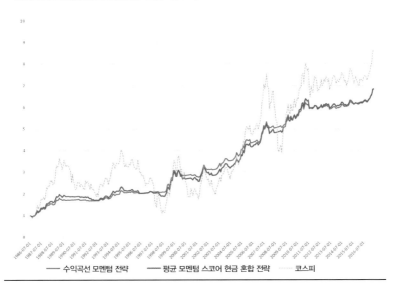

그림 2-38 **평균 모멘텀 스코어 현금 혼합 전략 vs. 평균 모멘텀 스코어 현금 혼합 전략 + 6개월 수익곡선 모멘텀 전략**

—— 수익곡선 모멘텀 전략　　—— 평균 모멘텀 스코어 현금 혼합 전략　　······ 코스피

	코스피	수익곡선 모멘텀 전략	평균 모멘텀 스코어 현금 혼합 전략
연평균수익률	7.2%	6.4%	6.4%
최대 손실률	-73.1%	-10.2%	-19.1%

25%가 됩니다.

이에 대한 결과는 〈그림 2-38〉과 같습니다.

어떻습니까? 수익곡선 모멘텀 전략이 조금 나아 보이긴 하지만, 전체적으로 별 차이 없는 것처럼 보입니다. 하지만 그렇지 않습니다. 수치 데이터를 검증해보면, 수익곡선 모멘텀 전략의 최대 손실률은 단순 평균 모멘텀 스코어 전략의 절반 수준입니다. 수익률은 같은데 최대 손실이 절반 수준이라면 대단한 것입니다.

장기적으로 보았을 때 시스템 손절을 하지 않은 모멘텀 스코어 전략도 훌륭합니다. 하지만 시스템 손절까지 가미하면 추세추종 전략의 일종인 모멘텀 전략이 불리한 횡보 국면에서의 손실도 부분적으로 제한하는 구조이므로 변동성이 더 낮은 것을 확인할 수 있습니다(파란색의 수익곡선 모멘텀 전략이 하락 구간에서 좀 더 안정적입니다).

횡보장에서는 모멘텀 전략의 수익곡선이 누적되는 손실로 인해 하락하므로, 수익곡선의 모멘텀 스코어도 서서히 감소하게 됩니다. 따라서 모멘텀 전략 자체에 투자하는 비중도 근소하게 줄어드는 구조입니다.

단순하게 보면 코스피 주식에 100% 올인했을 때와 비교하면, 3%대 현금을 최소 50% 이상 혼합했음에도 불구하고 장기적인 연평균수익률은 거의 유사하면서도, 최대 손실률은 1/7 정도밖에 되지 않는 것을 볼 수 있습니다. 이는 운이 좋아서가 아니라, 추세추종 모델의 본질적인 단점을 '구조적으로 개선'하였기 때문입니다.

따라서 모멘텀 투자 모델의 최종 수익곡선에 시스템 손절(수익곡선 모멘텀)까지 가미하면 추세추종의 단점인 횡보장에서의 손실폭까지도 효과적으로 방어할 수 있습니다. 또한 추세추종 전략이 불리한 국면도 자동적으로 감지하여 투자 비중이 조절되는 효과가 발생하므로, 시장 상황에 따라 유연하게 대처가 가능한 시장적응 전략^{Market Adaptive Strategy}을 지극히 단순한 방법으로 구사할 수 있습니다.

⑤ 시스템 손절의 중요성

개인적으로 시스템 손절관리의 중요성은 아무리 강조해도 지나치지 않다고 생각합니다. 하지만 안타까운 것은 투자자들 중 시스템 손절에 대한 개념이 전무한 경우가 대부분이라는 것입니다. 그들이 생각하는 리스크 관리는 개별 투자의 리스크 관리인 경우가 많습니다.

요즘에는 절대 수익을 추구하는 다양한 전략들이 소개되고 있습니다.

이는 분명히 환영할 일이지만, 아무리 정교하고 우수한 투자 전략이라 하더라도, 최종적인 시스템 손절에 대한 안전장치가 없다면 이는 언젠가는 커다란 손실폭을 남기게 됩니다.

정교한 최신 기법들도 결국은 수많은 트레이딩 전략의 하나일 뿐입니다. 그리고 그 전략의 결과로 발생할 수밖에 없는 수익곡선에 대해서는 반드시 시스템 손절매라는 안전장치를 독립적으로 추가해야 합니다. 시스템 손절매는 절대로 개별 투자 전략이 아니라는 사실을 분명하게 인지해야 합니다. 이는 앞서 설명한 모든 전략에도 해당되는 것입니다.

시스템 손절은 개별 종목의 트레이딩 전략이 아닌, 트레이딩 전략을 통해 계좌의 손실을 관리하는 최종적인 시스템이라는 사실을 인식했다면 반드시 나의 투자 전략에 이를 추가해야 합니다.

실전 투자 전략
7 앙상블 전략

Q 핵심 요약

1. 자산 간의 배분비율을 미리 결정하지 않은 상태에서 최종 투자 수익이 극대화되는 포트폴리오 비율 몇 개를 선택하여 분산투자할 수 있다.
2. 최근 n개월의 위험조정수익률이 가장 큰 자산 배분비율을 찾아 최적 자산 배분비율을 가정하고 투자할 수 있다.

머신 러닝 기법 중 앙상블 기법이라는 것이 있습니다. 앙상블 기법이란 쉽게 설명하자면 일종의 다수결 투표에 비유할 수 있는데요. 어떤 데이터를 통해 예측할 때 한 가지 규칙에만 의존하는 것이 아니라, 복수의 규칙을 이용하여 의사결정에 이용하는 방법입니다. 앙상블 알고리즘을 이용하면 과최적화를 줄이면서 좀 더 안정된 결과를 얻을 수 있습니다. 지금 살펴볼 전략은 머신 러닝 전략은 아니지만, 머신 러닝에 널리 이용되는 앙상블 전략의 콘셉트가 기본이 되는 전략입니다. 그럼 한 번 살펴볼까요?

앞 장에서 종목의 평균 모멘텀 스코어에 비례하여 투자하는 방법을 알아보았습니다. 평균 모멘텀 스코어 전략의 핵심 원리는 추세추종이었습니다. 따라서 추세가 강할수록 그에 비례하여 투자 비중도 높이는 원리였습니다.

시장에 추세가 분명히 존재한다는 사실에 비추어보면, 이런 투자 방법도 분명히 의미 있는 방법입니다. 하지만 추세의 강도에 비례하여 투자한다고 항상 수익이 나는 것은 아닙니다. 추세의 강도에 비례하여 강하게 투자했지만 추세가 꺾여 손실을 보기도 하고, 반대로 하락 추세로 바뀌어 비중을 줄였는데 급반등하기도 합니다. 이런 점은 단순하게 추세를 추종하는 방식의 단점입니다.

그런데 여기서 발상을 전환해볼까요? 사실 우리의 최종 목표는 개별 자산의 모멘텀이나 개별 자산의 수익이 아니라 최종적으로 내가 보유한 계좌의 수익입니다. 이는 곧 투자 포트폴리오의 최종 수익률이라고 할 수 있습니다.

이런 관점에서 본다면, 우리는 새로운 투자 전략을 생각할 수 있습니다. 그것은 개별 자산의 추세 강도의 비중에 맞추어 투자하는 것이 아니라, 투자 전략의 최종 수익률을 극대화하는 방식으로 개별 자산의 투자 비중을 결정하는 방법입니다.

하지만 '개별 투자 종목의 비중이 결정되어야(원인) 그 결과로 포트폴리오의 수익률(결과)이 나타나는 것 아닌가? 그런데 어떻게 개별 종목의 투자 비중을 정하지도 않고 최종 수익률을 통해 이를 조정할 수가 있을까?'라는 생각을 해볼 수 있습니다.

충분히 이런 의심을 가질 만합니다. 이 부분에 대해 실제로 투자 전략을 하나 만들어보는 것이 훨씬 이해가 빠를 것입니다.

자, 그럼 한 번 만들어볼까요?

- 투자 자산 : 주식(코스피200), 채권(10년 혹은 20년 만기 국고채)
- 투자비율 : 다음과 같은 11개의 포트폴리오(투자 전략)를 만든다(매월 말 해당 비중대로 리밸런싱).

주식	채권
100%	0%
90%	10%
80%	20%
70%	30%
60%	40%
50%	50%
40%	60%
30%	70%
20%	80%
10%	90%
0%	100%

- 매월 말 11개 전략의 수익곡선 확인
- 각 수익곡선의 최근 '6개월 모멘텀(수익률) / 최근 6개월 수익률 변동성' 상위 n개 포트폴리오를 선정
- 동일비중으로 투자

그런데 살펴보니 이전에 확인한 상대 모멘텀 전략과 비슷합니다. 즉 주식과 채권이라는 2가지 자산의 배분비율을 우리가 인위적으로 11단계로 구분하여 11가지의 전략을 만든 뒤, 최근 6개월간 위험 대비 수익률이 가장 높은 비중의 조합들에 투자하겠다는 콘셉트입니다.

결과를 살펴볼까요? 국내 데이터(그림 2-39)와 미국 데이터(그림 2-40)를 기준으로 시뮬레이션하였습니다. 최근 6개월의 수익률 / 변동성 상위 3개 포트폴리오를 선정하여 동일비중으로 리밸런싱하는 전략입니다.

최적화하려는 목표 값이 최근 6개월 변동성 대비 모멘텀(최근 6개월간 위험 조정 수익률)입니다. 그렇기 때문에 실제로 데이터를 살펴보면 주식의 비중보다는 채권의 비중이 평균적으로 더 많이 실려 있습니다. 그럼에도 불구하고 장기적인 수익률뿐만 아니라 최대 손실폭도 주식이나 채권보다 더 우월한 것을 확인할 수 있습니다.

기존의 상대 모멘텀 전략은 유니버스 구성 종목이 다양해야 가능했는데, 주식과 채권 단 2가지로만 구성된 경우 상대 모멘텀 전략을 구사하는 것은 큰 의미가 없습니다. 굳이 구사한다면 주식과 채권 중 모멘텀이 강한 한 가지 종목에만 투자하는 격이 되면서 분산투자 효과가 떨어지기 때문입니다.

하지만 이렇게 우리가 여러 단계로 배분 비중을 다르게 한 상태로 투자하면 얼마든지 투자 시점에서 포트폴리오의 위험 대비 수익률이 가장 좋은 배

분비율에 투자할 수 있게 됩니다.

위험균형, 평균 모멘텀 스코어 같은 전략은 여기서 구한 수치가 최적의 투자 비중인 것을 전제하고 투자하는 방법입니다. 반면 이 방법은 투자 비중을 미리 결정하지 않은 상태에서도 결과적으로 가장 우수한 위험 대비 수익률을 얻을 수 있는 비중에 투자할 수 있게 됩니다. 이것이 기존의 투자 전략과 가장 큰 차이점이라고 할 수 있습니다.

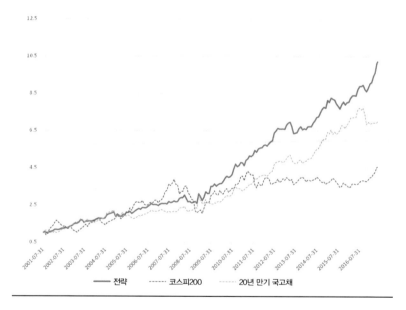

그림 2-39 주식 : 채권 앙상블 포트폴리오(한국)

	코스피200	20년 만기 국고채	전략
연평균수익률	10.0%	13.0%	15.7%
최대 손실률	-47.0%	-20.7%	-14.5%

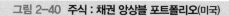

그림 2-40 **주식 : 채권 앙상블 포트폴리오**(미국)

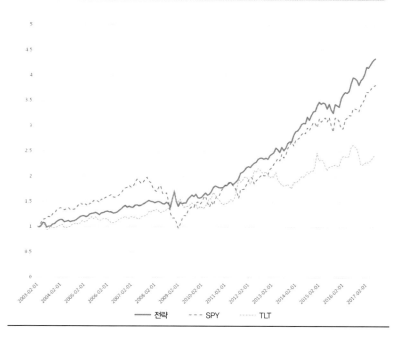

	SPY	TLT	전략
연평균수익률	9.7%	6.3%	10.7%
최대 손실률	-50.8%	-21.8%	-17.5%

Part
3

고급 투자 전략
-시장을 이기는 방법

시장을 이기는 방법
① 스마트 베타 전략

🔍 핵심 요약

1. 밸류, 모멘텀, 저변동성 등의 팩터를 정량적으로 구성하고 지수화하여 투자하는 전략을 스마트 베타 전략이라고 한다.

2. 다양한 스마트 베타 전략을 조합하여 투자하면 장기적으로 지수를 초과하는 수익을 얻을 수 있다.

앞에서 특정 주식 한두 종목을 고르는 것보다 다양한 종목에 분산투자하는 것이 수학적으로 손실은 줄이면서도 수익을 높일 수 있는 방법임을 확인하였습니다. 이러한 관점에서 일반 투자가가 가장 쉽게 접근할 수 있는 투자방법은 다양한 주식 종목을 포트폴리오에 편입하고 있는 ETF(인덱스 상장지수펀드)에 투자하는 것임을 강조한 바도 있습니다.

　일반적으로 ETF를 이용해서 주식에 투자하는 것은 코스피200과 같은 시장 대표 종합주가지수를 추종하는 종목에 투자하는 것을 의미합니다. 이를 패시브 투자(코스피200 등 주요 지수의 등락에 따라 기계적으로 편입된 종목을 사고파는 투자 방식으로 시장 평균 수익률을 올리는 것을 목표로 한다) 전략이라고 합니다.

　그런데 아마 이런 생각을 할 수도 있습니다.

　'코스피200 같은 대형주로 구성된 시장 대표지수에만 투자하는 것만이 꼭 최선인가?'

　'어떤 사람들은 소형 가치주에 투자해서 큰 수익을 냈다고 하던데, 이런 종목들에 투자하는 방법은 없을까?'

　'시장에는 가치가 좋은 종목들도 있고, 배당을 많이 주는 종목도 있고, 수익성이 개선되는 기업들도 있고, 다양한 장점을 가진 종목들이 많이 있다. 단순하게 시가총액 상위 종목으로만 구성된 지수에 투자할 것이 아니라, 우량한 종목들에 선별적으로 투자하면 더 높은 수익률을 낼 수 있지 않을까?'

　이처럼 개별 기업의 펀더멘털, 미래 가치 등을 분석하여 종목을 엄선하고 포트폴리오를 구성하여 시장지수 대비 초과 성과를 추구하는 방식도 엄연히 존재합니다. 이를 액티브 투자(개별 종목의 투자 매력을 분석한 후 시가총액 비중과 다르게 투자해 시장평균을 웃도는 수익률을 추구하는 투자 방식) 전략이라고 합니다.

　하지만 최근에는 종목 선정을 통해 시장 대비 초과 수익을 추구하는 액티브 펀드에 대한 비판이 제기되고 있습니다. 그 이유는 액티브 펀드들이 명확하고 정량적인 규칙에 근거해서 운용하기보다는 정성적이거나 주관적인 분석에 의해 운용되는 경우가 많고, 장기간에 걸쳐 시장지수를 이기는 경우가 얼마 되지 않음에도 불구하고 보수는 패시브 펀드보다 훨씬 비싼 경우가 많기 때문입니다.

이러한 시장환경에서 의문을 해결할 새로운 개념의 투자 전략이 등장하였는데, 바로 스마트 베타^{Smart Beta or Strategic Beta}라는 이름의 ETF를 통한 팩터 투자 전략입니다. 팩터는 주식의 수익률에 영향을 미치는 공통된 특성이라고 생각하면 됩니다. 베타란 시장 대표지수와의 상관계수를 의미하는 지표인데, 일반적으로는 시장 대표지수의 움직임으로 이해할 수 있습니다.

따라서 스마트 베타란, 팩터 투자를 통해 단순한 베타(시장 대표 수익률)보다 더 스마트하게 초과 수익을 내기 위한 계량 전략이라고 할 수 있습니다. 개별 기업을 주관적이고 정성적인 분석에 근거하여 투자 대상으로 선정하는 액티브 전략과는 달리, 팩터라는 객관적이고 계량적인 기준에 근거하여 분석·투자한다는 점이 큰 차이입니다.

사실 팩터 투자 전략은 새로운 개념이 아닙니다. 기존에 퀀트 펀드에서 주로 활용되는 팩터 모델 기반의 투자 방식입니다. 글로벌 시장에서 ETF가 대세가 되면서 이러한 액티브 퀀드 전략들이 지수라는 형태로 만들어지기 시작했습니다. 스마트 베타 ETF는 바로 이런 지수를 추종하도록 설계된 상품입니다. 다시 말해 룰베이스로 패시브화시킨 액티브 전략과 ETF의 결합이라고 할 수 있습니다.

그렇다면 우리는 왜 스마트 베타 ETF에 투자해야 할까요? 지금부터 자세히 알아보도록 하겠습니다.

⑤ 액티브 펀드의 효용에 대한 의문

〈그림 3-1〉은 일반적인 액티브 펀드의 성과가 시대별로 다르게 분해되는 모습을 보여주고 있습니다. 과거에는 주식의 수익률에 영향을 미치는 공통 요인으로 시장 수익률만을 생각했습니다. 다시 말해 시장 대비 초과 수익률(알파)의 대부분이 펀드매니저가 종목 선정을 잘 해서 얻은 것이라고 생각했습니다.

하지만 투자 이론의 발전과 함께 학계에서는 시장 대비 초과 성과를 설명할 수 있는 추가적인 요소들에 대한 연구가 이뤄지고 있습니다. 〈그림 3-1〉에서 언급하고 있는 팩터라는 것은, 우리는 기계적으로 구성되는 팩터 포트폴리오를 통해 대다수 액티브 펀드가 보여주는 알파의 대부분을 복제해낼 수 있습니다.

수많은 연구를 통해 효용성이 객관적으로 검증되어 대표적으로 활용되는

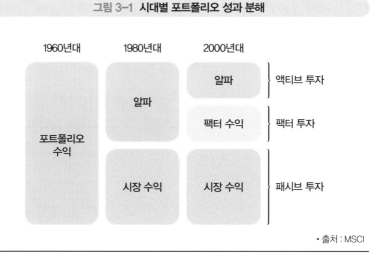

그림 3-1 **시대별 포트폴리오 성과 분해**

· 출처 : MSCI

주요 팩터는 다음과 같습니다.

- 밸류^{Value} : PBR(주당순자산비율) 지표 등에 의해 저평가된 종목들에 투자
- 퀄리티^{Quality} : ROE(자기자본이익률), 부채비율 등 재무적으로 우량한 종목들에 투자
- 로우볼$^{Low\ Volatility}$: 변동성이 낮은 종목들에 투자
- 모멘텀^{Momentum} : 주가 및 이익이 강한 추세를 보이는 종목들에 투자
- 사이즈^{Size} : 중소형주에 투자

액티브 펀드의 초과 성과를 분석해보면 주요 팩터 포트폴리오의 성과에 의해 대부분 복제가 된다는 사실이 알려지기 시작했습니다. 2009년 노르웨이 연기금 자산운용 평가 결과가 대표적인 사례였으며, 기존 액티브 펀드 알파의 상당 부분(70% 이상)이 팩터 포트폴리오를 통해 설명이 가능합니다.

이를 통해 우리는 기존에 액티브 매니저들의 스킬에 의해 창출되는 알파의 크기가 생각보다 크지 않다는 점을 알 수 있습니다. 다시 말해 계량적으로 구성된 팩터 포트폴리오를 통해 대부분의 시장 대비 초과 성과를 추구할 수 있게 되는 것입니다.

스마트 베타 ETF란 바로 이러한 팩터 포트폴리오의 성과를 지수화하여 이를 추종할 수 있게 해주는 상품입니다. 액티브 펀드 대비 저렴한 비용과 룰베이스 전략을 통한 일관성 있는 성과는 스마트 베타 ETF의 큰 장점이라 할 수 있습니다.

팩터 포트폴리오의 성과와 뚜렷하게 차별화된 알파를 제공하지 못하면서 수수료는 더 비싼 대다수의 액티브 펀드에 투자해야 할 이유가 없는 것입니

다. 대신 스마트 베타 ETF는 시장의 대세로 급부상하고 있습니다.

그렇다면 지금부터는 글로벌 시장에서 검증된 주요 팩터들을 통한 투자 전략에 대해 살펴보도록 하겠습니다.

💲 밸류^{Value} & 퀄리티^{Quality}

앞서 우리는 액티브 펀드의 초과 성과의 대부분이 팩터 포트폴리오의 성과로 복제가 가능하다는 점을 살펴보았습니다. 이는 결국 기존에 주식 펀드 매니저들이 초과 성과를 창출하기 위해 종목을 선정하는 방식을 계량적으로 복제해낼 수 있다는 것을 의미합니다.

일반적으로 주식투자 전략을 논할 때 가장 많이 등장하는 개념은 바로 가치투자입니다. 우리는 가치투자로 유명한 벤저민 그레이엄, 워런 버핏 같은 전설적인 투자 구루들을 접할 수 있습니다. 가치투자 전략을 간략하게 요약해보면 결국 '재무적으로 우량하면서 저평가된 종목들을 선정하여 투자한다'입니다.

이를 팩터 투자 전략으로 해석해본다면 밸류 및 퀄리티 팩터의 조합으로 나타낼 수 있습니다. 그렇다면 액티브 펀드의 대표적 전략인 가치투자를 계량적으로 실행하는 것이 어떤 의미인지 살펴보도록 하겠습니다.

❺ 워런 버핏은 샤이Shy 퀀트다?

일반적으로 주식투자의 정석으로 받아들여지는 것이 가치투자 전략입니다. 정성적 분석을 통한 주식투자의 대표적인 전략이죠.

가치투자를 논할 때 가장 먼저 떠오르는 인물은 바로 워런 버핏입니다. 2013년 세계적인 헤지펀드 AQRApplied Quantitative Research에서는 〈버핏의 알파Buffett's Alpha〉라는 논문을 통해 워런 버핏의 포트폴리오 성과를 계량적으로 복제해낼 수 있는 방법론에 대해 소개하였습니다.

결론적으로 버핏의 포트폴리오 스타일을 요약하자면 싸고, Value 변동성이 낮으며, 재무적으로 우량한Quality 종목들로 구성되었다는 점입니다. 이는 다시 말해 밸류 및 퀄리티 팩터에 의해 구성된 계량적 포트폴리오를 통해 버핏의 포트폴리오 성과를 복제해낼 수 있다는 것을 의미합니다.

〈그림 3-2〉는 계량적으로 복제한 버핏 스타일 포트폴리오와 버핏의 실제 성과(버크셔 해서웨이 포트폴리오)를 비교한 것입니다.

대다수의 가치투자 전략은 나름의 룰을 내포하고 있습니다. 스티븐 그라이너Steven P. Greiner의 《정량분석Ben Graham Was a Quant》을 살펴보면 그레이엄의 가치투자 방식을 룰에 기반한 투자 전략으로 기술하고 있습니다. 바로 다음에서 살펴볼 가치투자 유형의 ETF 기초 지수 방법론입니다.

투자의 대가로 추앙 받는 대부분의 구루는 장기간 일관된 투자 원칙을 지키는 것을 항상 강조합니다. 이를 다르게 표현하자면 명시적으로 계량적 기법을 내세우지 않았을 뿐, 자신들만의 확고한 룰을 지키며 투자해왔다는 것입니다. 결국 정성적이든 계량적이든 성공 투자의 핵심은 검증된 원칙을 끝까지 고수한다는 공통분모를 가지고 있습니다.

그렇다면 이러한 체계적이고 정량적인 가치투자를 스마트 베타 ETF를 통

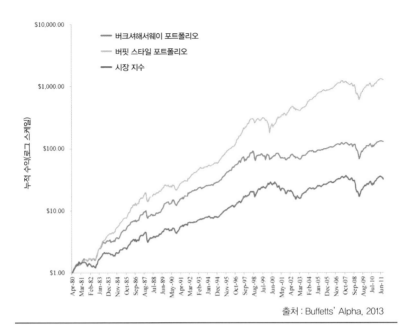

출처 : Buffetts' Alpha, 2013

해 구현해볼까요? 또한 해당 ETF의 기초 지수의 설계 방법론을 통해 체계적인 가치투자 전략을 구성하는 핵심적인 지표들이 무엇인지도 함께 알아보도록 하겠습니다.

💲 체계적인 가치투자 Systematic Value Investing

이미 시장에는 유명한 투자 구루들의 전략을 계량적으로 구현한 지수를 추종하는 ETF가 상장되어 있습니다. 주요 가치투자 전략형 ETF들이 추종하는 기초 지수 방법론은 〈그림 3-3〉을 통해 확인할 수 있습니다.

최근에는 우리나라 개인투자자들에게도 퀀트 투자에 대한 저변이 확대되어 버핏이나 그레이엄, 그린블라트, 피오트로스키 등의 전략을 복제하고 직접 종목을 선정하여 투자하는 붐이 일고 있습니다. 심지어는 한 달에 수십만 원씩을 지불하면서 이런 종목에 대한 정보를 얻기도 합니다.

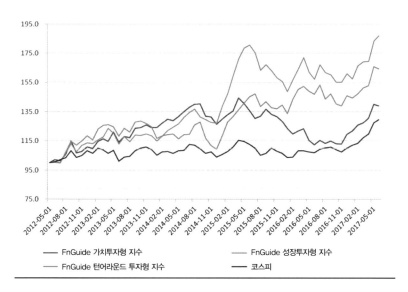

그림 3-3 **주요 가치투자 전략형 ETF들 기초지수 성과** (2012년 5월~ 2017년 6월)

	FnGuide 가치투자형 지수	FnGuide 성장투자형 지수	FnGuide 턴어라운드 투자형 지수	코스피
누적수익률	39.0%	64.3%	87.0%	29.7%
연환산수익률	6.7%	10.3%	13.1%	5.3%
연환산변동성	11.7%	13.7%	13.6%	8.8%
샤프지수	0.57	0.75	0.97	0.60

하지만 스마트 베타 ETF에 투자하면, 가치투자를 위해 재무적으로 우량하고 저평가된 주식들을 직접 골라 포트폴리오를 구성하고 종목을 교체하는 수고를 직접 감당할 필요가 전혀 없습니다. 뿐만 아니라 소액으로도 30여 개가 넘는 종목에 분산투자가 가능하며, 실시간으로 매매가 가능하다는 장점도 있습니다.

저렴한 비용으로 제공되는 ETF라는 형태는 이러한 정량적인 투자 원칙에 근거한 액티브 전략을 구현하는 데 많은 이점을 가집니다.

가치형 액티브 펀드의 경우 펀드 매니저의 주관이 개입되어 일관성 없는 성과를 보이기 쉬울 뿐만 아니라, 개인의 신상 및 운용 조직의 변화에 따라

표 3-1 주요 가치투자 전략형 ETF

ETF	KODEX 가치투자	KODEX 성장투자	KODEX 턴어라운드 투자
지수명	FnGuide(애프엔가이드) 가치투자형 지수	FnGuide 성장투자형 지수	FnGuide 턴어라운드 투자형 지수
지수 콘셉트	재무건전성 및 이익성이 큰 대형 가치주 편입 (벤저민 그레이엄)	매출액이 큰 기업 중 순이익률이 높은 종목 편입 (케네스 피셔)	수익성 지표 및 재무구조 개선 기업 편입 (조셉 피오트로스키)
유니버스	• 코스피 및 코스닥에 상장된 보통주 • 최소 3년 이상의 재무데이터(감사보고서 등) 보유 종목 • 시가총액 2,000억 원 이상 +20일 평균 거래대금 5억 원 이상(약 500종목) • 지주회사, 금융기업, 리츠 및 관리종목 기업 등 제외		
종목 선정	각 지표 충족 시 1점을 부여하여 상위 30종목 선정		
	• 총매출액 • PER, PBR • EPS(장기, 평균) • 유동비율, 부채비율 등	• PSR(시가총액÷매출액) • EPS성장률 • 연구개발비 • 부채비율, 수익률 등	• PBR • ROA변화량 • 매출총이익률 변화량 • 직전 1년 발행주식수 등
비중 결정	동일 가중		
정기 변경	매년 5월 첫 영업일	매년 3, 6, 9, 12월 첫 영업일	
	(추가 변경) 매년 11월 첫 영업일(4점 미만)		

펀드의 투자 철학이 변질되기 쉬운 단점도 있습니다. 소위 말하는 '매니저 리스크'가 높은 형태라고 할 수 있습니다. 하지만 정량적이고 객관적인 기준에 근거한 스마트 베타 ETF는 이런 주관적이고 불완전한 요소를 완전히 제거할 수 있습니다. 그렇기 때문에 투자자가 원하는 전략을 장기간 믿고 지속하는 데 매우 유리하여 현재 시장의 큰 흐름은 액티브 펀드에서 스마트 베타 ETF로 급격히 재편되고 있습니다.

💲 저변동성 포트폴리오 전략

저변동성 포트폴리오 전략은 여러 주식 종목 중 변동성이 낮은 상위 종목만 선정하여 포트폴리오를 구성하는 전략입니다. 그렇다면 변동성이 낮다는 것은 어떤 의미일까요?

쉽게 말하자면 주가의 등락폭이 작다는 것입니다. 저가의 코스닥 급등주들 중 한 달 사이에도 신·하한가를 몇 번씩 왔다 갔다 하면서 그야말로 롤러코스터를 타는 종목이 많습니다. 이런 종목은 변동성이 큰 반면, 등락폭은 작아도 안정적으로 움직이는 종목들은 변동성이 작은 종목입니다. 변동성은 일반적으로 특정 기간 동안 월간(일간) 등락폭의 표준편차로 계산할 수 있습니다.

〈그림 3-4〉의 두 차트 중 어느 종목이 변동성이 크고, 어느 종목이 변동성이 낮을까요? 굳이 설명하지 않아도 아마 잘 아시겠지요?

그림 3-4 고변동성 vs. 저변동성 종목

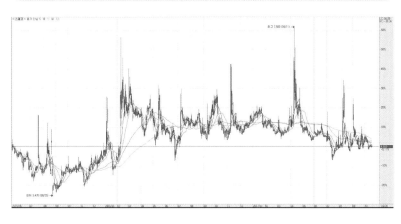

💲 저변동성 포트폴리오 전략의 원리

'주식으로 시장지수 대비 초과 수익을 얻으려면 지수보다 큰 수익이 나야 한다. 그렇다면 당연히 지수보다 움직임이 큰 급등주나 가격 변동성이 큰 종목에 투자해야 시장 대비 초과 수익이 날 것이다.'

혹시 이런 생각해보셨나요? 하지만 여러 연구에 의하면 이러한 막연한 편견과는 달리 오히려 그 반대의 현상이 전 세계 주식시장에서 동일하게 입증되었습니다. 우리나라 시장도 마찬가지입니다.

즉 변동성이 큰 종목에 분산투자했더니 시장지수보다 훨씬 저조한 수익을 거둔데 반해, 변동성이 작아서 찔끔찔끔 올라 언제 수익을 많이 보나 했던 저변동성 포트폴리오는 장기적으로 지수를 엄청나게 초과하는 현상을 보인 것입니다. 단순히 수익이 높은 것뿐만 아니라 변동성(손실폭)마저 낮은 장점도 발견되었습니다. 즉 저변동성 포트폴리오에 투자하면 손실을 줄이면서 수익까지도 높일 수 있다는 일석이조의 효과가 있다는 것입니다.

한 번 확인해볼까요?

〈그림 3-5〉는 2001년부터 2017년까지의 코스피지수와 저변동성 지수 FnGuide LowVol의 누적 성과를 비교한 것입니다. 코스피가 약 17년간 3배 가까이 상승할 동안 저변동성 포트폴리오는 무려 12배 가까이 상승했습니다. 대

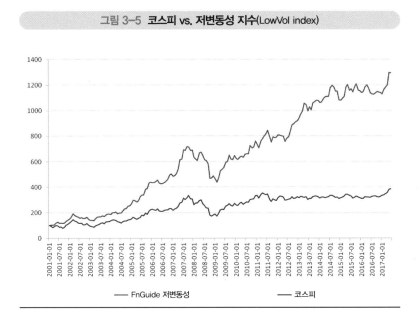

그림 3-5 **코스피 vs. 저변동성 지수**(LowVol index)

세 상승장에서는 소외될 것 같았는데 그렇지 않았으며, 2010년 이후 길게 이어진 횡보장에서는 압도적인 성과를 보여주었습니다.

그렇다면 왜 이런 현상이 발생할까요? 저변동성 포트폴리오가 시장 대비 초과 수익을 내는 것에는 여러 가지 이유가 있습니다. 하지만 이 책을 처음부터 꼼꼼히 읽으셨다면 중요한 이유를 이미 잘 알고 계실 것입니다. 그 이유는 손익 비대칭성의 원리 때문입니다. 수익과 손실은 비대칭이기 때문에, 손실을 줄이는 것이 위험 대비 수익률을 높이는 핵심임을 강조하였습니다.

저변동성 포트폴리오에서 시장 대비 초과 수익이 발생하는 또 다른 설명으로는 투자자의 과민반응 현상이 있습니다. 절대다수의 투자자도 변동성이 크고 탄력이 큰 종목을 선호하는 경향이 높습니다. 때문에 이런 고변동성 종목의 주가에는 거품이 끼어 추가적인 상승폭이 제한됩니다. 반대로 저변동성 종목에는 거품이 없기 때문에, 시간이 지나면 시장 대비 초과 수익을 올릴 수 있습니다.

일반적으로 저변동성 종목들은 내수주나 경기 방어주, 가치주 등과 같이 시장의 스포트라이트를 받지 못하는 종목이 대다수이기 때문에 투자자들의 주목을 받지는 못합니다. 하지만 장기적으로 볼 때는 소리 없이 강한 종목들이라 할 수 있습니다. 단기적인 관점에서 큰 폭의 상승을 보이지는 않지만, 크게 하락하지도 않기 때문에 손실이 작아 수익이 커지는 구조입니다.

또한 경기 방어주와 내수주는 시장이 불안정하거나 하락할 때 상대적으로 손실이 덜한 저베타의 특성을 보입니다. 때문에 하락장에서도 강한 면모를 보입니다. 이러한 특성이 저변동성 포트폴리오의 안정성과 수익률에 기여하는 부분입니다. 결론은 저변동성 포트폴리오 전략은 위험이 낮으며, 수익까지 높은 이상적인 스마트 베타 전략이라는 것입니다.

❺ 저변동성 포트폴리오에 투자하는 방법은 무엇인가

2,000개가 넘는 종목이 있는 우리나라 주식시장의 주가 데이터를 가공해서 저변동성 포트폴리오를 구성할 수도 있습니다. 하지만 현실적으로 이렇게 투자하는 것은 거의 불가능합니다. 왜냐하면 적어도 30종목 이상 포트폴리오에 편입해야 하고, 주기적인 리밸런싱까지 해야 하는데, 한정된 자산으로는 불가능합니다. 하지만 걱정할 필요가 없습니다. 이미 저변동성 지수를 추종하는 ETF가 시장에 상장되어 운용되고 있기 때문입니다.

현재 산출되고 있는 대표적인 저변동성 지수에는 FnGuide로우볼^{Low} ^{Vol}(저변동성) 지수와 WISE 로우볼 지수가 있는데, 기본적인 철학은 비슷합니다. 그러나 저변동성 종목을 선정하는 기준이나 운용 방법에는 약간의 차이가 있습니다.

시장 대표지수추종 ETF 대신 저변동성 포트폴리오에 대체 투자를 원하는

표 3-2 주요 가치투자 전략형 ETF

ETF	타이거(Tiger) 로우볼	아리랑(ARIRANG) 스마트 베타 로우볼
지수명	FnGuide 로우볼지수	WISE 스마트 베타 로우볼지수
지수 콘셉트	유가증권시장 상장종목 시가총액 상위 200위	• 유가증권시장 상장종목 • 20일 평균 시가총액 상위 500위 이내 • 20일 평균 거래대금 10억 원 이상
종목 선정	5년간의 월간 수익률을 기초로 산출된 변동성 기준, 하위 40종목	3년 일간/주간 변동성, 5년 일간/주간 변동성 기준 하위 50종목
비중 결정	변동성 역수 가중	4가지 최적화 기법 활용
정기 변경	매년 3, 6, 9, 12월 선물옵션 만기일 익주 첫 영업일 및 두 번째 영업일	매년 6, 12월 선물옵션 만기일 4영업일 후

경우, 타이거 로우볼 및 아리랑 스마트베타 로우볼 ETF가 좋은 대안이 될 수 있습니다. 최근에는 단순 저변동성이 아니라 포트폴리오 전체의 변동성을 상관관계까지 고려하여 최소화하는 KODEX 최소 변동성 ETF도 출시되어 투자자들의 선택의 폭을 넓혀주고 있습니다.

💲 저베타 포트폴리오 전략

저베타 포트폴리오 전략이란, 베타가 낮은 종목에 투자하는 전략을 말합니다. '베타'란 시장지수와 얼마나 유사하게 움직이는지를 수치로 나타낸 값을 의미합니다. 엄밀하게는 시장지수와의 상관계수로 정의됩니다.

예를 들어 코스피지수가 5% 오를 때 어떤 종목이 똑같이 5% 올랐다면, 이 종목의 베타는 1입니다. 만일 2.5% 올랐다면 베타는 0.5가 되겠지요. 반대로 5% 하락하면 −1이 되는 것입니다. 수학적으로 정확한 설명은 아니지만, 대략 이런 개념으로 파악해도 큰 무리는 없습니다.

즉 베타가 높다는 것은 시장의 움직임과 똑같이 움직이는 성향이 강하다는 것이고, 베타가 낮다는 것은 시장과 반대로 움직이는 성향이 강하다는 말입니다. 따라서 베타가 낮다는 것은 시장지수의 움직임과 반대로 움직이거나, 시장의 움직임과 무관하게 독립적인 움직임을 의미합니다.

그렇다면 저베타 포트폴리오를 구성하면 어떤 이점이 있을까요?

결론부터 말하자면, 앞서 살펴본 저변동성 포트폴리오 전략과 마찬가지로 장기적으로 시장 대비 손실은 줄이면서 수익은 더 높일 수 있습니다. 국내에는 저베타 전략의 효용성에 대한 백테스트 자료가 많지 않아 해외의 자료를 통해 살펴보겠습니다.

〈그림 3-6〉을 보면, 자세한 설명은 필요가 없겠지요? 베타가 높은 종목보다 낮은 종목이 장기적으로 시장 대비 리스크는 훨씬 낮으면서도 수익은 더 높다는 사실을 확인할 수 있습니다.

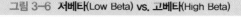

그림 3-6 **저베타**(Low Beta) **vs. 고베타**(High Beta)

출처 : SG Cross Asset Research

💲 저베타 포트폴리오 전략의 원리

저베타 포트폴리오 전략이 금융시장에서 이례적인 현상임은 이미 무수한 논문을 통해 전 세계 주식시장에서 공통적으로 입증되었습니다. 베타가 낮은 종목이 오히려 장기적으로 큰 수익을 주는 근본적인 이유는 앞서 살펴본 저변동성 포트폴리오 전략의 원리와 유사합니다. 즉 손실과 변동성을 줄이면, 수익이 올라가는 원리입니다.

'베타가 낮으면 시장지수와 반대로 움직이기 때문에 시장이 오를 때 항상 떨어지고, 시장이 떨어질 때는 오르는 거 아닌가?'라고 극단적으로 생각할 필요는 없습니다. 저베타 종목도 결국은 주식시장 내에 속해 있기 때문에, 시장의 움직임보다 변동이 덜하거나 약하게 반대로 움직입니다. 저베타 종목은 당연히 하락장이나 횡보장에서 빛을 발합니다. 따라서 폭락장에서의 손실을 시장보다 크게 줄여줍니다.

일반적으로 상승장에서의 탄력은 지수보다 떨어질 때도 많지만, 능가할 때도 있기 때문에 장기적으로 시장 대비 초과 수익을 안겨주는 원리입니다. 사실 저베타 포트폴리오와 저변동성 포트폴리오 전략은 개념적으로는 다르지만, 실제 포트폴리오 구성을 해보면 겹치는 종목이 상당히 많습니다. 시장 상황에 영향을 덜 받는 내수주나 유틸리티, 경기 방어주, 가치주 같은 종목들이 본질적으로 많이 들어갈 수밖에 없습니다. 그런데 이런 종목들은 대부분 변동성 또한 낮습니다.

한 가지 재미있는 사실은 워런 버핏이 추구한 포트폴리오도 결과적으로 보면 이러한 종목들이 대부분이었습니다. 시장 독점적이고, 시장 상황과 무관하게 지속적으로 이익을 줄 수 있는 내수 업종(코카콜라가 대표적)을 선호했습니다.

버핏이 최근 객관적으로 실증된 저변동성, 저베타 현상의 초과 수익 개념을 알고 있었는지는 모르겠습니다. 하지만 결과적으로는 저베타, 저변동성 현상을 충실하게 따름으로써 세계적인 투자자의 반열에 올랐다고 할 수 있습니다. 다르게 말하면, 지금 이 글을 읽고 있는 여러분도 저변동성이나 저베타 ETF 한 주를 사는 것만으로도 워런 버핏과 다르지 않는 투자를 할 수가 있는 것입니다. 투자자에게 있어서는 정말 행복한 시장환경이 아닐 수 없습니다.

⑤ 멀티팩터 포트폴리오 전략

마지막으로 서로 다른 성격을 보이는 복수의 팩터를 조합하여 포트폴리오를 구성하는 멀티팩터 전략에 대해 알아보도록 하겠습니다. 앞서 살펴본 대로 시장에서 검증된 주요 팩터들은 장기투자 시 시장 대비 초과 성과를 거둘 수 있습니다. 다만 여기서 주의할 점은 한 가지 특정 팩터에만 의존해서 포트폴리오를 구성하게 되면 성과의 사이클이 상대적으로 클 수 있다는 것입니다. 다시 말해 시장지수 대비 부진한 성과를 보이는 구간이 생각보다 길어질 수 있다는 것을 의미합니다.

한 번 생각해봅시다.

아무리 장기적으로 시장 대비 초과 성과가 나온다 하더라도 상대적으로 부진한 구간이 1~2년 이상 이어진다면 과연 그 투자 전략을 계속 유지하는 것이 쉬울까요? '나는 버틸 수 있어'라고 자기 최면을 걸면 해결될 것 같지만, 현실은 결코 그렇지 않습니다. 1년은 커녕 3~4개월 정도 지수를 하회하는 결과가 나와도 중간에 포기하는 사람이 속출합니다.

가장 쉬운 해결책 중 하나는 바로 멀티팩터 전략을 활용하는 것입니다. 앞서 살펴본 성과가 객관적으로 입증된 팩터들 중 서로 다른 성격을 보이는 복수의 팩터를 잘 조합하여 포트폴리오를 구성하는 방법입니다.

우리가 자산배분 전략을 구사하는 경우 상관관계가 낮은 서로 다른 자산군의 조합을 통해 분산 효과가 극대화됩니다. 이처럼, 주식투자에 있어서도 팩터의 분산 효과를 통해 수익은 높이면서도 리스크는 더 낮출 수 있는 효과를 기대할 수 있습니다.

이런 전략 구성을 통해, 가치주가 부진한 경우 강한 모멘텀을 보이는 종목들 또는 저변동성 종목들이 포트폴리오의 성과를 보완해줍니다. 한마디로 포트폴리오 성과의 사이클을 최소화하여 시장 대비 꾸준한 초과 수익을 추구할 수 있는 방법인 것입니다.

❺ 가치 & 저변동/저베타 예시

미국 등 선진시장에서는 멀티팩터 스마트 베타 ETF가 상당히 각광을 받고 있으며, 액티브 주식형 펀드에서 유출된 자금의 상당 부분이 유입되고 있습니다. 국내 시장에서도 몇 년 전부터 단일 팩터 스마트 베타 ETF들의 상장과 동시에 몇몇 멀티팩터 상품들이 개발되고 있습니다.

이 중 앞서 살펴본 가치, 저변동/저베타의 조합을 통해 포트폴리오를 구성하는 전략의 ETF를 소개하겠습니다. 바로 KODEX200 가치 저변동 ETF 입니다. 기초 지수 산출 방식은 〈표 3-3〉과 같습니다.

표 3-3 KODEX200 가치 저변동성 지수 구성 방법론

ETF	KODEX200 가치 저변동
지수명	코스피200 가치 저변동성 지수
유니버스	유가증권시장 상장 종목 시가총액 상위 200위
종목 선정	코스피200 구성 종목 중 변동성(베타)이 낮은 순으로 70% 이내에 해당하는 종목까지 선정
비중 결정	개별 종목의 내재가치 비중으로 가중
정기 변경	연 2회(코스피200 선물 6월 및 12월 결제월물의 최종 거래일 다음 거래일)

일반적으로 가치 팩터의 경우 상승장에서 시장 대비 초과 성과를 보이는 경향이 있으며, 저변동성/베타 팩터의 경우 하락장에서의 방어 효과가 뚜렷한 경향이 있습니다.

이렇게 서로 상반된 성격을 가진 팩터의 조합을 통해 코스피200 가치 저변동성 지수는 상대적으로 시장 국면의 영향을 덜 받으며, 꾸준하게 시장 대비 초과 성과를 보여줍니다. 이와 같은 특성의 기초 지수를 추종하는 KODEX200 가치 저변동 ETF는 결론적으로 시장 대비 안정적인 초과 성과

그림 3-7 코스피200 가치 저변동성 지수 성과(2004년 7월~2017년 6월)

	코스피200 가치 저변동성 지수	코스피
누적수익률	367.4%	225.3%
연환산수익률	12.7%	9.6%
연환산변동성	17.0%	18.0%
샤프지수	0.75	0.53

를 기대할 수 있어, 기존 액티브 주식형 펀드의 훌륭한 대안이 될 수 있습니다.

최근에는 모멘텀&저변동, 모멘텀&밸류를 결합한 ETF도 출시되는 등 다양하고 진보된 멀티팩터 ETF들이 지속적으로 출시되고 있어 투자자들에게 정말 좋은 환경이 조성되고 있습니다.

하지만 이런 좋은 상품에 대한 일반 투자자들의 인식이나 저변 확대는 매우 미미한 수준이어서 안타까운 마음입니다. 하지만 이 책을 보고 계신 여러분께서는 이런 상품의 진가를 아는 행운을 누릴 수 있을 것으로 확신합니다.

시장을 이기는 방법
2 변동성 조절 전략의 기초

🔍 핵심 요약

1. 투자 자산의 누적 수익률은 합이 아닌 곱으로 움직인다.
2. 투자의 평균 수익률은 산술평균이 아닌 기하평균으로 계산해야 한다.
3. 수익률의 변동성이 지나치게 크면 손실이 커지므로, 현금을 일정 비율 혼합하여 변동성을 줄이는 것이 중요하다.
4. 기하평균은 투자에서 장기적으로 성공하기 위해서는 수익 극대화가 아닌 손실 최소화에 집중해야 함을 시사한다.

안정적인 수익의 핵심은 변동성을 줄이는 것입니다. 이때 변동성을 줄이는 핵심은 '분산투자'의 원리로 귀결됩니다(주식 종목들 간의 분산, 자산군 간의 분산). 앞서 살펴본 '분산투자'의 원리는 거시적인 투자의 관점에서 접근한 것입니다. 지금부터는 변동성을 원하는 수준으로 자유자재로 조절하여 나의 투자 성향에 맞게 위험자산과 안전자산의 비중을 조절하는 기법을 살펴보겠습니다.

변동성 조절의 원리와 기법을 이용하면 같은 종목을 남들과 똑같은 타이밍에 사고팔 수 있습니다. 그럼으로써 남들보다 훨씬 더 큰 수익을 낼 수도 있고, 경우에 따라서는 심지어 남들이 손실을 볼 때 수익을 볼 수도 있습니다. 뿐만 아니라 레버리지 상품의 위험을 최소화하여 안정적이면서 높은 수익도 노릴 수 있습니다. 변동성이라는 주제는 투자에 있어 손실을 줄이고, 수익을 극대화시키는 핵심 요소이기 때문에 아주 중요합니다.

변동성 조절의 원리를 알기 위해서는 간단한 기초 지식이 필요합니다. 우선 변동성 조절이라는 무기를 잘 다루기 위해서는 먼저 필수적으로 알아야 할 내용이 있습니다. 그 내용은 산술평균과 기하평균입니다.

⑤ 산술평균이란

산술평균이 우리가 일반적으로 알고 있는 평균입니다. 어떤 수들을 다 합한 후 대상의 총 개수로 나눈 값이지요. 즉 산술평균은 더한 값의 평균입니다. 예를 들어 10, 20, 30 이라는 수들의 산술평균은 (10+20+30) / 3으로 20이 됩니다. 산술평균보다 더 중요한 개념은 기하평균입니다.

🖏 기하평균이란

기하평균은 어떤 수들을 다 곱한 후, 그 값의 n 제곱근을 취한 값입니다.

예를 들어 10, 20, 30이라는 수들의 기하평균은 $(10 \times 20 \times 30)^{(1/3)}$으로 18.17 입니다. 즉 $( ) \times ( ) \times ( ) = ( )^3 = 10 \times 20 \times 30$에서 ( )에 해당하는 값이 기하평균입니다. 쉽게 말하면 기하평균은 곱한 값의 평균입니다.

산술평균에 대해서는 개념적으로 잘 알고 있을 것이라고 생각하지만, 기하평균의 개념에 대해서는 왠지 낯설고 개념적으로 와 닿지 않을 수도 있을 것입니다.

핵심을 다시 한 번 확인해보겠습니다.

- 산술평균 = 더한 값의 평균(더했기 때문에 총합을 n수로 나눠준 값)
- 기하평균 = 곱한 값의 평균(곱했기 때문에 총곱을 1/n 승 처리해준 값)

기하평균이 왜 중요한가

그렇다면 왜 기하평균이라는 개념이 그토록 중요할까요? 그 이유는 주가 수익률의 움직임은 합이 아닌 곱이기 때문입니다. 다른 말로 표현하면, 주가(비단 주식뿐만 아니라 모든 투자 자산에 해당)의 움직임은 복리로 움직인다고 표현할 수 있습니다.

기하평균이 중요한 이유는 주가는 합이 아닌 곱으로 움직이는데, 곱의 움직임이 아닌 합의 움직임인 산술평균을 적용하면 수익률 계산에 큰 오류가 발생하게 됩니다.

합으로 움직인다? 곱으로 움직인다?

주가의 움직임이 합이 아닌 곱으로 움직인다는 것이 무슨 의미일까요? 간단한 예로 확인해보겠습니다. 어떤 주식의 2017년 1월~3월의 주가 움직임을 살펴보겠습니다. 이 주식의 주가가 1월 30% 상승, 2월 10% 상승, 3월 50% 하락했다면, 최종적으로 몇 % 수익(또는 이익)이 발생한 것일까요?

대부분의 사람이 이렇게 단순하게 계산합니다.

30 + 10 − 50 = −10%, 즉 10% 손실이고, 평균을 내면 −10/3 = −3.3%이므로 매월 평균 3.3% 하락했다고 계산합니다. 하지만 이것은 완전히 잘못된 계산입니다. 그 이유는 주가는 복리로 움직이기 때문입니다.

이 예에서 1월에 30% 상승했다면, 처음 투자 시점의 자산이 1이라면 1월 말 자산은 1 + 0.3 = 1.3 이 됩니다. 즉 1 → 1.3으로 불어난 상태에서 2월에 또 10% 수익이 나므로, 2월 말 자산은 1.3 × (1 + 0.1) = 1.43, 즉 43% 수익입니다. 단순히 1 + 0.3 + 0.1 = 1.4 이므로 40% 수익이 아닙니다.

여기서 마지막 달에 50% 손실을 보게 되면 1.43 × (1 − 0.5) = 0.715가 됩니다. 즉 처음 투자 자산 1이 0.715가 되었으므로 최종적으로는 28.5% 손실입니다. 단순하게 1 + 0.3 − 0.5 = 0.8, 즉 20% 손실이 아니라는 것이지요.

주가의 움직임은 등락률이 발생한 결과값을 기준으로 새로운 등락폭이 지속적으로 반영됩니다. 그러므로 복리, 즉 곱으로 움직이기 때문에 최종적인 수익률을 제대로 구하기 위해서는 다음과 같이 계산됩니다.

1 + 0.3 + 0.1 − 0.5 = 0.8, 20% 손실이 아니라, (1 + 0.3) × (1 + 0.1) × (1 − 0.5) = 0.715, 28.5% 손실로 계산됩니다. 따라서 매월 평균 수익을 구하기 위해서는 곱의 평균인 기하평균을 적용해야 하므로 다음과 같이 계산해야 합니다.

( )×( )×( ) = ( )^3 = 0.715

( ) = 0.715^(1/3)

( ) = 0.894…. 대략 11% 정도 월 평균 손실로 계산됩니다.

주가의 움직임은 복리, 즉 곱으로 움직이기 때문에 투자 시 수익과 손실률을 계산하거나 관리하려고 할 때 산술평균과 기하평균 간의 차이가 발생합니다. 그러므로 단순한 산술평균으로 계산하면 큰 오류가 발생합니다.

산술평균과 기하평균 간의 차이, 즉 단리와 복리의 차이는 손익률의 크기가 커지면 훨씬 더 커집니다. 이런 사실을 간과한 채 그냥 단순하게 단리적인 개념에 빠져 있으면 나중에 분명히 수익이 나야 할 것 같은데, 오히려 큰 손실이 나고도 왜 손실이 발생했는지 모르는 사태가 발생합니다. 그렇기 때문에 복리의 개념, 곱의 움직임, 기하평균의 개념이 중요한 것입니다.

복리, 곱의 움직임, 기하평균을 모르면 어떤 사태가 발생할까

'까짓거 뭐 그리 복잡하게 따져? 그거 모른다고 대체 무슨 큰 차이가 날까?'라고 의구심을 갖는 분들을 위해 답을 알려드리겠습니다. 산술평균과 기하평균의 차이를 알면, 남들과 똑같은 종목을 똑같은 가격에 사서 똑같은 가격에 팔았을 때, 남들이 −40% 손실을 볼 때 나는 20% 수익을 올릴 수 있습니다. 이렇게 큰 차이가 발생하는 것입니다.

기하평균의 속성을 이용하면 똑같은 손익률을 기록한 투자에서도 얼마든지 손익률을 내 마음대로 조절할 수 있는 비법을 알게 됩니다. 그래서 중요한 것입니다. 변동성 조절이라는 방법도 결국은 기하평균의 속성에 기인한 것입니다.

그렇다면 기하평균의 속성을 제대로 알아보도록 하겠습니다.

🖐 기하평균의 성질

기하평균의 중요한 성질을 간단하게 설명하면 기하평균은 수익 또는 손실이 똑같이 연속해서 발생하는 경우 산술평균보다 유리하게 작용한다는 것입니다.

> **예** 10% 수익 + 10% 수익 = $(1+0.1) \times (1+0.1) = 1 + 0.1 + 0.1 + 0.1 \times 0.1 = 1.21$
>
> 10% 손실 + 10% 손실 = $(1-0.1) \times (1-0.1) = 1 - 0.1 - 0.1 + 0.1 \times 0.1 = 0.81$

수익과 손실이 번갈아 나타나면 기하평균은 산술평균보다 불리하게 작용합니다.

> **예** 10% 수익 + 10% 손실 = $(1+0.1) \times (1-0.1) = 1 - 0.1 + 0.1 - 0.1 \times 0.1 = 0.99$

단순하게 수익률의 합으로 생각하면 10% 수익이 난 후 또 10% 수익이 났으면 $1+0.1+0.1 = 1.2$가 되어야 하는데, 곱의 움직임으로는 1.21로 0.01이 더 커졌습니다. 10% 손실이 2번 연속 발생하면 $1-0.1-0.1 = 0.8$로 20% 손실이어야 할 것 같은데, 곱의 움직임으로는 0.81, 즉 19% 손실입니다. 하지만 10% 수익, 10% 손실이 번갈아 나타나면 $1+0.1-0.1 = 1$, 원금 그대로일 것 같은데, 0.99로 0.01이 더 낮게 나왔습니다.

곱의 움직임(기하평균)이 합의 움직임(산술평균)과
차이가 나는 이유는 무엇일까

그렇다면 왜 이런 미세한 차이가 발생하는 걸까요? 위의 수식을 유심히 관찰해보면 그 비밀을 알 수 있습니다. 두 달 동안 투자했을 때, 첫째 달에는 a만큼의 손익이, 두 번째 달에 b만큼의 손익이 발생했는데, 원금은 1로 가정합니다.

이때 일반적으로 수익률의 합으로 계산하는 최종 자산은 $1+a+b$가 되겠지요? 하지만 실제로 정확한 투자 후 원금은 $(1+a) \times (1+b) = 1+a+b+ab$가 됩니다.

합의 계산과 곱의 계산 사이에 무슨 차이가 있을까요? 그렇죠, ab라는 차이가 있습니다. 이것이 바로 핵심입니다.

양수×양수＝양수, 음수×음수＝양수이므로, 실제적으로는 투자에서 같은 방향으로의 손익(수익 and 수익, 또는 손실 and 손실)이 발생하면, 직관적으로 두 수익률을 더한 값보다 수익이 ab만큼 더 납니다. 하지만 양수×음수 (음수 ×양수)＝음수이므로, 방향성이 다른 수익과 손실이 연속되면 ab가 음수이므로 합으로 계산한 수익률보다 ab만큼 더 손실을 보게 됩니다. 이 ab를 관리하는 것이 바로 변동성 조절의 핵심이라고 할 수 있습니다.

ab의 값이 상대적으로 작으면 직관적으로 손익을 더한 값과 큰 차이가 없지만, ab값이 커지면 더한 값과 격차가 크게 벌어지게 됩니다. 물론 수익이 나는 방향으로 작용하면 좋겠지만, 방향성이 달라 손실이 나는 방향으로 작용한다면 어떻게 될까요? 그 차이는 어마어마하고 여러분의 투자 성패를 결정할 정도의 수준일 수도 있습니다.

따라서 손익의 크기가 큰 (변동성이 큰) 투자 (ab가 커져 손실이 예상보다 훨씬 커질 수 있음)라면 손실을 줄이고 수익을 늘리기 위해 반드시 현금 비중을 올리는 방법으로 변동성을 조절해야 합니다.

💲 남들이 40% 손실 볼 때 20% 수익 내는 법

자, 그렇다면 이제 본론으로 돌아와서 다른 사람이 40% 손실을 볼 때 20% 수익을 내는 법을 알아보도록 하겠습니다. 나와 내 친구가 똑같은 코스닥 종목에 두 달 동안 투자했습니다. 매수 타이밍과 매도 타이밍도 똑같았습니다. 첫째 달에 200% 수익이 났는데, 둘째 달에는 80% 폭락했습니다. 그런데 친구는 울상을 지었습니다. 두 달간의 투자 동안 총 40% 손실을 봤다고요. 그런데 나는 오히려 22% 수익이 났습니다.

내 친구와 나의 차이는 무엇이었을까요?

친구는 주식에 100% 투자를 했습니다. 그런데 나는 주식에 30%만 투자하고, 나머지 70%는 현금으로 보유했습니다. 이 차이입니다. 즉 친구와 나는 현금 비중만 차이가 났는데, 결과적으로 수익률에서 엄청난 차이가 발생했습니다. 그 이유를 수익률로 계산해볼까요?

친구 $= (1+2) \times (1-0.8) = 1 - 0.8 + 2 - 2 \times 0.8 = 0.6$, 40% 손실

나 $= (1+2 \times 0.3) \times (1-0.8 \times 0.3) = 1.22$, 22% 수익

친구의 경우 산술적인 합의 수익률은 $1 + 2 - 0.8 = 2.2$로 120% 수익이 나야 할 것 같지만, 앞서 살펴본 곱의 공식에서 ab 값이 크게 작용해서 수익률을 크게 갉아먹은 것입니다.

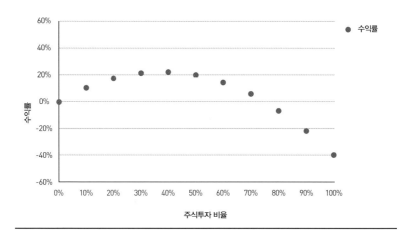

그림 3-8 **주식투자 비율에 따른 투자 수익률**

하지만 나는 이러한 속성을 잘 알고 있었기 때문에, 변동성이 극도로 커지는 종목에서 변동성을 줄임으로써 손실을 수익으로 전환을 할 수 있었습니다. 즉 주식에 1/10만 투자함으로써 200% 수익 이후 80% 손실이 나는 구조를, 20% 수익 이후 8% 손실이 나는 구조로 바꾸었습니다. 그렇기 때문에 앞의 공식에서 a+b의 값도 작아지긴 하지만, ab에 의한 손실폭이 현저하게 줄어들어 손실을 오히려 수익으로 바꾼 것입니다.

$(1+a) \times (1+b) = 1+a+b+ab$에서 ab가 음수인 경우 지나치게 커지면 a+b라는 수익까지도 갉아먹게 됩니다. 그렇기 때문에 주식의 투자 비중을 줄이고 현금비율을 높여 손실을 줄이고 수익을 높이는 것입니다.

일반적으로 2번의 투자에서 각각 a, b만큼의 손익이 발생할 때, 주식투자비율을 x로 가정하면, 투자 후 자산 = $(1+ax) \times (1+bx) = abx^2 + (a+b)x + 1$이 되므로, 이 값이 최대로 되는 x값은 이 함수를 미분해서 구하면,

x = -(a+b) / 2ab가 됩니다. 즉 200%, -80%에서 a와 b는 각각 2와 -0.8이 되므로 이 값을 대입하면 0.38, 즉 38%가 됩니다.

지금의 예에서 살펴본 200% 수익 이후 80% 손실이 발생했을 경우 최적의 주식투자비율을 계산하면 38%입니다. 이때 수익이 22.5%로 최대가 됩니다.

⑤ 기하평균의 성질이 시사하는 바는 무엇인가

좀 골치 아프셨나요? 그러면 이제 투자할 때마다 수익률을 최대로 하기 위해 자산의 손익률 분포를 구한 후 복잡한 공식에 대입해서 최적의 투자비율을 정해야 하는 걸까요?

그건 아닙니다. 앞의 예는 수익률이 이미 결정된 이후의 예를 공부 목적으로 확인한 것입니다. 그러나 실제 투자에서는 매매하는 종목의 수익률이 어떻게 될지 전혀 알 수가 없기 때문에 이런 식으로 구하는 것은 의미가 없습니다.

지금까지 살펴본 내용이 시사하는 내용은 결국 한 가지입니다. 변동성이 지나치게 크면, 투자 수익에 큰 손실과 악영향을 줄 수 있기 때문에 변동성을 충분히 상쇄하는 수준으로 현금을 혼합하는 것이 중요합니다. 이는 골치 아프고 성가신 수학이 아니라 수익률과 직결되는 아주 중요한 개념임을 명심하십시오.

다시 한 번 정리하면 지나치게 큰 변동성은 수익률을 갉아먹기 때문에, 현금 비중을 높이는 방법으로 관리해서 손실을 오히려 수익으로 전환할 수도 있다는 것입니다.

이제 실제 투자에서 변동성을 줄여서 수익을 올리는 두 가지 테크닉과 실제 사례를 살펴보겠습니다.

시장을 이기는 방법
3 변동성 조절 전략

Q 핵심 요약

1. 변동성이 큰 자산에 투자할 경우 현금 비중을 높은 수준으로 고정한 채로 주기적으로 리밸런싱하면 투자 손실을 크게 줄일 수 있다.
2. 현금 비중은 고정된 비율로 정할 수도 있고, 투자 자산의 변동폭을 반영하여 정할 수도 있다.

투자를 할 때 변동성이 지나치게 커지면 손실이 커지고 수익이 줄어들기 때문에, 적절한 수준으로 변동성을 조절해야 손실을 줄이고 수익을 높일 수 있습니다.

이번 장에서는 변동성을 조절하는 두 가지 방법(고정비율 투자법, 변동성 목표치 조절법) 중 고정비율 투자법에 대해 먼저 알아보고, 실제 투자에 적용해 보겠습니다.

💲 고정비율 투자법

고정비율 투자법이란 변동성이 큰 자산의 투자비율을 고정된 비율로 낮추어 투자하는 방법입니다. 고정비율 투자법은 지극히 단순한 방법인데, 이 방법을 주식투자에 응용하면 아주 쉽게 안정된 수익을 낼 수 있습니다.

이 방법의 특징은 다음과 같습니다.

1. 매월 1회 매매
2. 시장 상황과 무관하게 안정적 수익 가능
3. 폭락장에도 손실이 크지 않음
4. 장기적으로 안정적인 수익 달성
5. 복잡한 기술적 지표나 매매기법이 전혀 필요 없음
6. 초등학교 3학년도 따라 할 수 있음

투자 방법은 다음과 같습니다.

1. 마음에 드는 우량주 선택(예: 삼성 전자)
2. 선정한 종목 매수(단, 투자 자금의 10%만 매수, 나머지 90%는 단기 국고채 ETF 에 투자)
3. 매달 마지막 거래일에 주식 : 국고채 비중 = 1 : 9로 리밸런싱

예를 들어 1,000만 원으로 투자한다고 가정하면, 이번 달 말에 삼성전자 주식에 100만 원, 국고채 ETF에 나머지 900만 원을 투자합니다. 다음 달 말일에 삼성전자 주식이 올라 평가액이 110만 원이 되고 국고채는 900만 원 그대로였다면, 총투자 금액＝110만 원＋900만 원＝1,010만 원이므로, 이를 1:9로 배분하면 101만 원 : 909만 원이 됩니다. 즉 삼성전자 수익금 중 9만 원을 인출하여 국고채 ETF에 불입하면 이렇게 맞출 수 있습니다(물론 삼성전자 1주가 100만 원이 넘어가므로, 1만 원어치만 팔 수는 없습니다. 여기서 예를 든 것은 이런 식으로 리밸런싱을 한다는 의미입니다). 이 과정을 매달 계속 반복하면 됩니다.

그럼 결과를 살펴볼까요? 우선 이 전략을 사용하지 않고, 단순 매수 후 보유 전략을 사용했을 때의 결과는 〈그림 3-9〉와 같습니다.

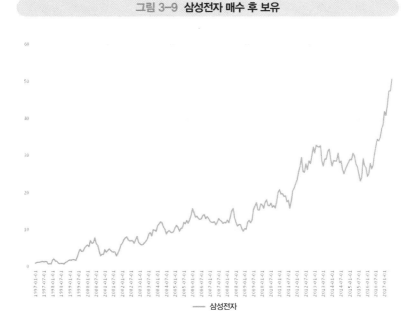

그림 3-9 삼성전자 매수 후 보유

── 삼성전자

1997년에 1,000만 원어치를 사두었다면 지금쯤 5억 원이 되었겠군요. 그런데 이 방법의 문제는 무엇일까요? 많은 사람이 진득하게 묵혀두고 기다리면 된다지만, 쉽지 않을뿐더러 바람직하지도 않습니다. 엄청난 손실과 인고의 시간을 견뎌야 하기 때문입니다. 그렇다면 앞에서 설명한 간단하고 쉬운 투자법의 결과는 어떨까요? 현금 수익률을 약 3%로 가정하고 계산한 결과는 〈그림 3-10〉과 같습니다.

파란색 선은 연복리 3% 국고채의 가상 수익곡선이고, 주황색선은 삼성전자에 10% 투자한 포트폴리오 전략 수익률입니다. 20여 년 동안 20배 대박은 못 쳐도 300% 수익은 냈습니다. 연복리로 따지면 5.6% 수익률입니다. 그

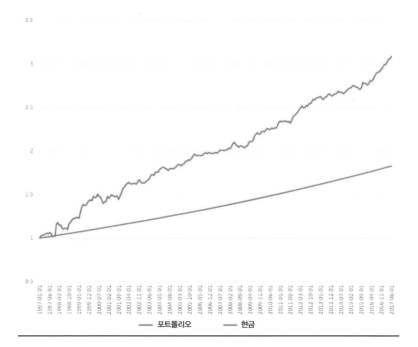

그림 3-10 삼성전자 : 현금 = 1 : 9 월간 리밸런싱 포트폴리오

것도 엄청나게 쉽고 단순한 방법으로 말이지요. 심지어 서브프라임 때 주식이 40% 폭락하는 상황에서도 이 포트폴리오는 불과 3%밖에 손실을 보지 않았습니다. 삼성전자 주식에 비밀이 있어서 그런 것 아니냐고요? 장기적으로 삼성전자가 상승해서 그런 거 아니냐고요? 별로 안 오르는 주식이나 떨어지는 주식, 코스닥 잡주는 다르게 나올 거라고요?

한 번 확인해볼까요? 똑같은 투자법으로 상승했다가 최근 몇 년간 지속적으로 하락하고 있는 포스코와 변동성이 큰 코스닥 종목인 스페코의 시뮬레이션 결과를 보여드리겠습니다. (그림 3-11~3-14 참고)

그림 3-11 포스코 변동성 조절 포트폴리오

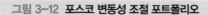

그림 3-12 포스코 변동성 조절 포트폴리오

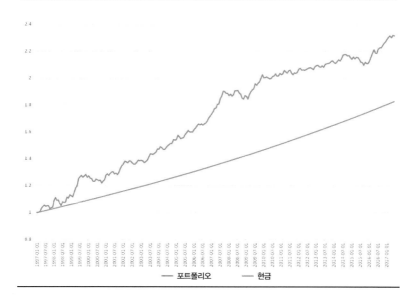

포트폴리오 ── 현금

그림 3-13 스페코 변동성 조절 포트폴리오

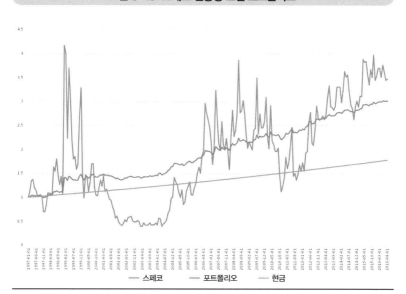

스페코 ── 포트폴리오 ── 현금

그림 3-14 스페코 변동성 조절 포트폴리오

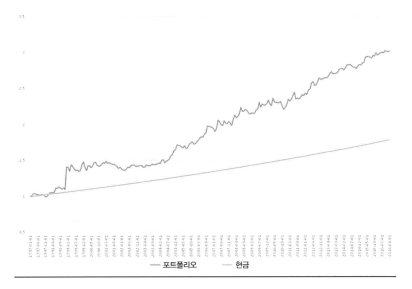

보는 바와 같이 대세 하락 구간에서도 수익곡선(회색선)은 상승하고, 〈그림 3-13〉의 스페코와 같이 수년간 지속적으로 거의 횡보만 하는 데도 수익은 안정적으로 올라가는 것을 확인할 수 있습니다. 물론 연평균 수익률은 5~6%대로 높지는 않아 실제로 투자하는 사람은 많지 않겠지만, 이 전략의 원리에 대해서는 깊이 생각해볼 가치가 있습니다.

이유가 무엇일까요? 대체 이렇게 단순한 방법에 어떤 원리가 숨어 있을까요? 답은 다음 3가지 요소 때문입니다.

1. 큰 수익을 내는 것보다 큰 손실을 줄이는 것이 수학적으로 안정적인 수

익을 낼 수 있습니다.

2. 상관관계가 낮은 종목으로 포트폴리오를 리밸런싱하면 단순히 두 종목을 보유한 평균 수익보다 추가적인 수익을 더 노릴 수 있습니다(리밸런싱 효과).

3. 포트폴리오 리밸런싱의 효과는 추세장보다는 횡보장에서 더 극대화되는데, 주식시장의 2/3는 횡보장입니다.

이처럼 지극히 단순하지만 수익을 낼 수밖에 없는 구조가 숨어 있습니다. 그런데 대부분의 투자자는 어떻게 할까요? 수학적으로 수익이 날 수밖에 없는 구조와 정반대로 하기 때문에 수학적으로 실패할 수밖에 없습니다. 확인해볼까요? 대부분의 투자자가 하는 방식은 다음과 같습니다.

1. 주식으로 돈을 벌려면 큰 수익률을 내야 하므로, 손실이 커도 일단 큰 수익 위주로 투자합니다.

2. 상관관계가 낮은 종목으로 포트폴리오를 구성하면 수익을 갉아먹으므로, 괜찮은 한 종목에 올인합니다.

3. 현금이나 채권 따위는 '수익'을 안 주기 때문에, 초보들이나 혼합하는 것입니다.

4. 손실을 안 보는 기법이나 비기를 찾아서 익히면 됩니다.

당신의 투자 방식은 어떻습니까?

주식시장에서 장기적으로 여러분이 살아남을 수 있는 방법은 강력한 수익을 추구하는 것이 아니라, 손실을 줄이는 것임을 명심하시기 바랍니다. 손실을 줄이면 수익은 자연적으로 따라오지만, 손실을 생각하지 않고 수익만 추구하려고 하면, 수익마저 날아가버립니다.

이처럼 고정비율 투자법에서는 주식투자비율을 항상 특정 비율로 고정하고 나머지는 안전자산에 투자합니다. 그렇다면 몇 %를 투자해야 할까요? 여기에는 당연히 정답이 없습니다. 투자 자산의 변동성이 크면 그에 비례하여 투자비율을 줄여야 하고, 변동성이 상대적으로 작으면 조금 늘려도 될 것입니다.

또한 본인의 투자 성향에 따라 고위험 대비 고수익을 원한다면 투자비율을 상대적으로 늘릴 수도 있을 것입니다. 그리고 안정성을 최우선으로 한다면 투자비율을 조금 더 보수적으로 유지할 수 있을 것입니다.

그렇다면 코스피지수에 특정비율을 고정해서 투자하고, 나머지 비율은 현금(연 3%대 단기 국고채 가정)으로 유지하여 매월 리밸런싱하는 전략을 살펴보겠습니다.

시뮬레이션 방법

주식(코스피) : 현금(단기 국고채) = 100 % : 0%

주식(코스피) : 현금(단기 국고채) = 75 % : 25%

주식(코스피) : 현금(단기 국고채) = 50 % : 50%

주식(코스피) : 현금(단기 국고채) = 25 % : 75%

주식(코스피) : 현금(단기 국고채) = 10 % : 90%

이렇게 투자를 시작하여 매월 상기 정해진 비율대로 리밸런싱합니다.

〈그림 3-15〉에서 보는 바와 같이 강력한 수익만을 노리고 주식에만 100%, 75% 투자하면 최대 손실률이 −60%, 70%까지 갈 수도 있다는 사실을 확인할 수 있습니다. 어쩌면 2008년 금융위기 같은 지극히 드문, 극단적인 상황에서만 코스피지수가 반 토막 날 수 있을 거라고 생각할지도 모릅니다. 하지만 IMF 때나 2000년 초 IT 버블 붕괴 때는 2008년보다 훨씬 더 심한 폭락장이었습니다.

투자해서 70% 가까이 손실만 나는 경우는 코스닥 잡주에만 해당하는 것

그림 3-15 **코스피지수 변동성 조절 포트폴리오**

	주식 100%	주식 75%	주식 50%	주식 25%	주식 10%
연평균수익률	9.1%	8.3%	7.0%	5.2%	3.9%
최대 손실률	-73.1%	-59.7%	-41.6%	-18.6%	-4.8%

이 아니라, 종합주가지수에 장기투자하는 과정도 예외가 아니라는 사실을 알고 투자해야 합니다. 이는 비단 우리나라에만 국한되는 것도 아니고, 전 세계 어느 나라나 다 마찬가지입니다. 앞으로도 얼마든지 더 심한 폭락장이 올 수 있으며, 이는 전혀 이상한 일이 아닙니다. 그래서 더더욱 손실을 관리 하는 것이 중요한 것입니다.

최대 손실률이 20% 이상 넘어가면 일관된 원칙으로 장기간 투자하기가 심리적으로 불가능해집니다. 따라서 주식의 투자비율을 현저하게 낮추어 변동성을 줄여주면 안정적인 수익을 낼 수 있습니다. 비록 수익의 폭이 작긴 하지만, 욕심을 부리다가 반 토막이 났을 때 손절하고 다시는 주식을 쳐다보 지 않는 것보다는 훨씬 낫지요? 주식에 25%, 10% 투자했을 때를 비교해봅

그림 3-16 코스피지수 25% / 10% 월간 리밸런싱 포트폴리오 수익곡선

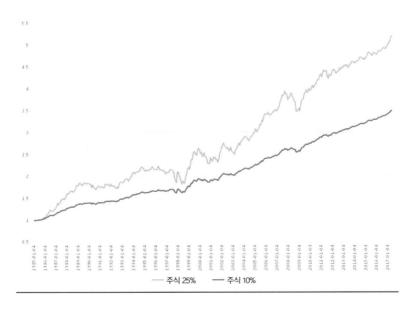

시다(그림 3-16).

주식투자로 수익은커녕 맨날 계좌는 −20~−30%로 멍들어 있으면서 연 100% 수익률의 허상만 좇는 것보다는 차라리 현실을 인정하고 연복리 5%라도 쉽고 안정적으로 챙기는 것이 훨씬 현명한 길입니다.

고정비율 투자는 매우 단순하다는 장점이 있습니다. 하지만 시장이 하락하는 구간에서도 비중을 똑같이 유지해야 하므로, 그로 인한 손실은 어쩔 수 없다는 단점이 있습니다. 물론 주식의 비중을 10% 정도로 많이 줄이면 손실의 폭도 크지 않지만, 그래도 상대적으로는 손실을 보는 것은 피할 수 없습니다.

자, 그렇다면 이 고정비율 투자법의 단점을 어떻게 해결하면 될까요? 평균 모멘텀 스코어 전략을 적용하면 됩니다. 평균 모멘텀 스코어 비중 전략은 추세의 강도에 비례하여 투자비율을 상대적으로 조절하는 방식이었습니다 (상승세 강하면 주식 비중 증가, 하락세 강하면 현금 비중 증가).

고정비율 투자법+평균 모멘텀 스코어 비중 전략

- 매월 말 코스피지수의 12개월 평균 모멘텀 스코어를 구한다.
- 미리 정해놓은 고정비율(25%)과 평균 모멘텀 스코어를 곱한 비율이 주식투자비율, 나머지가 현금비율
- 매월 말 이 비율을 계산하여 리밸런싱한다.

  예 코스피 고정 투자 비율 25%, 코스피 평균 모멘텀 스코어 0.5 인 경우
- 주식투자비율 = 25% × 0.5 = 12.5%,
- 현금 투자비율 = 100% − 12.5% = 87.5%

〈그림 3-17〉에서 보는 바와 같이 연평균수익률은 같지만, 최대 손실률은 1/3 이하로 줄어든 것을 확인할 수 있습니다. 이런 결과가 나온 이유는 급락이나 장기 하락에 의한 손실을 모멘텀 전략을 이용해서 효과적으로 감소시켰기 때문입니다. 모멘텀 전략(추세추종 전략)의 최대 장점인 훨씬 작은 위험으로도 비슷한 수준의 수익을 얻을 수 있다는 것입니다.

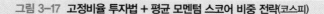

그림 3-17 고정비율 투자법 + 평균 모멘텀 스코어 비중 전략(코스피)

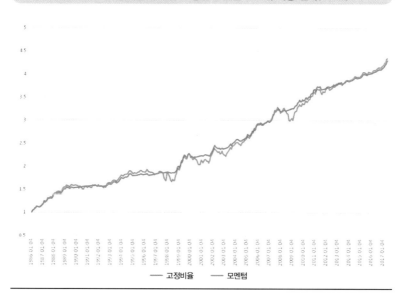

	고정비율	모멘텀
연평균수익률	5.2%	5.2%
최대 손실률	-18.6%	-5.1%

자, 그렇다면 우리는 이 모델을 어떻게 더 발전시킬 수 있을까요? 한 가지 요소만 더 추가하면 동일한 수준의 위험으로도 수익률을 훨씬 더 높일 수 있습니다. 그 방법은 바로 레버리지를 이용하는 것입니다. 지금부터는 레버리지 ETF에 투자하기 위해 필수적으로 알아야 할 내용과 주의점을 살펴보겠습니다.

💲 레버리지 ETF를 이용한 고정비율 전략

레버리지 ETF란

레버리지leverage란 영어로 '지렛대'를 의미합니다. 일상생활에서 지렛대를 이용하면 작은 힘으로도 몇 배나 무거운 물체를 쉽게 들어올릴 수 있습니다. 이처럼 레버리지 ETFLeverated ETF란 기초자산의 일간 수익률의 특정 배수를 추종하여 움직이는 ETF를 의미합니다.

레버리지 ETF는 파생상품을 결합하여, 우리가 투자하는 기초자산의 일간 수익률을 2배, 3배로 뻥튀기 시켜줍니다. 쉽게 설명하면, 코스피 2배 레버리지 ETF는 코스피지수가 하루에 1% 오를 때 2% 오르고, 1% 떨어질 때 2% 떨어지는 구조입니다. 레버리지는 인버스 방향도 설계가 가능합니다. 코스피 인버스 2배 레버리지 ETF가 있다면, 코스피지수가 하루에 1% 오를 때 2% 떨어지고, 1% 떨어질 때 2% 오르는 구조입니다.

레버리지 ETF의 치명적인 단점 – 변동성 손실

레버리지 ETF 투자자 중 많은 사람이 레버리지 ETF의 본질적인 위험성에 대해 잘 모르는 경우가 많습니다.

'오를 때 2배로 오르니 떨어질 때 2배로 손실이 커진다는 것은 당연히 알고 있지.'

지금 설명하려는 내용은 이것이 아닙니다. 결론부터 말하자면, 레버리지 ETF는 기초 추적지수가 횡보할 때, 지속적으로 손실이 발생하는 경우가 발생한다는 치명적인 단점이 있습니다.

통계적으로 시장의 2/3는 횡보장이라는 점을 감안한다면 이러한 이유로 인해 레버리지 ETF를 '매수 후 보유' 방식으로 장기투자하는 경우 기초자산은 가만히 있는데 레버리지 ETF는 계속 손실이 발생하는 황당한 사태가 발생합니다. 그 이유는 무엇일까요?

레버리지 ETF 움직임의 구조 – 일간 추적 수익률의 배수에 연동

레버리지 ETF는 추적자산의 일간 수익률의 배수에 연동합니다. 이러한 이유로 레버리지 ETF의 특정 기간 수익률은 동일 기간 기초자산의 수익률 배수와 정확히 연동되지 않습니다.

쉽게 설명하자면 최근 3개월간 코스피지수가 10% 상승했다면, 2배 레버리지 ETF가 반드시 20% 상승하는 것은 아니라는 겁니다. 하락한 경우도 마찬가지입니다. 심지어는 3개월간 코스피지수가 횡보해서 1% 수익이 났는데, 2배 레버리지 ETF는 2% 수익은 고사하고 −10% 손실이 발생하는 경우도 가능합니다.

왜 이런 현상이 발생하는 걸까요?

그 이유는 레버리지 ETF 또한 복리로 움직이기 때문입니다. 레버리지 ETF는 추세가 뚜렷하게 나타나는 장세(상승이건 하락이건)에서 장점이 극대화됩니다. 하지만 횡보장에서는 투자를 안 하느니만 못 하게 손실만 누적됩니다.

상승장에서 기초자산이 30% 상승할 때, 2배 레버리지는 경우에 따라 60%
가 아니라 90%, 100%도 상승할 수 있습니다. 그리고 하락장에서 기초자산
이 30% 하락할 때 2배 레버리지는 −60% 손실이 아니라, 그보다 작은 손실
인 −40%로 마무리되는 경우도 있습니다.

횡보장에서는 기초자산은 그대로인데, 레버리지는 지속적으로 손실을 볼
수도 있습니다. 즉 레버리지 ETF는 한쪽 방향으로 움직이는 경우에 유리하
다는 의미입니다.

그 이유를 알아보기 위해 간단한 계산을 해보겠습니다. 코스피지수를 2배
추적하는 레버리지 ETF를 가정하여 살펴보겠습니다.

A. 코스피지수가 2일 연속으로 10% 상승한 경우(엄청난 폭등장)
- 코스피지수 : $1.1 \times 1.1 = 1.21$, 21% 상승
- 2배 레버리지 지수 : $1.2 \times 1.2 = 1.44$, 44% 상승

  21%의 2배는 42%인데 2%의 추가 상승

B. 코스피지수가 2일 연속으로 10% 하락한 경우(대폭락장)
- 코스피지수 : $0.9 \times 0.9 = 0.81$, 19% 하락
- 2배 레버리지 지수 : $0.8 \times 0.8 = 0.64$, 36% 하락

  19%의 2배 하락은 38% 하락인데, 2% 덜 하락

C. 코스피지수가 하루는 10% 상승, 하루는 10% 하락
- 코스피지수 : $1.1 \times 0.9 = 0.99$, 1% 하락

- 2배 레버리지 지수 : 1.2×0.8 = 0.96, 4% 하락

1% 하락의 2배는 2% 하락인데, 2% 추가 하락

그 이유는 바로 일간 복리 효과 때문입니다. 위의 계산을 일반화시켜 보겠습니다.

A. 코스피지수가 2일 연속으로 a% 상승 시

- 코스피지수 : $(1+a)×(1+a)=1+2a+a^2$

- 2배 레버리지 지수 : $(1+2a)×(1+2a)=1+4a+4a^2$

- 단순 2배 레버리지 상승 계산 : $1+4a(2a×2)$

단순히 단리로 2배 오른 것보다 레버리지 지수에서 $4a^2$의 추가 수익

B. 코스피지수가 2일 연속으로 a% 하락 시

- 코스피지수 : $(1-a)×(1-a)=1-2a+a^2$

- 2배 레버리지 지수 : $(1-2a)×(1-2a)=1-4a+4a^2$

- 단순 2배 레버리지 하락 계산 : $1-4a(-2a×2)$

단순히 단리로 2배 하락 것보다 레버리지 지수에서 $4a^2$의 추가 수익

C. 코스피지수가 하루는 a% 상승, 다음 날은 a% 하락 시

- 코스피지수 : $(1+a)×(1-a)=1-a^2$

- 2배 레버리지 지수 : $(1+2a)×(1-2a)=1-4a^2$

- 단순 2배 레버리지 상승 계산 : $0(2a-2a)$

단순히 2배 등락한 것보다 레버리지 지수에서 $-4a^2$의 추가 손실

즉 레버리지 ETF는 기초자산의 하루 등락률을 배수 기준으로 매일 복리로 계산되는 구조입니다. 때문에 수학적으로 계산상 한쪽 방향으로만 움직여야 추가 수익이 발생하게 됩니다.

방향이 반대로 바뀌면 손실이 발생합니다. 따라서 레버리지 ETF는 방향이 바뀌는(플러스, 마이너스) 횡보장에서 수학적으로 반드시 추가 손실이 나는 구조입니다. 반면 추세장에서는 장점이 극대화되지요.

그렇다면 우리가 레버리지 ETF를 투자할 때 주의해야 할 사항을 정리해보겠습니다.

1. 단순하게 장기간 '매수 후 보유'하지 않습니다.
   → 시장이 횡보하는 구간에 접어들면 가만히 있어도 추가 손실이 발생하여 누적됩니다.
2. 장기간 투자 시 주기적으로 액티브하게 비중을 조절합니다.
   → 변동성 손실 최소화
3. 추세장과 횡보장을 구분할 수 있다면 추세가 뚜렷한 상황에서만 선별적으로 투자합니다.

이제 레버리지 ETF의 구조에 대해 대략 이해하셨나요? 그렇다면 이제부터는 본격적으로 레버리지 ETF를 이용한 투자 모델을 만들어보겠습니다.

레버리지를 이용하는 것은 변동성 손실 효과가 있기 때문에 장기투자에 적합하지 않다는 것을 확인하였습니다. 그런데 어떻게 장기투자에서 레버리지를 이용할 수 있을까요? 결론부터 말하자면 그 이유는 레버리지는 변동성과 비중을 조절하지 않은 상태에서 무작정 장기간 '매수 후 보유'할 때는 위험하지만, 짧은 기간 단위로 리밸런싱하는 경우에는 변동성 손실 효과가 크지 않아 충분히 이용할 수 있습니다.

레버리지에 의한 변동성 손실(복리 효과)은 시간이 지날수록 커지지만, 한 달 정도의 짧은 기간 단위에서는 무시할 수 있는 정도입니다. 또한 변동성에 의한 손실은 변동성이 크면 더 커지므로, 현금비율을 높여서 변동성을 줄여주면 레버리지에 의한 효과는 미미해집니다. 즉 우리는 이렇게 레버리지의 치명적인 단점을 없앤 상태에서, 레버리지의 강력한 수익만 취하는 것입니다. 아직 감이 잘 잡히지 않을 것입니다. 직접 데이터를 보면서 확인해보도록 하겠습니다.

⑤ 코스피지수 vs 코스피 2배 레버리지 지수＊

코스피지수 vs 코스피 2배 레버리지 지수에 100% 투자, 매수 후 보유

〈그림 3-18〉에서 보듯이 레버리지에 투자하면 평균 수익률은 높았으나, 최악의 경우 전 자산의 95%가 날아가버리는 참사를 겪을 수도 있었습니다. 코스닥 잡주 저리 가라 입니다. 이래 가지고 투자하겠습니까? 변동성을 좀 더 팍 줄여보겠습니다.

코스피지수 10% / 현금 90% vs 코스피 레버리지 지수 10% / 현금 90%

〈그림 3-19〉에서 보듯이 현금혼합 전략을 이용해보았습니다. 어떻습니

＊코스피 2배 레버리지 지수는 코스피지수의 일간 수익률을 이용하여 가상으로 계산산출한 지수이므로 현재 상품으로 출시된 코스피200 레버리지 ETF의 실제 지수와는 차이가 있을 수 있습니다.

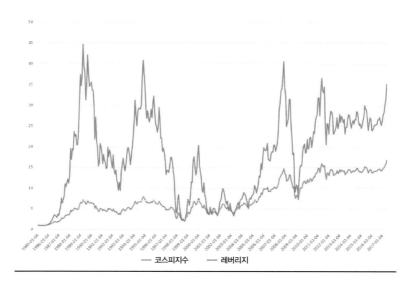

그림 3-18 **코스피지수 vs 코스피 2배 레버리지 지수**

	코스피지수	레버리지
연평균수익률	9.1%	11.6%
최대 손실률	-72.4%	-95.3%

까? 이 정도면 쓸 만하지요? 현금 비중을 높여 변동성을 줄였더니 최대 손실률도 감내할 만한 수준으로 떨어졌고, 연평균수익률도 꽤 올라갔습니다.

자, 그렇다면 여기서 퀴즈 하나!

코스피지수 20%＋현금 80% 투자한 것과 코스피 2배 레버리지 지수 10%＋현금 90% 투자한 것과는 어떤 차이가 있을까요? 코스피지수 20%＝코스피 2배 레버리지 지수 10%는 같은 효과니까 두 포트폴리오 결과도 같을 것 같나

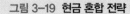
그림 3-19 현금 혼합 전략

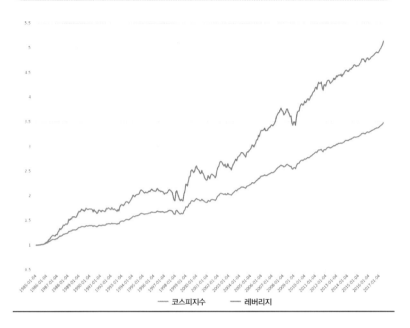

— 코스피지수   — 레버리지

	코스피지수	레버리지
연평균수익률	3.9%	5.2%
최대 손실률	-4.8%	-11.7%

요? 사실은 그렇지 않습니다.

코스피지수 20%+현금 80%보다 코스피 레버리지 지수 10%+현금 90%가 더 우월한 전략입니다. 왜 그럴까요? 그 이유는 후자의 경우 비슷한 주식 비중에서 현금비율이 10% 더 증가하기 때문입니다. 즉 코스피 2배 레버리지 지수에 10% 투자하는 것이 코스피지수에 20% 투자하는 것과 비슷한 효과가 있다고 볼 수 있습니다. 하지만 현금비율은 후자의 경우 주식의 레버리지를 이용하여 주식의 비율을 낮출 수 있으므로, 상대적으로 레버리지를 쓰지 않은 경우보다 현금 비중을 10% 더 늘릴 수 있는 효과가 발생하는 것입니다 (현금 80% vs 현금 90%). 그래서 손실폭은 비슷한 수준이지만, 수익률의 향상이 근소하게나마 발생하게 되는 것입니다.

〈그림 3-20〉은 코스피지수 20% + 현금 80% vs 코스피 2배 레버리지 지수

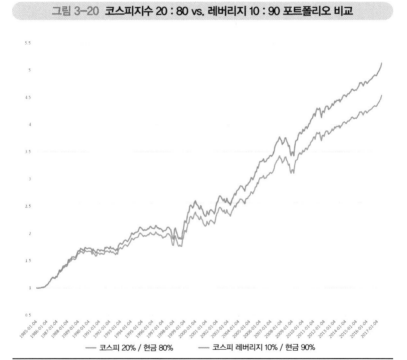

그림 3-20 **코스피지수 20 : 80 vs. 레버리지 10 : 90 포트폴리오 비교**

— 코스피 20% / 현금 80% — 코스피 레버리지 10% / 현금 90%

	코스피 20% + 현금 80%	코스피 레버리지 10% + 현금 90%
연평균수익률	4.77%	5.16%
최대 손실률	-13.0%	-11.7%

10%+현금 90% 포트폴리오를 비교한 것입니다. 수익률과 최대 손실폭 모두 레버리지 10% 포트폴리오가 더 우월합니다.

자, 그렇다면 이제 마지막 시뮬레이션은 어떻게 하면 될까요?

앞서 살펴본 고정비율 투자법+평균 모멘텀 스코어 비중을 레버리지에 적용해보도록 하겠습니다. 주식 비중 10%는 너무 작으니 25%로 올리고, 레버리지와 모멘텀을 사용하지 않는 전략까지 한꺼번에 비교해보겠습니다.

코스피 레버리지 지수 25% / 현금 75%+평균 모멘텀 비중 스코어 전략

〈그림 3-21〉의 그래프와 비교해보겠습니다. 차이점이 보이나요? 레버리지 모멘텀 전략은 레버리지 고정비율 전략에 비해 수익률은 비슷하면서도 최대 손실률은 거의 1/4 수준입니다.

지금까지 레버리지는 단순히 위험하다고 생각하셨나요?

레버리지를 강한 수익을 올리기 위한 수단으로 생각하면 물론 위험합니다. 왜냐하면 수익에 상응하는 수준의 손실도 함께 가져오기 때문이지요. 그런데 레버리지를 변동성이 작은 자산의 비중을 늘려주기 위한 도구로 사용하면 이렇게 훌륭한 결과를 얻을 수 있습니다.

똑같은 칼도 조폭이 쓰면 사람을 죽이는 도구가 되지만, 노련한 외과 의사가 쓰면 생명을 살리는 도구가 됩니다. 하지만 레버리지를 주연으로 활용하지 마시고, 조연으로 활용하십시오. 뭔가 답이 보이지 않나요?

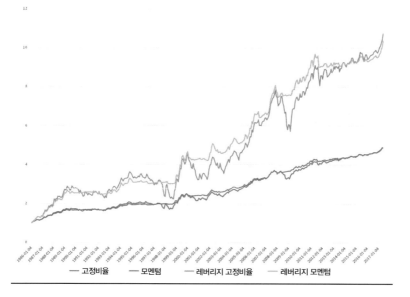

그림 3-21 코스피 레버리지 지수 25% / 현금 75% + 평균 모멘텀 비중 스코어 전략

— 고정비율　— 모멘텀　— 레버리지 고정비율　— 레버리지 모멘텀

	고정비율	모멘텀	레버리지 고정비율	레버리지 모멘텀
연평균수익률	5.2%	5.2%	7.9%	7.7%
최대 손실률	-18.6%	-5.1%	-38.3%	-9.9%

⑤ 레버리지 위험균형^{Risk Parity} 전략

지금까지 레버리지 ETF의 특징과 투자 시 유의할 점에 대해 알아보았습니다. 이제 레버리지 ETF를 이용한 위험균형 전략을 만들어보겠습니다.

레버리지 ETF를 이용한 주식 : 채권 위험균형 전략은 단순 ETF 대신 레버리지 ETF를 이용한다는 것만 차이가 날 뿐, 전략 자체는 기본 위험균형 전략과 동일합니다. 방법은 다음과 같습니다.

1. 최근 12개월간의 주식과 채권 레버리지 ETF의 월별 수익률을 매달 각
   각 구합니다.
2. 앞서 구한 12개월간의 월별 수익률의 표준편차를 계산합니다. 이것이
   주식 및 채권 레버리지 ETF의 변동성입니다.
3. 2에서 구한 변동성 계산 값의 역수에 주식 : 채권 레버리지 ETF에 투자
   합니다.

쉽게 얘기하면, 매달 주식과 채권의 최근 12개월간의 평균적인 등락폭을
계산한 뒤, 그 변동성에 반비례하는 비율로 투자하는 것입니다. 이번 달에
주식과 채권이 변동성의 비가 3:2였으면, 주식 : 채권 = 1/3 : 1/2로 투자하는
것입니다(주식40% : 채권 60%)

현재 국내에는 주식 2배 레버리지, 채권 2배 레버리지(10년 국고채 2배 레버
리지=사실상 20년 국고채 효과) 2종의 ETF가 상장되어 있습니다. 미국의 경우
20년 만기 국고채의 3배 레버리지까지도 있는 등 상당히 다양합니다.

국내에는 시뮬레이션 구간이 짧아 코스피200지수와 코스피 10년 만기 국
고채 지수를 바탕으로 2배 레버리지 인덱스를 생성한 데이터를 바탕으로 시
뮬레이션하였습니다. (그림 3-22)

(주의 : 기초 지수 데이터를 기반으로 일간 수익률의 2배를 적용한 데이터는 일간 리밸
런싱 비용과 체결 오차가 고려되지 않은 가상의 데이터이므로, 실제 성과는 아래 시뮬레
이션 결과와 차이를 보일 수 있습니다).

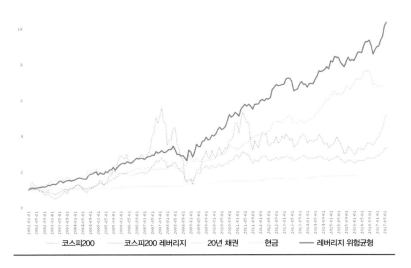

그림 3-22 **레버리지 위험균형 전략**(한국)

	코스피200	코스피200 레버리지	20년 채권	현금	레버리지 위험균형
연평균수익률	8.2%	11.3%	13.3%	4.0%	16.4%
최대 손실률	-47.0%	-76.8%	-20.7%	-2.0%	-23.5%

미국 데이터로 살펴볼까요? 시뮬레이션에 이용된 미국 레버리지 ETF는 다음과 같습니다.

- 주식 : 주식 2배 레버리지 지수(S&P 500 레버리지) = S&P500(× 2)
- 채권: 10년 국채 2배 레버리지 지수(20년 국채) = TLT(10년 만기 국채)

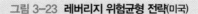
그림 3-23 **레버리지 위험균형 전략**(미국)

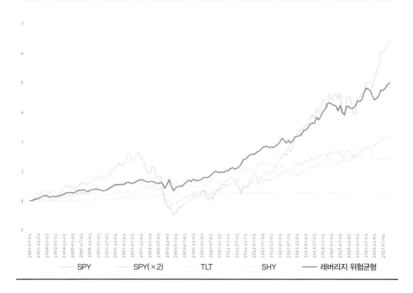

	SPY	SPY(×2)	TLT	SHY	레버리지 위험균형
연평균수익률	8.8%	14.3%	6.9%	2.0%	12.3%
최대 손실률	-50.8%	-80.2%	-21.8%	-1.2%	-21.8%

미국 데이터도 비슷하지요?

국내와 미국의 레버리지 위험균형 전략을 동일비중으로 분산투자하여 리
밸런싱하면 어떻게 될까요? 연복리 14.1% 수익을 얻을 수 있고, 드로우다운
drawdown(손실폭)도 따로 투자한 것보다 훨씬 낮출 수 있습니다. (그림 3-24)

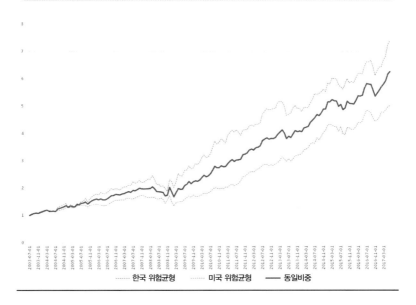

그림 3-24 레버리지 위험균형 전략 : 한국+미국 동일비중

	한국 위험균형	미국 위험균형	동일비중
연평균수익률	15.5%	12.3%	14.1%
최대 손실률	-23.5%	-21.8%	-17.8%

　레버리지 ETF는 양날의 검입니다. 큰 변동성이 큰 수익을 주기도 하지만, 때로는 치명적인 손실을 끼치기도 합니다. 하지만 앞서 살펴본 대로 단기간에 걸쳐 주기적으로 비중을 조절하면 레버리지 ETF의 단점을 거의 없애고 장점만 취할 수가 있습니다.

　국내 레버리지 ETF를 이용해서도 충분히 투자가 가능하고, 해외 ETF 또한 직접 투자가 가능하므로 레버리지 ETF를 이용한 위험균형 전략은 단순하면서도 강력한 투자법이 될 것입니다.

그러면 레버리지 ETF를 이용한 주식 : 채권 위험균형 전략에는 문제점이 없을까요? 일반적으로는 큰 문제가 없지만, 주식과 채권이 상관성이 높아지며 같이 하락하는 경우 문제가 발생할 수 있습니다. 그렇다면 이 경우까지 대비하려면 어떻게 하면 될까요? 레버리지 위험균형 전략에 현금을 혼합하면 됩니다. 방법은 다음과 같습니다.

1. 레버리지 위험균형 포트폴리오를 구성한다.
2. 단, 이 포트폴리오에 100%의 자산을 모두 배분하지 않고, 현금(단기 채권)을 일정 비율 혼합한다.
   예) 레버리지 위험균형 : 현금 = 25 : 75
   레버리지 위험균형 : 현금 = 50 : 50
   레버리지 위험균형 : 현금 = 75 : 25
3. 매달 자신이 선택한 비율로 리밸런싱한다.

당연하고 상식적인 이야기겠지만, 현금비율이 높아지면 그 비중에 비례하여 수익과 손실폭이 감소합니다. 즉 현금을 혼합하는 방식을 통해 기본 포트폴리오를 얼마나 공격적으로 운용(수익률 중시)할지, 안정적으로 운용(손실폭 감소)를 자유자재로 조절할 수가 있는 것입니다.

〈그림 3-25〉에서 볼 수 있듯이 레버리지 위험균형 전략에 현금을 50% 섞어 매달 동일비중으로 리밸런싱하면 이처럼 연 9.1%대의 안정적인 절대 수익을 기대할 수 있습니다.

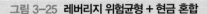

그림 3-25 레버리지 위험균형 + 현금 혼합

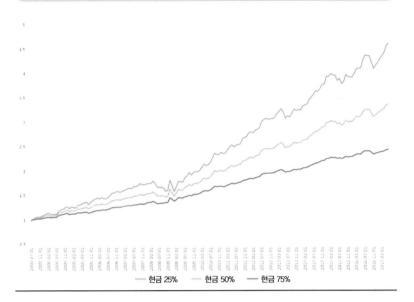

─── 현금 25%   ─── 현금 50%   ─── 현금 75%

	현금 25%	현금 50%	현금 75%
연평균수익률	11.6%	9.1%	6.6%
최대 손실률	-13.0%	-8.9%	-4.7%

지금까지 안정적으로 절대 수익을 얻을 수 있는 다양한 방법을 살펴보았습니다. 다음에는 지금까지 살펴보았던 다양한 포트폴리오 운용 테크닉을 좀 더 심화, 응용하고 색다른 방법으로 조합해보겠습니다.

💲 변동성 목표^{Target volatility} 전략

지금까지 고정비율 투자법과 평균 모멘텀 스코어 비중 전략을 레버리지에 적용하여 손실 대비 수익을 극대화시키는 방법을 살펴보았습니다. 즉 주식의 투자 비중을 일정한 비율로 고정한 방법이었습니다.

자신의 투자 성향에 따라 안정성을 중시하면 주식 비중을 줄이고, 수익성을 중시하면 주식 비중을 높이는 방식이었습니다. 사실 이 방법도 직관적이고 좋은 투자 방법이긴 합니다. 하지만 이런 방식에 2% 부족함을 느끼는 분도 있을 것입니다.

'왜 하필 10%인가? 종목에 따라 그냥 대충 맞춰야 하나? 뭔가 체계적이지 못한 느낌인데?'

이런 생각을 가진 분들을 위해 매우 객관적이고 정량적인 또 다른 변동성 조절 방법 한 가지를 소개하려 합니다. 그것은 바로 변동성 목표 전략^{Target Volatility}입니다.

변동성 목표 전략이란

변동성 목표 전략이란 말 그대로 내가 투자하는 자산의 변동성을 일정 한계로 제한하는 전략입니다. 쉬운 예를 들어보겠습니다.

코스닥 저가주, 삼성전자, KODEX200 간에는 엄청난 변동성 차이가 있습니다. 상하한가 폭이 30%로 확대된 현 시점에서는 하루이틀 사이에도 등락폭이 40~50%가 넘나드는 코스닥 종목들이 출현하기 시작했습니다. 대한민국 대표 우량주 삼성전자는 이보다는 훨씬 변동성이 작고, KODEX200 같은 지수 추종 ETF는 변동성이 더 작습니다.

"코스닥 잡주에 투자하면 엄청 위험하고, 삼성전자에 투자하면 안전하다.

삼성전자보다는 KODEX200이 더 안전하다. 그 이유는 변동성이 큰 종목일수록 손실도 크게 발생하기 때문이다."

이에 대해 어떻게 생각하십니까? 혹시 이렇게 생각하지는 않으신가요?

"당연히 맞는 말이다."

"변동성이 크면 손실이 커지고, 그러면 기하평균이 작아지므로 위험하다."

하지만 이는 사실이 아닙니다. 변동성이 큰 코스닥 소형주에 투자해도 안전하게 투자할 수 있다면 믿으시겠습니까? 변동성을 제한하여 투자하면 안전하게 투자할 수 있습니다. 사실 이 개념은 고정비율 투자법에서 투자비율을 낮추는 방법과 일맥 상통합니다. 하루에 30%를 왔다 갔다 하는 위험한 종목이라도 투자 금액의 10%만 투자하면 이 종목은 3% 선에서 왔다 갔다 하는 얌전한 종목이 되는 원리입니다.

고정비율 투자법에서는 이러한 투자비율을 임의로 정한 %로 제한하는 방법이었습니다. 하지만 지금 살펴볼 변동성 목표 전략은 투자힐 종목의 평균적인 변동폭을 계산해서, 미리 정해놓은 변동성 한계에 맞추어 투자 비중을 조절하는 방식입니다. 쉽게 이해가 되도록 실제 예를 통해 확인해보도록 하겠습니다.

변동성 조절의 실례

3가지 종목이 있는데, 평균적인 등락폭이 다음과 같다고 가정하겠습니다.

A 종목) 코스닥 소형주 : 하루 평균 등락폭 15%

B 종목) 삼성전자 : 하루 평균 등락폭 5%

C 종목) KODEX200 : 하루 평균 등락폭 2%

이 종목에 각각 투자 시 실제 투자 손익의 변동성을 1% 내로 제한하고 싶다면 어떻게 하면 될까요?

A 종목은 하루에 15%씩 오르락 내리락 하니까 1/15 = 6.6% 만 투자
B 종목은 하루에 5%씩 오르락 내리락 하니까 1/5 = 20%만 투자
C 종목은 하루에 2%씩 오르락 내리락 하니까 1/2 = 50%만 투자

간단하게 이해가 되었습니까?

역으로 생각해볼까요? 하루에 15%씩 오르락내리락하는 잡주에 투자해도 전체 자금의 1/15만 투자하면 하루에 15%가 떨어져도 실제 계좌상 손실은 1%에 불과합니다. 어떻습니까, 안전하지요?

만일 하루 평균 등락폭이 0.5%라면 어떻게 될까요?

1/0.5 = 2로, 레버리지를 사용해도 됩니다.

많은 사람이 특정 투자 자산의 변동폭 자체에만 혈안이 되어서 이런 좋은 방법을 잘 모릅니다. 이 기술만 잘 활용하면 아무리 위험한 종목도 얼마든지 안전하고, 내가 원하는 수준으로 변동폭을 조절할 수 있습니다.

이처럼 변동성 조절의 개념과 기술만 안다면, 세상에 투자하기 위험한 종목이란 존재하지 않습니다. 그리고 아무리 아찔한 종목도 내가 감내할 수 있을 정도의 리스크 수준으로 낮춰서 편안하게 투자할 수 있습니다. 이런 자금

관리법을 고정비율 자금 관리법Fixed Fractional Money Management이라고 합니다.

그렇다면 이 평균적인 변동폭은 어떻게 구하고, 측정할 수 있을까요?

이미 여러 차례 언급한 것처럼 변동성을 구하는 방법은 아주 간단한 것부터 복잡한 것까지 상당히 많습니다. 하지만 여기서는 그 중 가장 간단하면서도 널리 이용되는 '수익률의 표준편차'로 구하는 방법을 소개하겠습니다.

투자하고 있는 종목의 평균적인 등락폭(변동성)을
어떻게 계산할 수 있을까

어떤 종목을 보유하고 있을 때, 이 종목의 움직임의 정도를 반영하는 가장 근본적인 요소는 등락률, 즉 수익률이 되겠지요? 그렇다면 우리가 측정하려는 변동성은 수익률의 변동폭이라고 정의할 수 있습니다. 그리고 이를 측정하기 위한 가장 대표적인 지표는 '수익률의 표준편차'가 됩니다.

표준편차는 값이 평균 대비 얼마나 들쭉날쭉한지를 나타내는 지표입니다. 쉬운 예를 들어보겠습니다. 최근 국제적으로 큰 명성을 얻고 있는 일파 고등학교 학생의 수학 성적입니다.

A 학급 학생 10 명의 수학 성적 : 70, 70, 70, 70, 70, 70, 70, 70, 70, 70점
B 학급 학생 10 명의 수학 성적 : 60, 80, 60, 80, 60, 80, 60, 80, 50, 90점

A 학급 수학 성적 평균 / 표준편차 = 70점 / 0점
B 학급 수학 성적 평균 / 표준편차 = 70점 / 13.3점

두 학급의 수학 성적 평균은 모두 70점입니다. 하지만 분포는 다르지요?

A 학급은 모두 70점으로 점수가 일정한데 반해, B 학급은 50~90점으로 들쭉날쭉합니다. A 학급의 각 학생의 수학 성적은 전체 평균과 대비 전혀 변동이 없지요? 따라서 변동폭이 0이 됩니다. 하지만 B 학급의 경우 수학 성적 평균이 70점인데, 평균 대비 위 아래로 10~20점 정도 변동이 있는 것을 알 수 있습니다. 전체 평균과의 평균적인 차이=표준편차가 되고, 이를 계산하면 약 13.3이 됩니다.

주식투자에 적용한 표준편차

자, 그렇다면 이제 실제 주식 데이터를 가지고 변동폭을 구해볼까요?

코스피200과 삼성전자의 2015~2016년의 변동성을 한 번 구해보겠습니다(월 단위). 방법은 다음과 같습니다.

1단계 : 각 종목의 월간 수익률을 구함(%)

월간 수익률 = (이번 달 주가 / 지난달 주가 − 1) × 100

2단계 : 구해진 최근 12개의 월간 수익률의 평균, 표준편차 계산

3단계 : 표준편차 = 수익률 변동성

4단계 : 매월 말 최근 12개월간의 표준편차를 새로 구하여 반영

〈그림 3-26〉에서 보듯 최근 1년간 코스피200에 비해 삼성전자의 등락폭이 훨씬 큰 것을 볼 수 있습니다. 위의 공식대로 12개월간 월평균 수익률/표준편차를 각각 구해보면 다음과 같습니다.

코스피200 수익률 / 표준편차 = −0.45% / 3.27 %

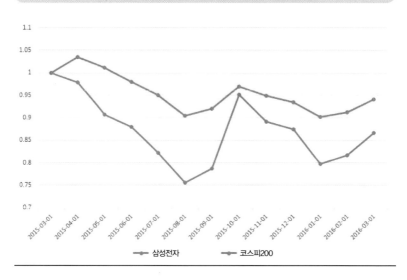

삼성전자 수익률 / 표준편차 = −0.87% / 8.45 %

최근 1년간 코스피200과 삼성전자에 각각 투자했을 경우, 평균 수익률은 각각 −0.45% / −0.87%입니다. 코스피200에 투자했을 경우 한 달에 평균적으로 3% 내외에서 등락을 보이는데, 삼성전자에 투자한 경우 한 달 동안 평균 8% 정도 오르락내리락한다는 것입니다. 전체 12개월 동안의 최대 등락폭이 아닌 한 달 단위의 평균적인 등락폭이기 때문에, 12개월간 보유하는 동안에는 등락폭이 더 커지게 됩니다.

따라서 한 달 단위로 종목의 비중을 리밸런싱한다면, 최근 n개월간의 평균적인 등락폭, 즉 수익률의 표준편차를 구해서 주식의 투자 비중을 매달 조절할 수 있습니다.

예를 들어 삼성전자에 투자하는데, 한 달 동안 등락폭 8%가 너무 크다고 생각되어서 2% 정도 내외로 제한하려고 합니다. 그러면 삼성전자 투자비율 = 2/8 = 0.25, 즉 25%만 투자하고 나머지는 현금으로 보유하면 됩니다. 이렇게 투자하면, 등락폭이 큰 종목도 내가 원하는 정도의 손실 범위 수준에서 관리할 수 있습니다.

변동성을 측정하는 주기를 일 단위, 주 단위, 월 단위로 하건 그것은 자신의 투자 주기에 맞춰서 결정하면 됩니다. 그리고 최근 얼마의 기간(예 : 60일 또는 12개월)으로 할 것인지도 스스로 정하면 됩니다. 일반적으로는 일 단위 투자 스케일에서는 최근 60일을, 월 단위에서는 12개월을 기준으로 통상적으로 사용합니다.

하지만 표준편차는 어디까지나 '평균적인 등락폭'을 의미하는 것입니다. 그러므로 변동성 목표 전략에 맞추어 투자비율을 조절했다고 무조건 변동성 목표치 이상의 손실이 발생하지 않는다는 것은 아닙니다. 그 이유는 다음 2가지입니다.

첫째, 표준편차의 1배수는 통계적으로 대략 전체 움직임의 2/3 정도만 설명할 수 있습니다. 그렇기 때문에, 나머지 1/3 정도는 얼마든지 이보다 큰 변화를 보일 수 있는 여지가 있습니다.

둘째, 주가의 수익률이나 변동성의 분포는 정확하게 대칭인 정규 분포를 이루지 않고, 꼬리가 두꺼운 분포^{fat-tail}을 보인다고 입증되어 있기 때문입니다.

첫째 문제를 해결하기 위해서는 간단하게 변동성 목표 전략으로 계산된 비중의 1/2만 투자하는 방법을 생각해볼 수 있습니다. 표준편차의 2배수는 통계적으로 대략 95% 정도의 분포를 설명할 수 있기 때문입니다.

둘째 문제를 해결하기 위한 방법은 주가의 움직임을 완벽하게 예측하면 될 것 같지만, 이는 사실상 힘듭니다. 더 정교한 수학적 모델이 있기는 하지만, 개인투자자 입장에서는 이 정도만 알아도 충분할 것 같습니다.

변동성 목표 전략 요약

목적: 변동성이 큰 종목에 투자하는 경우 등락폭에 비례하여 큰 손실을 볼 수 있습니다. 그렇기 때문에, 투자 기간 동안 손실폭을 내가 원하는 수준으로 제한하여 안정된 수익을 얻기 위해서입니다.

방법

- 특정 기간 동안 투자 종목의 단위 투자 기간(일간, 주간, 월간)의 수익률을 각각 계산
- 구해진 수익률의 표준편차 계산
- 최종 투자 비중 = 제한하기를 원하는 손실 한계(변동성 목표) / 수익률 표준편차
- 나머지 투자 비중 = 현금 보유

자, 그럼 변동성 목표 전략을 실제 투자에 적용해보겠습니다. 코스피지수에 적용해볼까요?

1. 최근 12개월 코스피지수 변동성 목표 1%(월 단위)

2. 최근 12개월 코스피지수 변동성 목표 2%(월 단위)

3. 최근 12개월 코스피지수 변동성 목표 3%(월 단위)

4. 최근 12개월 코스피지수 변동성 목표 4%(월 단위)

5. 최근 12개월 코스피지수 변동성 목표 5%(월 단위)

〈그림 3-27〉을 보면 변동성 목표치를 낮출수록 투자비율이 감소하여 수익도 감소하나, 손실도 줄어들어 훨씬 안정적인 것을 확인할 수 있습니다.

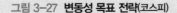

그림 3-27 변동성 목표 전략(코스피)

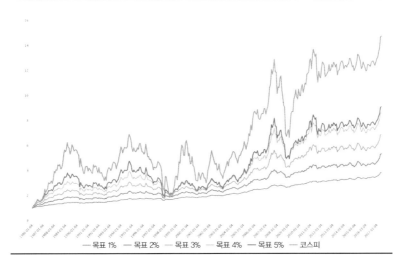

— 목표 1% — 목표 2% — 목표 3% — 목표 4% — 목표 5% — 코스피

	목표 1%	목표 2%	목표 3%	목표 4%	목표 5%	코스피
연평균수익률	4.3%	5.5%	6.3%	7.1%	7.3%	8.9%
최대 손실률	-10.3%	-24.1%	-37.6%	-49.2%	-59.8%	-73.1%

이제는 변동성 조절 전략에 모멘텀 전략을 합성해보겠습니다.

- 주식투자 비중 = 변동성 목표 투자 비중 × 상대 모멘텀 비중 스코어
- 현금 비중 = 1 – 주식투자 비중

1. 변동성 목표 2% + 모멘텀
2. 변동성 목표 1% + 모멘텀

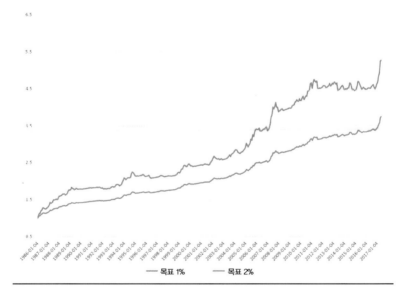

그림 3-28 **변동성 목표 전략 + 모멘텀 전략**

	목표 1%	목표 2%
연평균수익률	4.3%	5.4%
최대 손실률	-2.7%	-7.5%

일반적으로는 변동성 목표 전략을 단독으로 많이 사용하지만, 이처럼 모멘텀을 이용한 추세추종 전략을 첨가하면 상승 및 하락에 따른 동적인 비중 조절 효과까지 얻을 수 있습니다. (상승장에서 비중 증가, 하락장에서 비중 축소)

지금까지 변동성 비중 조절 방법에 대해 살펴보았습니다. 요점을 다시 정리해볼까요?

- 큰 변동성은 기하평균 효과에 의해 의도치 않게 포트폴리오의 수익률을 떨어뜨리고, 손실을 증가시킬 수 있기 때문에 이를 줄여서 관리하는 것이 중요합니다.
- 변동성 조절의 핵심 원리는 변동성의 역수에 비례하여 비중 조절 : 변동성이 클수록 비중 감소, 변동성이 작을수록 비중 증가합니다.

앞에서 살펴보았던 위험균형^{risk parity}이나 변동성 목표^{target volatility} 전략 모두 이 원리가 동일하게 적용됩니다. 위험균형의 경우, 함께 투자하는 다른 자산의 상대적인 변동성에 맞춰 비중이 조절됩니다. 하지만 변동성 목표는 우리가 정해놓은 절대적인 수준의 변동성에 맞춰 비중이 조절된다는 차이점이 있습니다.

지금까지 다양한 자산군(종목)을 대상으로 시장 상황과 무관하게 절대 수익을 낼 수 있는 기본 전략들을 살펴보았습니다. 이 전략들의 큰 맥락은 모멘텀 전략과 변동성 전략으로 구분할 수 있습니다.

모멘텀 전략은 기본적으로 상승 시 비중 증가, 하락 시 비중 축소의 추세추종 전략이라고 할 수 있습니다. 변동성 전략은 변동성을 줄여서 포트폴리오의 안정성을 증가시키는 원리입니다. 또한 모멘텀 전략의 근본 원리는 모든 시장에 '추세가 존재한다'는 것이고, 변동성 전략은 '손실을 줄여야 기하평균 및 그에 따른 포트폴리오 수익률이 극대화된다'는 수학적 원리에 기반을 두고 있습니다.

기존의 투자 방식과 비교해볼까요?

각종 거시지표, 전망, 추정, 개인의 직관, 주가 예측 등 불확실하고 입증되지도 않았고, 입증할 방법조차 없는 감에 의존한 방법으로 운이 좋아 어쩌다 잠깐 수익이 날 수는 있습니다. 하지만 이런 방식은 장기적으로는 실패할수밖에 없는 투자 방법입니다.

우리나라의 개인투자자들 중 경제 공부를 많이 하고, 그에 관한 지식이 많은 분들도 있습니다. 하지만 투자에 있어 가장 핵심인 '가격의 성질', '가격의 물리학'에 대해 관심과 지식이 없는 분들이 의외로 많습니다. 그래서 실제로자신의 경제 지식과 실제 투자 성과 간에 심각한 괴리가 발생하는 것입니다. 각종 전망, 분석, 예측 같은 요소들을 전혀 모르고도 안정적인 수익이 날 수있는 이유는 크게 다음 3가지입니다.

첫째, 이런 요인들이 매우 불확실하고 애매모호하기 때문에 이런 정보에기반을 둔 투자 방식이 오히려 더 부정확합니다.

둘째, 아무리 복잡다단하다고 해도 모든 정보는 궁극적으로 가격에 반영되어 나타납니다.

셋째, 수익과 손실은 결국 가격의 움직임 그 자체에 의해 결정됩니다.

투자의 본질은 결국 '가격을 거래하는 것'이라고 할 수 있습니다. 실제 투자에서는 '가격의 불변하는 속성'을 찾아내고, 이에 가격 '자체'에 기반을 둔 투자 전략을 세우는 것이 성공 투자의 핵심입니다.

시장이 성숙함에 따라 개인투자자들도 투자의 목적이 경제 공부나 지식 쌓기가 아닌, 원초적으로 '돈을 벌기 위한 것'이라면 의미 없는 경제 공부에 열중하고 분석이나 시황 토론에 열을 올리는 대신, 엑셀 함수 하나를 더 배우고 한 번 더 시뮬레이션해보는 것이 장기적으로 볼 때 성공하는 투자자의 반열에 오르는 지름길일 것입니다.

시장을 이기는 방법
4-1 변동성 모멘텀 혼합 전략

Q 핵심 요약

1. 변동성 역가중 전략은 투자의 안정성을 높여준다.

2. 모멘텀 전략은 강력한 수익을 추구한다.

3. 모멘텀과 변동성을 결합하면 안정적이면서 높은 수익을 얻을 수 있다.

지금까지 시장 상황과 무관하게 안정적인 절대 수익을 낼 수 있는 다양한 방법을 살펴보았습니다. 즉 안정된 수익을 내기 위한 핵심 원리는 일반 투자자들이 생각하는 '수익 극대화'가 아닌 '손실 최소화'라는 점이었습니다.

수익에 초점을 맞추지 않고 손실 최소화에 집중하면, 아이러니하게도 안정된 수익이 따라오는 것을 수학적인 원리를 통해 그리고 실제적인 시뮬레이선 데이터를 통해 확인하였습니다.

전쟁에서 승리하기 위한 조건은 강력한 공격력과 더불어 튼튼한 방어력입니다. 투자라는 전쟁에서 승리하기 위한 2가지 조건은 '큰 수익 + 작은 손실'이라고 볼 수 있겠습니다. 전자를 공격이라고 본다면, 후자는 방어라고 할 수 있습니다.

큰 수익을 내기 위한 공격 방법은 모멘텀 전략(상대 모멘텀, 절대 모멘텀)입니다. 튼튼한 방어력을 갖추기 위해 살펴본 것은 변동성 조절 전략입니다. 그렇다면 이 두 가지 전략을 결합하면 어떻게 될까요?

⑤ 모멘텀/변동성 비중 조절 전략의 개념

모멘텀 전략(상대 모멘텀, 절대 모멘텀)은 상대적으로 강한 수익을 주는 종목을 선정하고, 하락장에서 투자 비중을 줄임으로써 강력한 수익 추구 효과와 위험 억제 기능이 있습니다. 하지만 변동성이라는 요소가 고려되지 않아 변동성이 큰 종목이 편입될 경우 손실 또한 커질 수 있다는 문제를 해결하지 못한다면, 추세장이 아닌 횡보장에서는 오히려 손실이 커진다는 단점이 있습니다.

또한 모든 자산이 똑같이 하락해버리면 분산 효과 또한 감소한다는 문제점을 해결할 수 없습니다. 하지만 상관성이 낮은 자산군을 대상으로 모멘텀 전략에 변동성 전략을 결합하면 이런 문제점을 해결할 수 있어 이상적인 투자 모델이 됩니다.

모멘텀/변동성 비중 조절 전략의 실제

모멘텀/변동성 비중 조절 방법은 다음과 같습니다.

- 포트폴리오 개별 구성 종목의 1~12개월 평균 모멘텀 계산
- 현금 비중=평균 모멘텀 값 〈 1 자산 개수 / 전체 포트폴리오 자산 개수
- 포트폴리오 투자 비중=1− 현금 비중
- 개별 구성 종목의 변동성=1개월 수익률의 최근 12개월 표준편차
- 개별 종목 투자 비중 = 평균 모멘텀 / 변동성×포트폴리오 투자 비중(평균 모멘텀 〈 1 인 종목은 투자 안 함)
- 매월 반복하며 리밸런싱

예제) A, B, C 3가지 자산으로 구성된 포트폴리오가 있다. 이번 달의 투자 비중을 구하시오.

- **평균 모멘텀** : 1.5(A), 0.8(B), 1.2(C)
- **변동성** : 8%(A), 10%(B), 2%(C)
- **현금 비중** = 1/3 = 33%(모멘텀이 1보다 작은 하락 추세에 있는 자산 개수 / 전체 자산 개수)
- **투자 비중** = 67%
- **평균 모멘텀/변동성 계산**

  A : 1.5/8=0.1875

  B : 평균 모멘텀 〈 1 → 투자 안 함

  C : 1.2/2=0.6

- **투자 비중**

  A : 0.1875 / (0.1875 + 0.6) = 24%

  C : 0.6 / (0.1875 + 0.6) = 76%

- **최종 투자 비중**

  현금 : 33%

  투자 비중 (67%)

  A : 67 × 0.24 = 16%

  B : 0%

  C : 67 × 0.76 = 51%

전체 자산군에서 하락 추세에 있는 자산군(모멘텀 < 1)의 개수에 비례하여 현금 비중을 증가시킨 이유는 전체 장세가 동일하게 하락할 경우 충격을 완화하기 위해서입니다. 이 전략에는 상대 모멘텀 전략은 빠져 있지만, 자산군의 개수가 많아지면 상대 모멘텀 전략까지 가미하면 더 좋을 것입니다.

그럼 모멘텀 전략과 변동성 전략을 실제 데이터에 적용해볼까요?

포트폴리오 유니버스

- **포트폴리오 구성** : 주식 / 채권 / 현금군으로 구성
- **주식** : 한국 주식(코스피200), 미국 주식(S&P500)
- **채권** : 한국 10년 국채, 미국 10년 국채
- **현금** : 한국 3년 만기 국고채
- **시뮬레이션 기간** : 2003년 6월~2017년 6월

시뮬레이션 방법

〈절대 모멘텀 + 변동성 전략〉

- 포트폴리오 개별 구성 종목의 1~12개월 평균 모멘텀 계산

- 현금 비중＝평균 모멘텀 값 〈 1 자산 개수 / 전체 포트폴리오 자산 개수

- 포트폴리오 투자 비중＝1−현금 비중

- 개별 구성 종목의 변동성＝1개월 수익률의 최근 12개월 표준편차

- 개별 종목 투자 비중＝평균 모멘텀 / 변동성×포트폴리오 투자 비중(평균 모멘텀 〈 1 인 종목은 투자 안 함)

- 매월 반복하며 리밸런싱

장기적인 최종 수익률은 동일비중 포트폴리오가 근소하게 높지만, 위험 대비 수익은 모멘텀/변동성 포트폴리오가 훨씬 낮고 안정적인 것을 확인할 수 있습니다. 특히 2008년 같은 급락장에서의 방어력은 모멘텀 전략만의 강점이라고 할 수 있습니다.

그림 3-29 변동성 모멘텀 혼합 전략

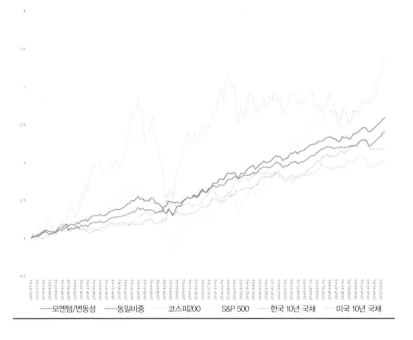

	모멘텀/변동성	동일비중	코스피200	S&P 500	한국 10년 국채	미국 10년 국채
연평균 수익률	6.5%	7.1%	9.2%	8.8%	5.8%	5.2%
최대 손실률	-4.9%	-16.3%	-47.0%	-50.8%	-10.5%	-7.8%

시장을 이기는 방법
4-2 변동성 모멘텀 혼합 전략

🔍 핵심 요약

1. MPAA 전략은 자산군 간 분산, 자산군 내 분산, 듀얼 모멘텀, 현금 혼합, 타임 프레임 분산, 수익곡선 모멘텀의 6가지 구조적인 투자 전략이 조합된 동적 자산 배분 전략이다.

2. 기존의 단순한 듀얼 모멘텀 전략의 단점인 횡보장에서의 손실과 자산군 간 상관성 증가에 따른 큰 폭의 손실 문제를 구조적으로 개선한 모델이다.

3. 기존의 동적 자산 배분 모델에 비해 현저히 낮은 손실폭과 안정적이고 높은 수익률을 얻을 수 있다.

4. 다양한 투자 로직이 결합되어 있고, 변수 값들의 인위적인 최적화를 배제하여 변수 값과 무관하게 안정된 성과를 보여준다.

5. 장기투자 시 연복리 10%, 최대 손실폭 −7% 이내의 꾸준하고 우수한 성과를 기대할 수 있다.

6. MPAA 전략 기반의 펀드도 있어 쉽게 투자할 수 있다.

지금부터는 모멘텀 기반의 기본적인 자산 배분 방법론을 재조합한 MPAA 전략을 소개하려 합니다. 이 전략은 모든 투자 전략의 장점을 집약시킨 것으로 사실상 이 책의 백미라고 할 수 있습니다. 그리고 사실상 이 책은 이 전략을 위해 쓰였다고 해도 과언이 아닙니다.

MPAA 전략은 Modified Protective Asset Allcation의 약자로, 플렉스 캐피탈$^{Flex\ Capital}$의 바우트르 J. 켈러$^{Wouter\ J.\ Keller}$가 발표했던 모멘텀 기반의 견고한^{robust} 동적 자산 배분 전략인 PAA$^{Protective\ Asset\ Allocation}$를 개선시킨 전략입니다.

PAA는 모멘텀 기반의 동적 자산 배분 전략의 일종이지만, 모멘텀 전략의 단점인 시장의 변곡점이나 횡보장에서 손실이 커지는 것을 방지하기 위해 현금 비중을 강화하는 것이 특징입니다.

MPAA 전략은 PAA 전략의 철학을 바탕에 두고 지금까지 다뤘던 듀얼 모멘텀 전략, 평균 모멘텀 스코어 추세 배분, 현금 혼합, 자산군 배분, 수익곡선 모멘텀 전략을 모두 집약시켜 시장의 상황과 무관하게 안정적인 절대 수익을 내는 전략입니다.

〈그림 3-30〉에서 보는 것과 같이 금융위기와 같은 극단적인 상황에서도 공격적인 모델의 최대 손실률이 -8% 이하에 불과합니다. 그리고 시장 상황과 무관하게 꾸준히 상승하는 연복리 수익률 10%의 뛰어난 성과를 보여줍니다.

다음에 상세히 다루겠지만, MPAA 모델에서는 투자 자산군의 선정과 배분비율, 현금 혼합비율을 투자자 입맛에 맞게 자유롭게 설정이 가능합니다. 때문에 동일한 투자 자산군을 가지고도 다양한 포트폴리오 조합이 가능합니다. 그리고 구조적으로 옵션을 아무렇게나 주어도 포트폴리오가 우상향하는 데

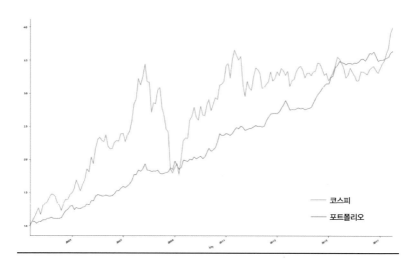

그림 3-30 안정적인 MPAA의 수익곡선

코스피
포트폴리오

는 크게 지장이 없기 때문에 상당히 범용적인 전략이라고 할 수 있습니다.

💲 MPAA 모델의 장점

MPAA 모델의 특징은 다음과 같습니다.

- 백테스트를 통해 지표 값을 최적화시키는 방법을 사용하지 않아 과최적화의 문제가 없습니다.
- 모멘텀에 기반을 둔 투자방식의 단점을 현금과 혼합시키는 2단계 방식으로 희석시켜 수익곡선의 노이즈를 최소화합니다.
- 자산군 간의 상관성이 급증하는 시기에도 포트폴리오의 리스크가 커지

지 않는 구조적 안정성을 가지고 있습니다.

- 투자 자산군 선정, 자산군 간의 기본 배분 비중, 현금 혼합 가중치를 투자자 스타일에 맞게 자유롭게 조절할 수 있는 구조이므로, 다양한 종류의 DIY 포트폴리오 구성이 가능합니다(ETF를 이용한 DIY 펀드 솔루션에 최적화된 모델).

- 투자 자산군 선정, 자산군 배분비율, 현금 혼합 가중치가 어떤 방식으로 달라져도 수익곡선이 크게 훼손되지 않습니다(아무렇게나 옵션을 주고, 자유롭게 선택해도 우상향하는 데 별 지장이 없음).

- 현금 투자 비중을 줄여 고위험, 고수익$^{High\ risk,\ High\ return}$ 모드로 투자해도 손실폭이 크게 증가하지 않습니다. (그림 3-30 수익곡선 참고)

- 최대 손실률이 타이트하게 관리되고, 최대 손실률 구간 이후 회복 기간이 상당히 짧아 손실이 발생해도 스트레스가 없습니다.

- 간단한 산수 수준으로 포트폴리오 구현이 가능할 정도로 단순한 모델이지만, 로직의 안정성과 수익성은 기존의 복잡한 수학적 포트폴리오 배분 모델을 능가합니다.

MPAA 전략도 추세 기반의 자산 배분 모델인데, 기존의 자산 배분 전략에 비해 왜 이런 장점이 두드러지는 걸까요? 그 이유를 알아보기 위해 기존의 동적 자산 배분 모델의 콘셉트와 그 한계점에 대해 먼저 살펴보겠습니다.

기존 동적 자산 배분 모델의 콘셉트

월간 모멘텀 기반의 동적 자산 배분 모델은 10여 년 전 미국의 메바인 파버[Mebane Faber]에 의해 처음 소개된 이후, 개리 안토나치[Gary Antonacci]에 의한 듀얼 모멘텀[Dual momentum], 아담 버틀러[Adam Butler] 등에 의한 EAA[Elastic Asset Allocation], 켈러[Keller]에 의해 PAA[Protective Asset Allocation] 등으로 계승, 발전되었습니다. 세부적인 로직은 약간 차이가 있지만, 가장 중요한 콘셉트는 큰 틀에서는 동일합니다.

"쓸데없이 경제 예측하지 말고 추세를 따르라."

추세추종과 모멘텀 투자의 개념에 대해서는 이해하고 계실 것입니다.

추세를 따른다는 개념은 여러 종목 중 잘나가는 종목(강하게 상승하는 종목)만을 추려 집중 투자하면서 종목을 교체한다는 발상입니다. 이에 대해 좀 더 쉬운 예로 설명해보겠습니다.

여러분이 야구 감독이라고 했을 때, 선수를 어떻게 기용해야 한국 시리즈에서 우승할 수 있을까요? 누가 앞으로 더 잘할지 예측하는 것은 불가능합니다. 이런 상황에서 매우 간단하고 객관적으로 뛰어난 선수를 로테이션하는 방법은 다음과 같습니다.

'최근 3개월간 평균 타율 순으로 정렬하여 상위 10명을 추린 뒤, 이 중 타율이 3할 이상인 선수만 기용한다. 그리고 월말에 동일한 조건으로 평가하여 타율이 우수한 순으로 다시 선수를 교체한다.'

- 최근 3개월간 평균 타율이 우수한 선수 상위 10명을 추리는 것

  → '상대 모멘텀' : 상대적으로 강한 상승세에 있는 자산군(종목)을 찾아

  내는 개념

- 타율이 3할 이상인 선수만 기용

  → '절대 모멘텀' : 절대적으로 특정 기준치 이하, 하락 추세에 있는 종목

  은 추가적으로 제외하는 개념

- 매월 동일한 조건으로 평가하여 다시 로스터(팀의 멤버들, 멤버들의 리스트)

  교체

  → '월간 리밸런싱 전략' : 시장의 변화에 맞추어 투자 시점에서 가장 상

  승세가 강한 종목들로만 교체하며 포트폴리오 구성

어떻습니까, 상당히 단순하고 명쾌하지요?

기존 동적 자산 배분 모델의 3가지 구조적 문제점

이 콘셉트를 바탕으로 한 모멘텀 기반의 동적 자산 배분 모델의 장기 성과를 보면 상당히 고무적입니다. 하지만 마냥 아름다워 보이는 장기 수익곡선(40년 이상)을 우리가 실제로 투자할 수 있는 시계열 단위(5~10년)로 가까이 들여다보면 수익곡선이 상당히 거칠고 울퉁불퉁해 보입니다.

단기적으로 손실이 −20%를 넘어가는 구간도 심심치 않게 보이고, 그렇게 큰 손실을 입은 이후 본전을 회복하기까지의 시간도 생각보다 오래 걸리는 경우도 흔히 있습니다. 이런 세부적인 요소까지 꼼꼼하게 체크하지 않는다

면, 단순히 백테스트상에서 30년간 진득하게 투자하면 이런 안정적인 수익 곡선을 볼 수 있으리라는 기대는 현실의 처참한 벽에 부딪혀 산산조각이 나 버립니다. 30년은커녕 3년도 못 버티게 됩니다.

기존 동적 자산 배분의 기본 로직은 나무랄 데가 없는데, 왜 이런 현상이 발생하는 것일까요? 그 이유는 아주 단순하지만 꼼꼼히 생각해보지 않으면 놓치기 쉬운 3가지 요소를 간과했기 때문입니다. 그것은 바로 타임 프레임 의 분산, 횡보장에 대한 대비, 시스템 스톱입니다.

사실 이 3가지 요소는 시스템 트레이딩에서 지극히 기초적인 안전장치로 널리 쓰이고 있는 기법입니다. 하지만 포트폴리오의 안정성을 조절하는 이 런 테크니컬한 기법을 접해보지 않으면 이런 개념을 응용할 방법이 없습니 다. 그럼 하나씩 살펴보겠습니다.

기존 동적 자산 배분 모델이 간과한 문제점 1. 타임 프레임의 분산

기존의 동적 자산 배분 모델에서는 상승 추세 또는 하락 추세를 판별하고, 상대 모멘텀의 크기를 정량하는 기준을 n개월 모멘텀(혹은 n개월 평균)으로 잡 습니다. 앞의 예에서는 '3개월' 평균 타율이 되겠지요? 앞에서 언급한 동적 자산 배분 모델의 세부적인 방법론을 살펴보면 일반적으로 6개월, 12개월, 10개월 이동평균선을 추세 판별의 기준점으로 삼습니다.

왜 하필이면 6개월, 12개월, 10개월일까요? 2개월, 3개월, 7개월, 11개월 은 안 될까요? 왜 3개월 평균 타율일까요? 4개월, 5개월 평균 타율은 안 되 나요?

사실 안 될 건 전혀 없습니다. 일반적으로 6과 12라는 숫자를 이용하는 이 유는 장기간에 걸친 백테스트상 6개월이나 12개월 정도에서 최적의 퍼포먼스를 보였기 때문입니다. 실제로는 그보다 짧은 3~12개월 모멘텀도 모두 작동합니다.

여기서 과거 데이터상 6개월이나 12개월이 장기적으로 최적의 수익을 보였기 때문에 이 값을 취한다는 개념은 한편으로는 의미가 있지만, 한편으로는 심각한 문제를 내포하고 있습니다. 의미가 있는 부분은 이미 시장의 장기적인 데이터를 통해 검증된 속성으로 볼 수 있으므로, 이용할 수 있는 근거가 있다는 점입니다. 하지만 반대로 향후 시장 상황이 백테스트한 구간의 움직임과 다르게 나타날 경우(시장의 주기가 짧아지거나 횡보장), 단기적으로 이 값은 최적값이 아닌 최악의 값으로 변할 수도 있다는 것이 문제점입니다. 소위 말하는 과최적화의 함정에 빠지게 되는 것이지요.

앞에서 설명한 기존의 동적 자산 배분 전략들은 대부분 미국의 시장 대표 지수인 S&P500지수를 대상으로 시뮬레이션해서 6개월이나 12개월 동안의 최적값을 산출했습니다. 그런데 이 값을 코스피지수에 적용해보면 최근 횡보장에서 그냥 '박살'이 나버립니다. 그 이유는 잘 아시겠지만, 최근 코스피가 2011~2016년 기간에 지독한 횡보장을 겪었기 때문입니다.

〈그림 3-31〉을 보면 횡보장이 시작된 2011년도부터 절대다수의 장기 타임프레임의 모멘텀 전략이 박살 나는 것을 확인할 수 있습니다.

모멘텀 전략과 같은 추세추종 전략은 오를 때 사서 떨어질 때 파는 전략입니다. 그런데 횡보장 같은 역 사이클에 걸리면 기초 지수는 제자리걸음이지만, 장기 모멘텀 전략에 의한 수익곡선은 지속적으로 하강하게 됩니다. 계속 손실만 보게 되는 것이죠. 마치 꼭지에 사서 바닥에서 손실을 보고 파는 것과 동일한 현상입니다.

S&P500 같은 지수는 장기 시계열을 보면 상당히 추세적이고 안정적입니

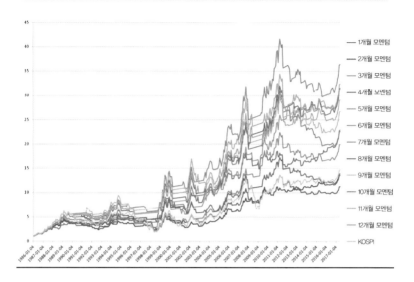

그림 3-31 **장기 모멘텀 전략의 몰락(2011~2016년)**

다. 그렇기 때문에 해외 퀀트 전략 블로그에 소개한 다양한 전략을 살펴보면 허술해 보이는 추세추종 전략도 모두 쫙 빠진 우상향 곡선을 보여줍니다. 또 한 시장의 사이클이 중장기적으로 상당히 긴 축에 속하기 때문에 3개월 정 도의 짧은 시계열보다는 6~12개월 같은 중장기 시계열이 잘 먹히는 것으로 나타납니다.

하지만 여기에는 심각한 문제가 있습니다. 앞으로 S&P500이 똑같이 추 세적이라는 보장도 없고, S&P500의 안정적인 추세가 다른 자산군에서 동일 하게 나타나는 것도 전혀 아니기 때문입니다. 동일한 전략을 다른 자산이나 종목에 적용했는데(예: 코스피), 박살이 나는 이유는 바로 이 때문입니다.

또한 '장기적인 백테스트'상에서 '평균적'으로 가장 좋게 나왔다는 것이, 실제로 투자하는 '단기 시계열'상 가장 좋다는 의미는 전혀 아니라는 것도 문제입니다. 결론은 장기 백테스트상에서 특정한 지표 값이 가장 이상적으로 나왔다고, 그 값을 가장 이상적이라고 가정하는 것은 과최적화의 오류를 범하는 것입니다. 실제로 메바인 파버가 주창한 GTAA^Global Tactical Asset Allocation 전략은 시장의 추세가 깨지고 횡보성이 강해진 2016년의 경우에 큰 손실을 보았습니다.

시스템을 공부하지 않으면 너무나 당연하지만, 간과하기 쉬운 아주 중요한 사실 하나가 있습니다. 그것이 무엇일까요? 사실 대부분의 사람들이 백테스트 시뮬레이션을 해서 최적의 지표 값을 찾아내지만, 실제 시장에 진입했을 때 박살 나는 이유가 여기에 있습니다.

그것은 장기간 데이터를 통해 시뮬레이션했을 때, 여러 값 중 누적 수익률이 최고인 값이 최적의 값이라고 착각하는 것입니다(앞서 6개월이 최적이다, 12개월이 최적이라고 얘기하는 것과 같은 상황입니다).

'아니, 데이터상으로 특정 값에서 최고의 수익률이 나왔는데 대체 그 값을 선정하는 것이 무슨 문제일까?'라는 의문이 들지도 모릅니다. 하지만 분명한 사실은 백테스트상이 아닌 실제 투자에서 살아남기 위한 지표를 평가하는 기준은 '수익률'이 아니라는 것입니다.

'시스템의 성과를 평가하는 잣대가 수익률이 아니라면, 대체 무엇을 기준으로 삼으라는 것인가?'

실제 투자 성과에서 살아남기 위한 지표를 선정하는 기준이 '수익률'이 아닌 이유는 앞에서 강조했던 것처럼, 시장의 상황은 백테스트한 과거의 움직임과 비슷하게 움직일 때도 있지만, 얼마든지 마음대로 움직이는 경우도 허다하기 때문입니다.

백테스트라는 과정은 과거 시장의 움직임을 통해 미래 시장의 움직임을 추정한다는 데 의의가 있습니다. 그런데 미래 시장의 움직임은 과거와는 무관하게 얼마든지 바뀔 수 있습니다. 그렇기 때문에, 장기 백테스트상 가장 높은 수익률을 보인 지표 값에 의존하는 것은 마치 고속도로에서 백미러를 보면서 앞으로 전력 질주하는 것과 다름없는 오류를 범하는 것입니다.

시스템을 구축할 때 과최적화의 오류를 줄이는 핵심은 '최고의 수익률'을 보인 지표 값을 찾는 게 아닙니다. 비록 최고의 수익률은 아닐지라도 수익률의 성과가 일관되고 비슷하게 유지되는 구간의 지표 값을 찾는 것입니다. 최고의 수익률을 보이는 지표 값이 아니라, 적절한 수준의 수익이 유지되는 선에서 수익률의 편차가 낮은 구간을 찾는 것입니다.

수익률의 분산이 작은 구간의 지표 값을 찾는 것이 백테스트가 아닌 실제 투자에서 과최적화의 위험성을 최소화하는 길이고, 이것이 견고robust한 시스템을 구축하는 핵심 원리입니다. 그래야만 백테스트상의 결과와 실제 테스트 간 결과의 차이를 최소화할 수 있습니다. 결국 상황이 이렇게 되면 실제 투자 시의 성과가 백테스트상의 성과와 구조적으로 큰 차이가 나지 않을 확률이 높아집니다. 즉 백테스트 결과를 신뢰하고 투자할 수 있으며, 실제 투자 시에도 백테스트한 것과 유사한 결과를 기대할 수 있다는 뜻입니다.

예를 들어볼까요? 〈그림 3-32〉는 모멘텀 값의 변화에 따른 가상적인 연평균 수익률(%)입니다.

'역시 12개월 모멘텀을 이용하면 최고의 수익률을 달성할 수 있으니, 12개월에 올인해야겠군'이라고 생각한다면 큰일난다는 것입니다. 그림을 보면 1, 2개월이나 13, 14개월 같이 지나치게 짧거나 긴 구간에서는 상대적으로 수익률이 떨어집니다. 하지만, 3~11개월 구간에서는 성과가 비슷하게 나타

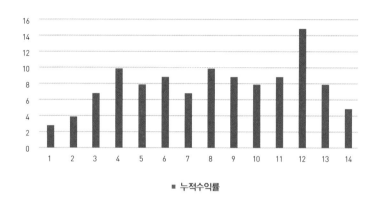

그림 3-32 **모멘텀 구간에 따른 연평균 수익률**

■ 누적수익률

나는 것을 볼 수 있습니다.

이러한 중기적인 여러 타임 프레임에 분산투자하면 '장기적인 수익률의 편차'가 상대적으로 작아집니다. 이는 실제 투자가 이루어졌을 때 시장 상황이 약간 변해도 백테스트에서 나온 결과와 큰 차이가 나지 않을 거라고 기대할 통계적인 근거가 됨을 입증하는 것입니다.

왜 그럴까요? 예를 들어 시장의 최적 사이클이 9개월이었다고 가정해볼까요? 비록 9개월을 맞추지는 못했다고 하더라도 8개월이나 10개월에 분산투자했다면 시장의 평균적인 속성상 장기적으로 9개월짜리에 투자한 것과 성과의 차이가 크지 않을 것이라고 추측할 수 있습니다. 왜냐하면 8~10개월 프레임에서의 움직임이 유사하기 때문입니다.

하지만 만일 단순히 12개월 타임 프레임의 성과가 가장 좋다고 해서 12개월을 선택했다면, 9개월과 12개월간의 퍼포먼스는 엄청나게 차이가 납니다.

그렇기 때문에 실제 투자에서는 백테스트보다 못한 결과를 얻을 가능성이 훨씬 높아집니다. 13개월이나 14개월도 마찬가지고요.

그렇기 때문에 백테스트상에서 가장 높은 성과를 보인 지점(뾰족한 꼭대기)의 값을 찾은 후 좋다고 사용하는 것은 자랑할 것이 아니라, 절대적으로 피해야 하는 것입니다. 왜냐하면 백테스트 결과는 가장 높은 성과를 보인 뾰족한 지점에 최적화되어 안정적인 수익곡선을 보여주고 있습니다. 하지만 시장의 상황이 정확하게 그 값에 최적화되어 진행되지 않으면, 실제 투자에서의 수익은 백테스트 결과보다 떨어질 수밖에 없기 때문입니다.

최적의 지표 값이나 변수를 찾아낼 때 최고의 수익률이 아닌 변숫값에 따른 수익률 분포의 편차를 고려하는 것이 가장 핵심입니다. 그러나 안타까운 점은 너무나 많은 리서치 리포트나 백테스트 시뮬레이션에서는 마치 백테스트상 최고의 수익률을 보인 지표가 마법의 값인 것처럼 호도한다는 것입니다.

가장 견고한 전략은 타임 프레임의 변화에 따른 퍼포먼스에 차이가 없는 전략일 것입니다. 그것이 현실적으로 불가능하다면, 차선책은 퍼포먼스의 차이가 비교적 작은 구간에 분산투자하는 것입니다.

물론 이 구간의 퍼포먼스도 과거 데이터를 통한 과최적화의 위험을 완전히 제거하지 못하는 것은 사실입니다. 그래도 꼭짓점의 값을 택하는 것보다는 훨씬 낫습니다. 전 구간에서 퍼포먼스가 고르지 못하다면, 이는 상대적으로 전략이 견고하지 못하다고 볼 수 있습니다. 하지만 굳이 투자를 해야 한다면 이런 경우에 더더욱 모든 지표 값에 분산투자하는 것이 답입니다.

결국 전략이 상대적으로 견고하건, 그렇지 못하건 답은 똑같습니다. 바로 분산시키는 것입니다. 통계적인 관점에서 설명한다면, 수익률의 편차를 고려하지 않고 단순히 최고의 수익률을 보이는 지표를 아무 생각 없이 선정하는 것은 데이터의 자유도가 떨어지는 경우입니다. 그러므로 통계적 신뢰도도 떨어진다는 것입니다.

이는 주식시장에서 특정한 종목 하나에 올인하는 것보다 다양한 종목에 분산투자하는 것이 리스크는 낮추면서도 평균적인 수익은 기대할 수 있는 기본적인 원리와 일치합니다. 최소 분산 포트폴리오의 기본 원리는 종목뿐만 아니라, 이런 다양한 타임 프레임에서도 수학적으로 동일하게 작동하기 때문입니다.

그렇다면 타임 프레임을 어떻게 분산시키면 좋을까요? 시장은 일반적으로 3개월 미만의 짧은 구간에서는 추세보다는 역추세가 잘 작동하기 때문에 3~12개월의 타임 프레임에 분산시키면 되지 않을까요? 그것도 나쁘진 않습니다. 하지만 시장은 항상 추세장만 있는 것은 아니고, 역추세장도 있습니다. 그러니 역추세장이 펼쳐지는 것까지 고려해서 그냥 1~12개의 타임 프레임에 통째로 분산을 시켜버리면 구조적으로 아주 견고해집니다.

25% 정도의 타임 프레임은 역추세장에 대비되고, 75% 정도는 추세장에 대비됨으로써 단기적인 시장의 최적 사이클이 어떻게 변하더라도 그럭저럭 따라갈 수 있게 됩니다. 이는 '구조적'으로 과최적화를 배제시킨 모델이기 때문에 장기적으로 견고할 수밖에 없습니다.

추세장이건, 역추세장이건, 시장의 주기가 상대적으로 짧아지거나 상대적으로 길어지건, 비록 해당 투자 시계열에서 최고, 최적의 값에 올인한 결과는 아닐지라도(이는 불가능), 시장 상황이 어떻게 변하더라도 최적의 움직임에 부분적으로나마 반드시 편입하게 됩니다. 그렇기 때문에 비록 대박은 못 치더라도, 쪽박은 반드시 피하게 되고, 평균적으로 '평타' 이상은 치게 됨니다. 이렇게 되면 안정적이고 부드러운 우상향하는 수익곡선을 기대할 수 있습니다.

타임 프레임의 분산 개념은 기본적인 동적 자산 배분의 기본적인 방법론으로 삼고 있는 '평균 모멘텀 스코어' 전략에 녹아 있습니다.

기존 동적 자산 배분 모델이 간과한 문제점 2. 횡보장에 대한 대비가 없음

기존 동적 자산 배분모델이 간과한 두 번째 문제점은 횡보장에 대한 대비책이 없다는 것입니다. 기본적으로 모멘텀 전략은 추세추종 전략이기 때문에 하락장이 아닌 횡보장에서 손실이 누적되는 구조입니다. 그런데 횡보장에 대한 대비가 없다는 것은 치명적인 단점을 내포하게 됩니다.

시장의 불확실성이 가중되거나 뚜렷한 방향성이 없으면 그냥 매수 후 보유만도 못한 지속적인 손실을 보게 됩니다. 이는 투자자에게 큰 스트레스를 주게 되죠. 추세추종 전략을 구사하면서 횡보에 대처하는 가장 간단한 방법은 해당 자산에 100% 투자하지 말고, 현금비율을 일정 부분 유지하는 것입니다. 이렇게 하면 횡보장에서 꼭지에 사서 바닥에서 팔았을 때 발생하는 손실을 많이 줄일 수 있습니다.

기존 동적 자산 배분 모델이 간과한 문제점 3. 시스템 스톱

다양한 타임 프레임에 분산투자하고, 현금을 일정 비율까지 혼합하면 단순한 기존의 동적 자산 배분 모델보다 안정성이 훨씬 높아지는 것은 사실입니다. 하지만 이것이 끝은 아닙니다. 왜냐하면 이렇게까지 이중 안전장치를 갖춘다고 하더라도, 투자를 통해 발생하는 수익곡선이 하락하는 경우가 부지기수이기 때문입니다. 기본적으로 모멘텀 전략의 관점에서 살펴본다면 수익곡선이 하락하는 가장 주요한 원인은 역시 횡보장일 때입니다.

현금 혼합 전략이 손실폭을 줄여주는 것은 사실이지만 하락을 완전히 제한하는 구조는 아닙니다. 그렇기 때문에 전략을 통해 발생하는 수익곡선의 추세도 시스템 스톱이나 수익곡선 모멘텀 같은 구조를 통해 관리해야만 비로소 안전한 구조가 확립됩니다.

MPAA 모델에서는 이러한 기존의 자산 배분 모델의 단점을 타임 프레임의 분산, 현금 혼합(횡보장 대비), 수익곡선 모멘텀(시스템 스톱)이라는 단순하지만 견고한 장치를 통해 구조적으로 보완한 상태에서 과최적화 없이 포트폴리오 배분이 이루어지게 됩니다. 그러므로 구조적으로 상당히 견고한 수익곡선이 창출됩니다.

💲 MPAA 전략의 로직

그러면 지금부터는 MPAA 전략의 구체적인 로직에 대해 알아보겠습니다.

MPAA 전략은 기본적으로 글로벌 멀티 애셋 포트폴리오 전략입니다. 현재 우리나라에는 상당히 다양한 자산군(주식, 채권, 상품 등)의 ETF가 많이 출시되어 있어 이런 멀티 애셋 포트폴리오를 구성하는 데 전혀 지장이 없을 정도가 되었습니다.

MPAA 전략을 시뮬레이션하기 위해서는 원칙적으로 다양한 ETF 종목의 가격을 기반으로 테스트하는 것이 맞습니다. 하지만, 실제 ETF 가격을 이용하면 백테스트할 수 있는 종목과 기간이 제한됩니다. 그렇기 때문에 여기서는 ETF가 추적하는 다양한 인덱스 데이터를 기준으로 시뮬레이션해보도록 하겠습니다. 테스트 대상이 되는 인덱스는 ETF로 출시된 것도 있고, 출시되지 않은 것도 있습니다. 그러나 워낙 유니버스가 넓고 다양하기 때문에 출시되지 않은 인덱스를 대상으로 시뮬레이션하더라도 분산 효과에 의해 실제 성과에는 큰 차이가 없습니다.

투자 대상 : ETF로 투자가 가능한 다양한 자산군의 인덱스

• 주식 : 12 종목(국가)

S&P500(미국), 러셀3000(미국), 니케이225(일본), 항생(홍콩), 홍콩 H(홍콩), 대만 가권, 상해 종합(중국), FTSE 100(영국), CAC 40(프랑스), DAX(독일), KOSPI(한국), SENSEX(인도)

• 주식(국내 섹터) : 26 종목(FnGuide 섹터 인덱스)

에너지, 화학, 금속 및 광물, 기타 소재, 건설, 기타 자본재, 상업 서비스, 운송, 자동차 및 부품, 소매(유통), 소비자 서비스, 미디어, 유통, 음식료 및 담배, 생활용품, 의료, 은행, 보험, 증권, 기타 금융, 소프트웨어, 하드웨어, 반도체, 디스플레이, 통신서비스, 유틸리티

• 주식 팩터(국내 스마트 베타) : 30 종목(FnGuide 인덱스)

블루칩30, 모멘텀, 경기방어주, 베타플러스, 로우볼, 배당성장, 빅볼지수, 컨트래리안, 퀄리티밸류, 대형가치, 대형성장, 대형순수가치, 대형순수성장, 중형가치, 중형순수가치, 중형순수성장, 소형가치, 소형성장, 소형순수가치, 소형순수성장, 중대형가치, 중대형성장, 중대형순수가치, 중대형순수성장, 중소형가치, 중소형순수가치, 중소형성장, 중소형순수성장

- 채권(국내 장기 국고채) : 3 종목

10년 만기 국고채 총수익 지수, 20년 만기 국고채 총수익 지수(10년 만기 국고채 레버리지 지수로 계산), 10년 만기 채권 인버스 지수(10년 만기 국고채 지수 인버스로 계산)

- 현금(국내 단기 국고채) : 1 종목

3년 만기 국고채 총수익 지수

투자 방법

Step 1 : 상대 모멘텀 적용

현금을 제외한 각 자산군(주식 국가, 주식 섹터, 주식 팩터, 채권)에 상대 모멘텀 전략을 적용합니다.

- 1 단계 : 각 자산군에 속한 개별 종목의 1~12개월 평균 모멘텀을 각각 계산합니다.

- 2 단계 : 각 자산군에 속한 종목을 1~12개월 평균 모멘텀이 높은 순으로 정렬합니다.

- 3 단계 : 각 자산군에서 평균 모멘텀이 높은 상위 30% 종목을 선정합니다.

   예) 주식 국가 자산군은 총 12 종목이므로, 12 종목의 상위 30%=3.6 종목(4종목), 모멘텀이 높은 상위 4종목 선정

－주식 섹터 자산군은 총 26 종목이므로, 대략 9종목 선정

－주식 팩터 자산군은 총 30 종목이므로, 10 종목 선정

－채권 자산군은 3 종목이므로, 1종목 선정

Step 2 : 절대 모멘텀 적용(현금 혼합)

• 1단계 : Step 1에서 선정된 상대 모멘텀 상위 종목의 1~12개월 평균 모멘텀 스코어를 각각 계산합니다.

• 2단계 : 선정된 각각의 종목을 평균 모멘텀 스코어에 비례하여 일정 비율의 현금과 혼합합니다.

⑩ Step 1 주식 국가에서 S&P500이 선정되었고, 이때 평균 모멘텀 스코어가 0.75였습니다. 현금 비중을 1로 정한 경우, S&P500 : 현금=0.75 : 1. 이런 방식으로 선정된 종목에 대해 현금과 혼합한 포트폴리오를 구성합니다(현금 혼합 비율은 투자자 기호에 맞게 조절 가능).

Step 3 : 자산군 배분 비중 적용

• 1단계 : 각 자산군 간의 배분 비중을 결정합니다. 투자자 기호에 맞게 조절할 수 있으나 시장 상황에 무관한 절대 수익을 얻기 위해서는 주식군과 채권군을 1 : 1로 배분하는 것이 가장 안정적입니다. 주식군은 국가, 섹터, 팩터의 3가지 군인데, 채권은 1가지 군이므로 주식군과 채권군의 비중을 1:1로 맞추려면 주식 국가 : 주식 섹터 : 주식 팩터 : 채권=1: 1: 1: 3 이 되어야 합니다(1+1+1 =3).

- 2단계 : 정해진 전체 자산군의 배분비에 따라, Step 2에서 선정된 모멘 텀 비중 현금 혼합 포트폴리오 개별 종목에 비례하여 배분합니다.

  ㉎ 주식 국가군의 기본 배분비율 = 1 / (1 + 1 + 1 + 3) = 0.17(17%)

  주식 국가군에서 선정된 종목 수 = 4종목

  주식 국가군에서 선정된 모멘텀 비례 현금 혼합 포트폴리오 한 종목당 투자 비중=17% × 1 / 4 = 4.25%

  이런 방식으로 각 자산군에서 선정된 종목의 현금 혼합 포트폴리오의 개별 배분 비중을 결정합니다.

Step 4 : 수익곡선 모멘텀

- 1단계 : Step 3의 과정을 매월 말 반복하여 리밸런싱합니다.

- 2단계 : 이를 통해 나타난 전체 투자의 수익곡선을 하나의 종목처럼 간 주, 이것의 1~6개월 평균 모멘텀 스코어를 계산합니다.

- 3단계 : 최종 투자 비중 결정

  MPAA 전략 투자 비중 : 현금=수익곡선 1~6개월 평균 모멘텀 스코어 : 1-수익곡선 1~6개월 평균 모멘텀 스코어

  ㉎ MPAA 전략 최근 6개월 평균 모멘텀 스코어가 0.75인 경우,

    MPAA 전략 투자 비중 : 현금 = 0.75 : 0.25

- 4단계 : 매월 리밸런싱

❺ 데이터 및 전략 파이썬 코드 다운로드

전략은 파이썬을 기반으로 시뮬레이션했기 때문에, 우선 파이썬을 실행시킬 수 있는 툴킷을 설치해야 합니다. 그리고 다음으로 인덱스 자료가 있는 엑셀 파일을 다운받아야 합니다. 이 상태에서 코드를 실행시키면 되는데, 순서대로 따라 하면 됩니다.

Step 1 : 아나콘다^Anaconda 설치

- 아나콘다는 파이썬 실행 프로그램과 관련 라이브러리를 한 번에 설치할 수 있는 프로그램입니다.
- https://www.continuum.io/downloads에 접속하여 본인의 운영체제에 맞는 설치 파일 다운로드 후 설치합니다.

Step 2 : 데이터 파일, 시뮬레이션 코드 파일 다운로드

- http://cafe.naver.com/invest79/1303에 접속하여 첨부 파일 2개를 다운로드 후 적당한 폴더에 저장합니다.

Step 3 : 파이썬 프로그램 상에서 시뮬레이션 실행

- 아나콘다 설치가 완료되면 스파이더^Spyder라는 파이썬 프로그램이 생성되는데, 스파이더^Spyder를 실행합니다.
- 스파이더^Spyder−파일^File−오픈^Open 메뉴에서 좀 전에 다운받은 MPAA.py 파일을 선택합니다.

여기까지 제대로 되었다면 다음과 같은 코드가 뜰 것입니다.

```
# coding: utf-8
# ### Modified PAA model by Scott Lee, systrader79
```

1. 전략의 콘셉트

- 다중 모멘텀 기반의 multi asset dynamic asset allocation model
- 1~12개월 상대 모멘텀 n개 선정 → 현금 혼합 → 자산군 비중 배분 → 최종 수익곡선 모멘텀(6개월) 적용

2. 기존 모멘텀 전략 대비 장점

- 추세추종 전략의 노이즈를 먼저 제거한 상태에서 상대 모멘텀 전략 적용합니다. → 훨씬 안정적
- 모든 자산과 구조적으로 상관성이 낮을 수밖에 없는 현금을 2회 연속 혼합한 수익곡선을 하나의 자산군으로 이용합니다. → 개별 자산 간의 상관성이 높아지는 구간에서도 낮은 포트폴리오 상관성 유지가 가능합니다. → 구조적인 드로우다운 감소 효과
- 복잡한 계산이 불필요(상관성, 변동성 불필요)하면서도 낮은 MDD(최대 손실률)와 높은 CAGR(연평균수익률) 달성이 가능합니다.
- 최적화를 배제 → 인풋input 데이터와 무관하게 구조적으로 견고합니다(실제로 어떤 자산군, 어떤 정도의 상대 모멘텀을 적용하더라도 수익곡선에는 큰 변화가 없음).
- 수익곡선 모멘텀을 처음 적용하는 시점에서 현금비율 조절함으로써 aggressive(어그레시브, 공격적인), moderate(모더레이트, 보통

의), conservative(컨설베이티브, 보수적인) 모델로 기호에 따라 자유롭게 조절 가능합니다.

- 현금 조절 로직과 더불어 투자하기 원하는 자산군 및 해당 투자 비중을 투자자 구미에 맞게 조절 가능 → DIY 포트폴리오 운용 가능합니다.
- ETF를 이용한 로보어드바이저나, 개인화된 투자 솔루션에 최적입니다.

In[71]:

1. 데이터 가져오기

파일 = pd.ExcelFile('N:\투자시뮬\통합 포트엑셀1.xlsx') 부분에 자신이 다운받은 엑셀 파일 경로와 엑셀 파일 이름대로 지정하여 수정

```
import pandas as pd
import matplotlib.pyplot as plt
import numpy as np
import matplotlib
matplotlib.rc('font', family='Malgun Gothic',size=8, weight = 'bold')


파일 = pd.ExcelFile('N:₩투자시뮬₩통합 포트엑셀1.xlsx')
자산군 = 파일.sheet_names
자산군
```

In[72]:

2. 자산군별 데이터 프레임 설정

```
자료 = { }

for i in 자산군:

    자료[i] = 파일.parse(i)

    자료[i].index = 자료[i].날짜

    자료[i].drop('날짜', axis = 1, inplace=True)

    print(i+'개수',len(자료[i].columns))
```

In[73]:

3. 함수 설정

```
def 월간수익률(데이터):

    return 데이터 / 데이터.shift(1)


def 변동성대비모멘텀(데이터):

    a = 데이터/데이터.shift(12)

    b = 월간수익률(데이터).rolling(12).std()

    return a/b


def 연평균수익률(데이터):

    return 데이터/데이터.shift(12)


def 평균모멘텀(데이터):
```

```python
    초기값 = 0

    for i in range(1, 13):

    초기값 = 데이터 / 데이터.shift(i) + 초기값

    return 초기값 / 12


def 모멘텀순위(데이터, 순위):

    x = 평균모멘텀(데이터)

    y = x.iloc[ : , 0: len(x.columns)].rank(1, ascending=0)

    y[y 〈 = 순위] = 1

    y[y 〉 순위] = 0

    return y


def 평균모멘텀스코어(데이터):

    a = 평균모멘텀(데이터).copy()

    초기값 = 0

    for i in range(1, 13):

    초기값 = np.where(데이터 / 데이터.shift(i) 〉 1, 1, 0) + 초기값

    a[a 〉 −1] = 초기값/12

    return a


def 평균모멘텀스코어6(데이터):

    a = 평균모멘텀(데이터).copy()

    초기값 = 0
```

```python
for i in range(1, 7):

    초기값 = np.where(데이터 / 데이터.shift(i) > 1, 1, 0) + 초기값

    a[a > -1] = 초기값/6

    return a


def 현금 혼합모멘텀수익곡선(데이터, 현금비율=0.25):

    x = 월간수익률(자료['현금'])*현금비율

    a = pd.DataFrame((월간수익률(데이터).values*평균모멘텀스코어
    (데이터).shift(1).values+x.values)/(현금비율+평균모멘텀스코어(데이
    터).shift(1).values)).cumprod()

    a.index = 데이터.index

    a.columns = 데이터.columns

    return a


def 자산군통합포트(데이터, 순위, 자산군비중):

    x = 월간수익률(현금 혼합모멘텀수익곡선(데이터))

    y = np.where(모멘텀순위(데이터, 순위).shift(1)==0,np.nan,자산군비중/
    순위)

    z = ((x*y).sum(1)).dropna()

    z = z.replace(0, np.nan)

    return z


def 통합모멘텀(국가비중,섹터비중,팩터비중,채권 비중):
```

```python
    a = 자산군통합포트(자료['국가'],4,국가비중)

    b = 자산군통합포트(자료['섹터'],8,섹터비중)

    c = 자산군통합포트(자료['팩터'],10,팩터비중)

    d = 자산군통합포트(자료['채권'],1,채권 비중)

    e = (pd.concat([a, b, c, d], axis=1).sum(1)/(국가비중+섹터비중+팩터비
    중+채권 비중))

    e = e.replace(0,np.nan).cumprod()

    e.columns = ['통합수익']

    return e


def 수익곡선모멘텀(국가비중,섹터비중,팩터비중,채권 비중):

    x = 월간수익률(자료['현금'])

    y = pd.DataFrame(통합모멘텀(국가비중,섹터비중,팩터비중,채권 비중),
    index = x.index)

    a=pd.DataFrame((월간수익률(y).values*평균모멘텀스코어6(y).shift(1).
    values+(1-평균모멘텀스코어6(y).shift(1).values)*x.values), index =
    x.index).cumprod().dropna()

    return a
```

In[74]:

4. 결과 plot

```python
# 국가, 섹터, 팩터, 채권
```

```
a = 수익곡선모멘텀(1,1,1,3)

b = 자료['국가'].KOSPI/자료['국가'].KOSPI.ix[0]

c = pd.concat([a, b], axis=1).dropna()

c.columns = ['포트폴리오', '코스피']

c.divide(c.ix[0]).plot(figsize = (18,12))

plt.show()
```

5. MDD

```
최대하락 = c.포트폴리오.rolling(min_periods=1, window = 500).max()

당월하락 = c.포트폴리오/최대하락 - 1.0

최대하락폭 = 당월하락.rolling(min_periods=1, window=500).min()


당월하락.plot(subplots=True, figsize = (8,2), linestyle = 'dotted')

최대하락폭.plot(subplots=True, figsize = (8,2), color = 'red',

linestyle='dotted')

plt.show()
```

6. MDD / CAGR

```
투자기간 = len(c.index)/12

print("MDD : "+str(최대하락폭.min()*100)[0:5]+"%")

print("CAGR : "+str(c.포트폴리오[-1]**(1/투자기간)*100-100)[0:4]+"%")
```

❺ 시뮬레이션 방법

Step 1. 엑셀 파일 가져오기

다운로드 받은 엑셀 파일의 위치를 찾아 아래 코드의 엑셀 파일 부분의 주소와 데이터 파일 이름 수정합니다. (아래 코드를 그대로 적용하는 것이 아니라 자신이 다운받은 주소와 엑셀 파일 이름으로 바꿉니다.)

#1 In[1]:

1. 데이터 가져오기

```
import pandas as pd

import matplotlib.pyplot as plt

import numpy as np

import pandas_datareader.data as web


matplotlib.rc('font', family='malgun Gothic', size=8, weight='bold')


파일=pd.Excelfile('N':\투자\투자시뮬\포트폴리어 데이터 가공.xlsx')

자산군=파일.sheet_names

자산군
```

Step 2. 현금 비중 지정

현금 비중이 늘어나면 안정성이 커지지만 수익이 떨어지고, 현금 비중을 낮추면 수익률은 높아지지만 변동성은 커집니다. 자신의 투자 성향에 맞게 현금비율을 0~1 사이에서 자유롭게 수정합니다. 1보다 커져도 상관은 없지만, 이렇게 되면 현금 비중이 너무 높아져 투자의 의미가 별로 없어집니다. 개인적으로는 공격적 투자(0.25), 보통(0.5), 보수적(1) 값을 추천합니다.

```
def 현금혼합모멘텀수익곡선(데이터, 현금비율=0.5):

    x=월간수익률(자료['현금'])*현금비율

    a=pd.DataFrame((월간수익률(데이터).value*평균모멘텀스코어(데이

    터).shift(1).values+x.values)/(현금비율)

    a.index=데이터.index

    a.columns=데이터.columns

    return a
```

Step 3. 자산군별 모멘텀 랭킹 상위 종목 개수 선정

각 자산군 내에서 모멘텀이 큰 종목 몇 개를 고를지 결정하는 과정입니다. 개수를 늘리면 안정성이 좋아지지만 상대적으로 수익률은 떨어지고, 개수가 적으면 수익률은 높으나 변동성이 커집니다. 자유롭게 테스트하면서 결과를 확인해보시죠. 개인적으로는 전체 자산군 개수의 1/3 정도를 추천합니다. 물론 채권군에는 1개밖에 없으니 어쩔 수 없이 1을 지정해야겠죠?

자료['국가'], 뒤의 숫자가 모멘텀 상위 종목의 개수이고 이 값을 자유롭게 변경하면 됩니다. 이 숫자가 각 자산군에 속한 종목의 총 개수보다 크면 당연히 안 되겠지요?

```
def 통합모멘텀( ):

    a=자산군통합포트(자료['국가'],5)

    b=자산군통합포트(자료['섹터'],10)

    c=자산군통합포트(자료['팩터'],4)

    d-자산군통합포트(자료['채권'],1)

    e.columns=['국가', '섹터', '팩터', '채권']

    return e
```

Step 4. 자산군 간 비중 결정

각 자산군 간 대표 모멘텀 포트폴리오가 완성되었으므로, 각 자산군 간의 배분 비중을 나에게 맞게 설정해줍니다. a = 최종 수익곡선(1, 1, 1, 0)의 괄호 안의 4가지 숫자가 순서대로 각각 국가, 섹터, 팩터, 채권군의 배분 비중입니다. 자유롭게 값을 바꿔보기 바랍니다.

```
    a=최종수익곡선(1,1,1,0)

    b=자료['국가'].한국/자료['국가'].한국.ix[0]

    c=pd.concat([a,b], axis=1).dropna( )

    c.divide(c.ix[0]).plot(figsize=(8,6))

    plot.show( )
```

이제 끝입니다. 값을 다 설정했으면 F5 키를 누르고 수익곡선을 확인하면 됩니다. 위 그래프는 수익곡선이고, 아래 그래프는 MDD(최대 손실률) 그래프입니다.

MPAA 전략의 가장 큰 장점이 현금의 비율을 자신의 취향에 맞게 조절할 수 있다는 점입니다. 즉 현금비율을 조절함으로써 얼마나 공격적·안정적으로 투자할지 조절이 가능하다는 의미입니다. 그러면 시뮬레이션 결과를 한 번 살펴볼까요? 공통 로직은 다음과 같습니다.

- 자산군 모멘텀 상위 1/3개 종목 선정
- 자산군 배분 비율
  주식 국가 : 주식 섹터, 주식 팩터 : 채권 = 1 : 1 : 1 : 3

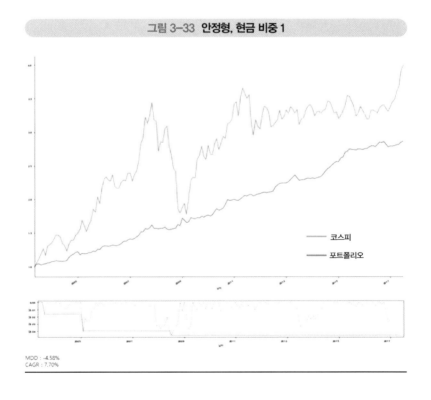

그림 3-33 **안정형, 현금 비중 1**

코스피
포트폴리오

MDD : -4.58%
CAGR : 7.70%

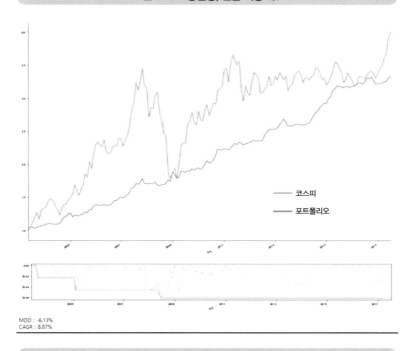

그림 3-34 중립형, 현금 비중 0.5

MDD : -6.13%
CAGR : 8.87%

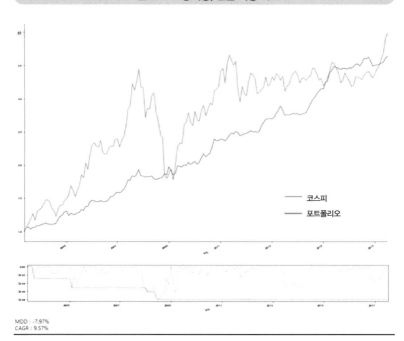

그림 3-35 공격형, 현금 비중 0.25

MDD : -7.97%
CAGR : 9.57%

그렇다면 여기서 현금 비중을 1, 0.5, 0.25로 변화시키면서 투자 시뮬레이션 결과를 확인해보겠습니다.

보는 바와 같이 연복리 수익률 8~10% 대에 MDD(최대 손실률) −5~−8% 대의 절대 수익을 달성할 수 있음을 확인할 수 있습니다.

💲 MPAA 전략의 우수성

현재 수많은 자산군을 대상으로 한 ETF 상품이 계속해서 나오고 있고, 전략적인 알파를 추구할 수 있는 스마트 베타 인덱스를 추종하는 ETF도 지속적으로 발전하고 있는 상황입니다. 이를 고려하면 MPAA 전략의 투자군도 훨씬 더 다변화시킬 수 있다는 점에서 고무적입니다.

백테스트 자료에 국내에 출시된 훨씬 더 성과가 뛰어난 스마트 베타 인덱스나 대체 자산군(상품, 환율, 인버스)도 얼마든지 넣을 수 있었습니다. 하지만, 일단은 가장 기본적인 자산군만 넣고 평가한 이유는 현재 나온 스마트 베타 인덱스 중 과최적화가 의심되는 것들이 있기 때문입니다.

그러나 실제 투자에서 과최적화가 발생한다고 하더라도 모멘텀 전략을 이중으로 적용시켜 투자하면 성과가 나쁜 종목은 자연스럽게 포트폴리오에서 빠지는 구조입니다. 그러므로 과최적화된 상품마저도 실제 퍼포먼스에 영향은 주지 않습니다(다만 백테스트상에서는 과최적화된 상품의 퍼포먼스가 실제 퍼포먼스보다 과장되게 나타날 수 있다는 점에서 스마트 베타 인덱스를 많이 넣지는 않았습니다).

장기적인 관점에서 볼 때 환율이나 인버스 같은 지수는 현금흐름^{Cash Flow}을 창출하는 자산군이 아니므로 일반적으로 모멘텀 기반의 추세 포트폴리오의 편입 자산군으로는 적절하지 않습니다. 하지만 MPAA 전략을 이용하면 얼마든지 보조적인 수단으로 이용이 가능합니다.

이를테면 주식 인버스 지수를 주식군에 넣고 모멘텀 상위 셀렉션selelction 로직을 적용하면, 전반적인 상승장에서는 자연스럽게 일반 주식 인덱스가 강세를 보이므로 탈락하게 됩니다. 하지만 하락장에서는 자연스럽게 인버스가 강세를 보여 편입되는 구조입니다. 그러므로, 카멜레온처럼 시장 상황을 정확하게 반영하고 포트폴리오의 안정성에 기여할 수 있는 좋은 수단이 됩니다.

다양한 방법으로 시뮬레이션해보면 알겠지만, MPAA 전략은 기본적으로 가격의 노이즈를 현금이라는 가장 안정적이고 모든 자산군과의 상관성이 낮은 자산과 모멘텀을 기반으로 2번에 걸쳐 혼합하여 희석시킨 구조입니다. 때문에 다른 자산과의 상관성이 수학적·구조적으로 낮게 됩니다.

그렇기 때문에 EAA나 MCA Minimum Correlation Algorithm 같은 수학적으로 더 세련된 장치가 없습니다. 그럼에도 불구하고 타 자산군과의 상관성이 급증하는 시기에도 기본적으로 포트폴리오의 변동성을 완화하는 구조적인 장치가 내재되어 있어 퍼포먼스가 안정적입니다.

또한 타임 프레임의 선정 과정에도 과최적화의 개념을 아예 배제시켰기 때문에, 시장이 어떻게 움직이더라도 어느 정도는 부분적으로나마 시장의 가장 확실한 움직임을 추적하도록 되어 있습니다. 때문에 수익률의 편차도 상당히 작게 나타납니다. 이는 기존의 동적 자산 배분 모델과 가장 확실하게 대비되는 가장 큰 장점이라고 할 수 있습니다.

MPAA 전략 수익 구조의 핵심은 위험 자산의 움직임이 아닌 현금 자산의 비중을 조절하는 것입니다. 그런데 현금성 자산은 리스크와 변동성이 가장 낮다는 점에서 포트폴리오 리밸런싱에 의한 리밸런싱 게인^{rebalancing gain}을 얻기에 가장 뛰어난 투자 수단입니다.

MPAA 모델에서는 타임 프레임을 첫 번째 모멘텀 스코어 적용 단계에서 12단계로 분산시킨 후, 2번째 수익곡선 모멘텀 단계에서도 다시 한 번 6단계로 분산시키고 현금을 2단계로 희석, 리밸런싱하는 구조입니다. 그렇기 때문에, 단일 종목에 투자함에도 불구하고 무려 18번의 분산투자 로직이 내재된 구조라고 할 수 있습니다. 그런데 이는 기존의 동적 자산 배분 모델이 단일한 타임 프레임을 기준으로 switch on(스위치 온)/off(오프)하는 시스템에 비해 월등한 분산 효과를 보여줍니다.

MPAA 전략에서는 기본적으로 자산군의 가격 자체가 트레이딩 대상이 되는 것이 아닙니다. 횡보장에 대한 대비, 변동성 리스크에 대한 대비가 어느 정도 가미되어 노이즈가 제거된 수익곡선이 투자 대상이 됩니다.

이런 장점 때문에 투자 자산 간의 복잡한 상관관계를 고려하지 않고 아무렇게나 동일비중으로 포트폴리오를 구성해도, 투자 자산의 개수가 너무 적지 않고 집중되지만 않으면, 어떤 조합에서도 유사한 퍼포먼스를 보인다는 점도 큰 장점입니다.

이는 투자자가 자신의 입맛에 맞게 투자 유니버스만 선정하고, 현금 비중, 자산군 간의 배분비율을 그 어떤 방향으로 선정해도 변동성이 구조적으로 낮고 안정적인 수익곡선을 기대할 수 있습니다. 이런 점에서 최근 이슈가 되고 있는 ETF 기반의 동적 자산 배분 펀드나 솔루션에 최적화된 구조라고 할 수 있습니다.

이처럼 MPAA 전략은 시장 상황과 무관하게 연 10%대의 안정적인 복리 수익을 얻기에 상당히 좋은 전략입니다. 하지만 문제는 개인투자자가 이 전략을 구사하기는 쉽지 않다는 점입니다. 수많은 유니버스 종목을 매월 모니터링하고 리밸런싱하기가 결코 쉽지 않기 때문입니다.

한 가지 희소식은 2017년 6월 삼성자산운용에서 MPAA 전략에 기반을 둔 펀드가 출시되어 개인투자자들도 쉽게 투자할 수 있는 길이 열렸습니다. '삼성 글로벌 ETF 로테이션 성과 보수' 펀드인데, 이 펀드에 투자하면 아주 간단한 방법으로 MPAA 전략에 투자할 수 있습니다. 펀드 슈퍼마켓(http://www.fundsupermarket.co.kr/main.do)에서 비대면으로 계좌를 개설하여 투자가 가능합니다. 수수료도 업계 최저 수준인 데다가 선취나 환매 수수료도 없어 쉽고 편하게 투자할 수 있습니다.

Part
4

ETF를 활용한
단기 트레이딩 아이디어

변동성 돌파 단타 전략

Q 핵심 요약

1. 시장의 움직임이 급격한 단기적인 타이밍에 추세의 방향으로 진입하여 짧은 시세를 취하는 트레이딩 방법을 변동성 돌파 전략이라고 한다.
2. 레버리지 ETF를 이용한 변동성 돌파 단타 전략으로, 장기적으로 수익이 나는 단기 매매 전략을 구사할 수 있다.

지금까지는 대부분 월 단위의 장기투자 전략을 알아보았습니다. 월 단위의 포트폴리오 전략은 장기적으로 상당히 안정된 전략이지만, 좀 지루한 면이 있었죠? 그래서 이제부터 당일에 매수하여 다음 날 시가에 매도하는 짧은 스윙 트레이딩 전략을 소개하려 합니다.

전략의 로직은 상당히 단순하지만, 다양한 종목이나 지수에 응용이 가능합니다. 그리고 안정적인 수익을 기대할 수 있기 때문에 충분히 투자에 적용해볼 만합니다. 기술적 단기 추세추종 매매 중 가장 대표적인 전략 중 하나인 변동성 돌파Volatility Range Breakout 전략입니다. 여기서는 전설적인 선물 트레이더로 세계적인 명성을 얻은 래리 윌리엄스Larry Williams가 개발한 전략을 소개합니다.

⑤ 래리 윌리엄스는 누구인가

우리나라에서는 아무래도 기술적 투자보다는 가치투자 위주의 투자 문화가 주류를 이루고 있습니다. 그래서 기술적 투자 기법이나, 위대한 트레이더들에 대해서는 잘 모르는 경우가 상당히 많은데요.

가치투자에 워런 버핏, 벤저민 그레이엄 등이 있다면, 기술적 투자에서는 추세추종의 선구자였던 제시 리버모어, 데니스 에크하르트를 위시한 수많은 터틀 트레이더 그리고 지금 소개하는 래리 윌리엄스가 있습니다.

래리 윌리엄스는 1987년 세계 선물 매매 선수권 대회에서 우승했으며, 1만 달러를 1년 만에 114만 7,000달러로 불렸습니다. 그의 딸인 미첼 윌리엄스는 아버지의 가르침을 그대로 따라 1,000%의 수익을 냈고, 2006년 아버지의 뒤를 이어 우승을 차지했습니다.

그는 트레이더로서 기술적 지표를 개발(증권사 hts에 기본으로 탑재된 williams%R)하였고, 단순하지만 기발한 트레이딩 아이디어를 이용하여 단기적인 기술적 트레이딩에 능했습니다. 다양한 트레이딩 저서를 써서 투자자들에게 큰 도움을 주었는데, 대표적인 것이 《How I made 1000000

$ trading commodities last year》《Long term secrets to short term trading》등이 있습니다. 지금 소개할 윌리엄스의 단기 변동성 돌파 전략은 그가 가장 아끼는 전략으로 개발된 지 오래되었음에도 여전히 시장에서 유용하게 사용되고 있습니다.

그럼 전략을 확인해볼까요?

전략 규칙

- 일봉 기준 range 계산 : 전일 고가 − 전일 저가
- 매수 : 당일 장중 가격 > 당일 시가 + 전일 range → 돌파 시점에 시장가 매수
- 매도 : 다음 날 시가 시장가 청산

전략의 원리

전략의 규칙을 확인한 10명 중 9명은 아마 이런 생각을 하실 겁니다.

'뭐? 당일 시가 대비 전날 일봉의 최대 등락폭을 넘어 상승했을 때 매수하라고? 한 푼이라도 낮은 가격에 싸게 사도 수익이 날까 말까 한데, 어마어마한 고점에 들어가라고?'

〈그림 4-1〉은 ETF 투자를 가정하여 매매 수수료 0.03%를 반영한 수익곡선입니다. 안정적으로 우상향하고 있습니다. 이 사실은 막연하게 옳다고 믿었던 여러분의 생각이 틀렸음을 의미합니다.

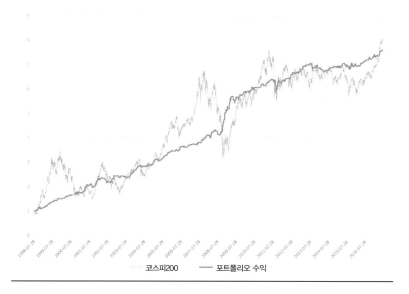

그림 4-1 변동성 돌파 전략의 수익곡선 : 코스피200

…… 코스피200 —— 포트폴리오 수익

대체 왜 이런 현상이 일어날까요?

이유는 간단합니다. 가격의 움직임에 존재하는 '추세'라는 속성 때문입니다. 앞에서도 언급했지만, 수익을 내는 방법은 '싼 가격에 사서, 비싼 가격에 파는 것'입니다. 그런데 기술적 추세추종 관점에서 싼 가격은 '떨어져서 점점 싸지는 가격'이 아니라, 오히려 반대로 '올라가서 점점 더 비싸지는 가격'입니다. 가격에는 관성이 있어서 올라가는 놈은 단기적으로 더 올라가고, 떨어지는 놈은 단기적으로 더 떨어지는 속성이 있기 때문입니다.

물론 추세라는 속성이 언제까지나 지속될 수는 없기 때문에, 이 추세가 현재 상황에서 강하게 형성되었을 때 즉시 편승해서 짧게 먹고 나가자는 것이 바로 단기 추세추종 매매의 핵심 철학입니다.

이 원리를 이해하지 못하면, 항상 떨어질 때 매수한 후 물타기로 파랗게 멍들었다가 약간 올랐을 때 본전만 유지하고 나오기 때문에 수익을 낼 수가 없습니다. 이러한 매수 조건이 발생하는 진입 시점은 당일 기준으로 상당히 고가권이기 때문에, 차익실현 매물로 인해 떨어지는 경우도 얼마든지 있습니다.

하지만 장중에 당일 시가 대비 전일 최대 등락폭을 넘어서는 범위로 가격이 움직였다는 사실은 그만큼 강한 상승세가 존재한다는 것을 의미합니다. 그렇기 때문에 다음 날 시가까지의 매우 단기적인 구간에서는 떨어질 가능성보다는 상승할 가능성이 더 큽니다. 즉 역추세적인 메커니즘보다는 추세적인 메커니즘이 발동할 가능성이 크다는 것이죠. 그 추세를 이어서 다음 날 시가까지 가져가겠다는 단기 추세 전략이 래리 윌리엄스의 변동성 돌파 전략의 핵심입니다.

비싸게 산다는 것은 어중간하게 올라서 움직임이 반전되는 잡다한 경우를 필터링하겠다는 의미입니다. 따라서 기존의 역추세적 마인드로 접근하면 절대로 이 전략을 이해할 수 없습니다. 때문에 이 개념은 상당히 중요합니다. 사실 장중에 주가가 당일 시가 대비 최근의 일봉 최대 등락폭을 넘는 경우는 흔히 발생하지 않습니다. 통계를 내보니 대략 전체 거래일의 12% 정도에서 신호가 발생하는 것으로 확인되었습니다. 즉 1~2 주에 한 번 나오는 신호입니다.

데이트레이딩이나 단타에서 수익을 내기 위한 절대적인 조건은 변동성이 커야 한다는 점인데요. 왜냐하면 변동성이 작으면 매매 수수료가 수익을 다 갉아먹기 때문입니다.

단기 매매의 핵심 수익 구조는 '큰 변동성 + 짧은 손절'인데, 이 요인을 생각하지 않고 변동성이 작은 장에서 계속해서 기법만 믿고 매매하다가는 실패할 수밖에 없습니다.

윌리엄스의 변동성 돌파 전략의 핵심은 매일 매매하는 것이 아니라, 이 투자 기법에 유리한 시장 상황에서만 선별적으로 진입하는 것입니다. 성공하는 투자자와 실패하는 투자자의 차이점 중 하나도 이 부분이라고 할 수 있습니다. 성공하는 투자자는 참을 줄 알고, 절제할 줄 알고, 시장에 겸손하고, 자신의 기법이 시장의 상황에 맞을 때만 매매하거나 비중을 조절합니다. 반면 실패하는 투자자는 장이 폭락하건, 계좌가 박살 나건 무조건 시장에서 '못 먹어도 고'를 외치며 올인합니다.

하지만 이 전략의 시뮬레이션 결과를 실제 투자에 적용하기에는 무리가 있습니다. 그 이유는 거래비용 때문입니다. 이 시뮬레이션에서는 ETF의 기본 거래비용인 0.03%를 적용했습니다. 하지만 실제 거래에서는 유동성에 의한 호가 슬리피지가 발생하기 때문에 실제로는 이것보다 더 큰 거래비용을 적용해야 합니다.

앞에서 살펴본 월 단위의 중장기 포트폴리오에서는 거래 회수가 한 달에 1번 정도인 데다가, 리밸런싱 회전율 자체가 낮고 가격의 움직임에 비해 거래 비용은 무시할 수 있을 만한 수준입니다. 하지만 단타로 갈수록 거래비용이 미치는 영향이 매우 커지기 때문에 이 부분을 엄격하게 고려해야 합니다.

거래비용을 0.1%로 적용한 상태에서 동일한 전략을 테스트한 결과는 〈그림 4-2〉와 같습니다. 그럭저럭 우상향한다고 볼 수도 있지만, 2010년 이후 수익은 거의 정체되어 있습니다.

이러한 현상이 나타난 근본적인 이유는 가격의 변동성에 대한 거래비용 (슬리피지 포함) 비율이 크기 때문입니다. 거래비용은 노력한다고 줄일 수 있

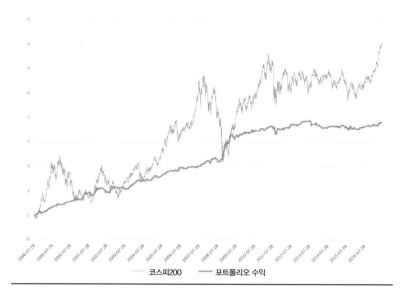

그림 4-2 변동성 돌파 전략 수익곡선 : 슬리피지 포함 거래 비용 0.1% 적용

코스피200 ──── 포트폴리오 수익

는 것이 아니라는 사실을 고려한다면, 변동성은 늘리는 수밖에 없습니다.

변동성을 늘리는 가장 쉬운 방법은 레버리지 ETF를 사용하는 방법입니다. 레버리지 ETF는 기초지수 일간 수익률의 2배를 추종하기 때문에 일 단위 등락폭도 2배가 됩니다. 따라서 변동성 돌파 같은 일간 단기 트레이딩에서 거래비용은 동일한 상태로 변동폭은 2배를 취하는 것이 가능합니다.

그렇다면 레버리지 ETF에 이 전략을 적용하면 어떻게 될까요?

앞의 시뮬레이션 결과는 코스피200지수 데이터를 대상으로 한 것인데, 이번에는 실제 ETF 가격 데이터를 이용하여 좀 더 정확하게 시뮬레이션해보겠습니다(그림 4-3, 4-4). 대상 ETF는 KODEX 레버리지입니다.

현실적인 거래비용 0.1%를 적용해도 그럭저럭 우상향하는 것을 볼 수 있

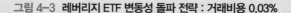

그림 4-3 레버리지 ETF 변동성 돌파 전략 : 거래비용 0.03%

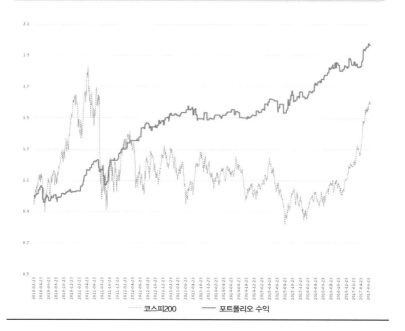

┄┄┄ 코스피200　　——— 포트폴리오 수익

그림 4-4 레버리지 ETF 변동성 돌파 전략 : 거래비용 0.1%

┄┄┄ 코스피200　　——— 포트폴리오 수익

습니다. 물론 수익곡선이 장기간 횡보하는 구간도 있고, 투자 금액에 비례하여 슬리피지도 커지기 때문에 장기간 인내심을 가지고 이 전략을 유지하기는 정말 쉽지 않을 것입니다. 하지만 전략 자체의 유용성은 충분히 확인할 수 있습니다.

전략의 업그레이드

이 전략을 어떤 식으로 더 발전시킬 수 있을까요? 방법은 다음과 같이 무궁무진합니다.

- Range 값을 그대로 쓰지 않고 range 값×특정 배수(예 : 0.5, 1.5) 이용하여 테스트
- 레버리지 모델에 적용
- 진입 후 손절선 가미 : 진입가 대비 전일 range 1/4 이하로 하락하면 손절
- 추적 청산(트레일링 스톱) 가미 : 매수 진입 후 최고 수익 발생 대비 특정 % 또는 range 특정 배수 하락 시 청산
- 다음 날 시가 청산 로직을 없애고, 손절선과 추적 청산 전략만 가미하여 다음 날 더 큰 추세를 노리는 방법
- 상관성이 낮은 다양한 종목군, 자산군에 동일한 변동성 돌파 전략을 포트폴리오로 구성
- 구성된 포트폴리오 전체에 대한 시스템 손절매 적용
- 진입 조건에 대한 좀 더 엄격한 필터링 : 평균 변동성이 감소한 상태에서만 진입

어떤 방법, 어떤 수치를 어떻게 조합하는 게 최적일까요?

정답은 존재하지 않습니다. 단지 차이만 있을 뿐입니다. 그보다 훨씬 더 중요한 것은 테스트를 통해 검증하고 정한 원칙을 끝까지 지켜나가는 것입니다.

국내 지수뿐만 아니라, 국내 종목, 해외 지수에도 이 전략을 적용해보았는데 대체적으로 유용하다는 것을 확인할 수 있었습니다. 그 이유는 백테스트 결과가 잘 나와서가 아니라, 이 로직 자체가 상식적이고 단순하기 때문입니다. 하지만 종목에 따라, 구간에 따라 잘 작동하지 않는 경우도 당연히 있었습니다. 하지만 이는 전혀 이상한 것이 아닙니다.

그렇기 때문에 항상 강조하지만, 하나의 백테스트 결과가 잘나왔다고 한껏 고무되어서 단일 종목, 단일 전략, 단일 파라미터로만 승부하려는 생각은 대단히 위험합니다. 반드시 종목의 분산, 타임 프레임의 분산, 지표의 분산, 시스템의 분산, 자금관리, 시스템 손절매 같은 '포트폴리오 운용 전략'도 치밀하게 병행해야 합니다.

단기 매매의 마켓 타이밍

Q 핵심 요약

1. 투자자들이 막연하게 옳다고 믿는 것들 중에 데이터로 검증해보면 사실이
   아닌 것이 많이 있다.

2. 지수의 움직임은 평균적으로 장중에 하락하고, 일간(오버나잇, 아침 동시호가)
   에 상승하는 패턴을 보인다.

3. 대다수의 단기 투자자들은 장 초반에 매수하여 장중에 매도하는 패턴을 보
   이는데, 확률적으로 수익을 내기 힘든 구간에 매매를 하고 있다. 그러므로,
   데이터에 기반한 시장의 움직임을 명심하고 있어야 한다.

특별히 우리나라 주식시장은 개인투자자들 중 단타 투자자의 비율이 상
당히 높은 편입니다. 단타 매매자들의 대부분은 주로 변동성이 큰 소형주나

코스닥 급등주를 주로 매매하는데, 통계적으로 이러한 투자자들 중 절대다수가 장기적으로 손실을 봅니다.

물론 리스크 관리에 대한 개념이 전혀 없이 전 재산을 올인하고, 꼭지에 사서 물타기하다가 장렬하게 전사하는 말도 안 되는 투자자들도 많이 있습니다. 하지만 이런 케이스는 논외로 하고, 정말 열심히 매매 기법과 리스크 관리에 대해 공부하고, 실전 경험을 쌓은 투자자들조차 성공하는 비율은 상당히 낮습니다.

대체 이유가 뭘까요? 결론적으로 이야기하면 시장의 속성을 전혀 모르고, 시장의 움직임에 완전히 역행하는 매매를 하기 때문입니다. 예를 들자면 아무리 리스크 관리를 잘하고 손절을 잘해도, 자신의 투자 방식이 장기적으로 손실만 볼 수밖에 없는 구조라면, 철저한 손절과 리스크 관리는 안 한 것보다야 당연히 낫겠지만, 수익을 올리지는 못합니다. 단지 파산으로 가는 시간만 연장할 뿐이죠.

많은 사람이 막연하게 '시장은 이렇게 움직일 것이다'라고 기대하고, 철썩같이 믿고 있는 시장의 단기적인 움직임의 속성은 사실 대중의 생각과는 완전히 정반대입니다. 그렇기 때문에 장기적으로 실패할 수밖에 없는 것입니다. 하지만 뒤집어 생각하면 실제로 시장이 어떻게 움직이는지 객관적으로 검증해보고, 그것이 '아무런 근거 없는 고집'으로 막연하게 '이럴 것임에 틀림없어'라고 생각하는 것과 정반대로 밝혀진다면, 비록 자존심은 상하지만 현실을 인정하고 매매 패턴을 정반대로 바꾸면 계좌 색깔도 정반대로 바뀔 수 있습니다.

왜 그런지 한 번 살펴볼까요? 많은 사람이 너무나 당연하게 생각하는 단타 매매 불변의 철칙들에 대해 데이터로 검증해보겠습니다.

❺ 오버나잇은 철저히 피해야 한다

"단기 매매의 핵심은 리스크 관리이고, 오버나잇을 하게 되면 다음 날 갭 리스크를 컨트롤하지 못하기 때문에 철저히 당일 매수, 당일 매도로 대응해야 한다."

이 말에 동의하십니까? 그러면 데이터로 검증해보겠습니다.

우선 코스피200지수, 코스닥지수를 대상으로 전일 종가 대비 당일 시가

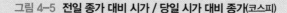

그림 4-5 **전일 종가 대비 시가 / 당일 시가 대비 종가(코스피)**

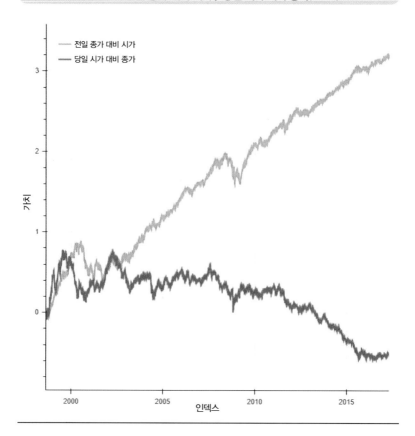

(오버나잇 수익률)의 누적 합과 당일 시가 대비 당일 종가(장중 매매 수익률)의 누적 합을 비교해보겠습니다(그림 4-5, 4-6).

어떻습니까? 패턴이 시계열과 무관하게 뚜렷하고 일관되게 나타나는 것을 확인할 수 있습니다. 그리고 특별히 시장의 효율성이 상대적으로 더 낮은 코스닥시장은 극단적으로 뚜렷한 규칙성을 보여줍니다.

갭 리스크 때문에 절대다수의 대중이 철저히 회피해야 한다고 생각하는

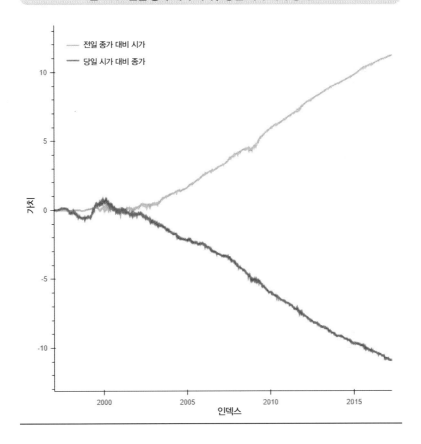

그림 4-6 **전일 종가 대비 시가 / 당일 시가 대비 종가(코스닥)**

오버나잇 구간에서는 오히려 꾸준히 안정적인 수익이 발생되는 것을 확인할 수 있습니다. 하지만 반대로, 절대다수의 대중이 피 터지게 매매해야 한다고 생각하는 장중의 구간에서는 오히려 꾸준히 손실이 발생되는 구간입니다.

이유는 분명합니다. 많은 사람이 리스크를 회피하려고 하기 때문에 정작 이런 구간에서는 안정적인 알파가 창출됩니다. 그리고 많은 사람이 매매에 뛰어드는 구간에서는 경쟁 때문에 먹을 것이 없어 손실이 발생합니다.

특별히 많은 단타 투자자는 유동성이 좋은 장 초반에 매수하여 장중에 팔려는 패턴을 보입니다. 그런데 분 단위 데이터로 검증해보면 평균적으로 코스피와 코스닥을 막론하고 장중에는 시가가 장 초반에서 고점이 형성되고, 점심때까지 꾸준하게 하락하는 패턴을 일관되게 보입니다. 즉 장 초반에 매수해서 장중에 팔겠다는 아이디어는 결국 꼭지에 사서 바닥에 팔겠다는 시도와 전혀 다를 것이 없는 것입니다.

이를 종합하면, 수많은 단타 투자자가 '막연하게 안전할 것이다'라고 생각하고, 당연히 그래야만 한다고 생각하는 투자의 원칙은 직관과는 달리 계좌를 꾸준하게 멍들게 하는 가장 완벽한 지름길임을 알 수 있습니다.

아무리 열심히 손절하고, 리스크 관리를 한다고 해도 완전히 잘못된 원칙에 기반을 두고 트레이딩을 하는 것입니다. 때문에 떨어지는 구간만 악착같이 공략을 하게 되는 꼴이 되어 꼬박꼬박 손절만 하게 되는 것입니다.

손절과 리스크 관리는 손실을 줄이기 위한 방어 수단이지, 직접 수익을 창출해주지는 못합니다. 기본적으로 수익을 낼 수 있는 매매 전략과 구조를 갖춘 상태에서 이런 손실관리 로직이 빛을 발하는 것입니다. 이를 오해하면 '왜 나는 열심히 손절을 하는데 계좌는 멍드는가?'라는 의문에서 빠져 나오지 못하게 됩니다. 장기적으로 꾸준히 안정된 수익이 발생하는 구간은 철저하게 외면하고, 장기적으로 꾸준히 안정된 손실이 발생하는 구간에만 악착같이 달라붙어서 매매를 하기 때문에 손실이 누적되는 것입니다.

⑤ 똥고집은 실패의 지름길

사실 이처럼 반박하기 힘들 정도로 뚜렷한 규칙성을 보인다는 것을 알려 드렸음에도 불구하고 절대다수의 투자자는 이 말을 듣지 않을 겁니다. 왜 그 럴까요?

'평균적으로 그런 패턴이 나온다는 건 알겠는데, 내 경제 분석과 예측으로 보면 내일은 갭 하락이야. 그러니까 오늘은 오버나잇을 하지 않을 거야. 대 신 다음 날부터는 상황을 봐서 참고만 해야겠어.'
'네 말을 듣고 최근 3일 동안 오버나잇했는데, 손실만 났어.'

이런 생각은 결국 백날 데이터로 검증해도 결론은 뇌동 매매, 즉 예측 매 매를 하겠다는 겁니다. 데이터를 통해 검증하는 작업은 장기적·평균적인 관 점에서 일관된 속성을 발견하기 위해서입니다. 그런데 대다수의 투자자에 게 데이터에 기반한 근거를 제시하면 신기해하며 받아들입니다. 그러나 막 상 실제 투자에 들어가면 이러한 통계적인 데이터에 기반을 둔 원칙은 까맣 게 잊어버리고 다시 감정적이고 충동적인 옛날 버릇대로 하는 것이죠. 시장 을 예측해서 맞추면 짜릿하고 똑똑한 생각이 드니까요.

그래서 이런 Rule based(규칙에 기반한) 트레이딩도 결국은 투자자가 통계적인 사실에 대한 어느 정도의 베이스와 마인드가 갖춰져 있어야 합니다. 그렇지 않으면 실컷 시장의 비밀을 알아도 뇌동 매매로 변질되기 십상입니다. 결국 모든 투자의 책임은 본인에게 있는 것이지요.

⑤ 알면서도 따라 하지 못하는 이유

많은 단타 투자자가 당연히 그럴 것이라고 생각하는 단기 매매의 커다란 원칙, 즉 '유동성이 좋은 장 초반에 매수해서 장중에 팔아라', '오버나잇은 철저히 금하고, 철저하게 장중에 매매를 마무리하라'는 새빨간 거짓말이었습니다.

오히려 반대로 '점심시간 이후인 장 후반에 매수해서, 철저히 오버나잇한 뒤 다음 날 장 초반에 파는 전략'이 꾸준하고 안정된 수익을 줄 수 있는 지름길임을 확인할 수 있습니다.

그런데 왜 많은 투자자가 이 원칙을 따라 하지 못하는 것일까요? 그 이유는 다음 3가지 때문입니다.

첫째, 이런 사실을 전혀 모릅니다.
둘째, 이런 사실을 검증해보려고 하지도 않습니다.
셋째, 이런 사실을 알아도 투자자의 직관과 욕심에 반하기 때문에 실천하기 어렵습니다.

투자자의 직관과 욕심에 반한다는 의미를 깊이 살펴볼까요?
오버나잇하지 않고 장중에 매매를 마무리하여 계좌를 텅 비운 탐욕에 가

득 찬 투자자들이 가장 기다리는 시간이 언제일까요? 개장 후 3시간이 지난 점심시간일까요?

이미 새벽부터 마음은 전날 S&P500지수와 HTS에 가 있습니다. 개장은 한 시간이나 남았는데, HTS는 이미 로그인 완료입니다. 성격 급한 사람들은 오전 동시호가부터 주문을 접수하기 시작합니다. 내가 그렇게 한다면 다른 투자자들도 다 마찬가지입니다.

모든 투자자가 개장에 대한 기대감으로 한껏 부푼 상태에서 장 개시만을 기다립니다. 장 초반에 달려들면 치열한 경쟁으로 불꽃 속에 뛰어드는 나방 꼴이 나는 것임을 데이터 검증으로 충분히 알고 있습니다. 그럼에도 불구하고 이런 탐욕을 뿌리치지 못하기 때문에 오버슈팅이 일어나는 장 초반에 과감히 매수 버튼을 누릅니다.

장중에는 평균적으로 하락이 일어나는 구간임을 뻔히 알고 있음에도 불구하고, 막연하게 내가 샀으니 오를 것이라는 기대감으로 유지합니다. 그러나 과거에도 그랬고, 현재에도 그렇고, 앞으로도 그럴 것이 뻔한 하락하는 나른한 구간에서 종목을 들고 있다가 떨어질 때로 떨어지면, 오버나잇은 금해야 하기 때문에 손절로 마무리하고 다음 날을 기약합니다.

하지만 데이터로 살펴보았듯이, 장 초반에 상승해서 장중에 지속적으로 하락하는 패턴은 계속 반복됩니다. 그렇기 때문에 이런 패턴을 가진 매매자는 지속적으로 손실을 볼 수밖에 없는 것입니다.

오버나잇은 리스크가 있기 때문에 회피한다는 논리도 사실은 잘못되었습니다. 이런 사람들은 리스크 없이 안정된 수익을 내고 싶은 논리가 기저에 깔려 있는 것입니다. 그런데 트레이딩에서 발생하는 수익은 결국 리스크를 관리하는 과정에 대한 정당한 보상입니다. 세상에 공짜는 없습니다. 열심히 공부하지 않고 서울대에 갈 수 있는 방법은 없죠.

오버나잇은 위험하니까 리스크를 피하기 위해 오버나잇을 하지 않는다면, 그에 대한 수익도 포기해야 하는 것이 정상입니다. 그리고 리스크를 관리하면 그에 대한 보상을 받는 것도 논리적입니다. 리스크의 본질은 사실 수익과 다를 게 없는데, 많은 사람이 리스크 = 손실로 생각합니다. 리스크와 수익은 완전히 정반대의 속성을 지닌 것으로 착각하기 때문에 이런 비논리적인 생각에 빠지게 되는 것입니다.

⑤ 장중 주가의 움직임에 담긴 비밀

많은 사람이 너무나 당연하게 생각하는 장중의 주가의 움직임에 대해 파헤쳐보겠습니다.

'오늘 장중에 코스닥이 많이 올랐으니 하락하겠군, 추격 매수를 자제해야지. 오늘 코스닥이 많이 빠졌네? 살짝 더 빠지면 급반등을 노리고 매수에 들어가자.'

이런 생각대로 얼마든지 움직일 수 있습니다. 하지만 장기간 평균적으로 이런 매매 방식을 적용한다면 어떤 사태가 벌어질까요? 반대로 '장중에 코스피가 많이 올랐을 때 추격 매수에 들어가고, 급락할 때는 무서워서 매수하지 않는 패턴'으로 매매한다면 어떻게 될까요?

이에 대해 밝혀질 충격적인 진실과 단순한 일간의 움직임을 조합하면 아주 단순하면서도 강력한 한 줄짜리 단타 마켓 타이밍 전략을 하나 만들 수 있습니다. 이것 하나만 제대로 알아도 의미 없는 코스닥시장에서의 수많은 폭락을 피하고, 강하게 상승하는 구간에서만 베팅할 수 있습니다.

결론부터 말하자면, '장중에 단타 칠 때는 당일 장중 코스닥 캔들이 ~인 구간에서만 매수하라'로 요약할 수 있습니다. 이에 대해 구체적으로 살펴보겠습니다. 많은 사람이 당연히 옳다고 생각하는 장중의 역추세 매매 패턴의 진실에 대해서 검증해보겠습니다. 대다수의 단타 매매자들은 이런 생각을 가지고 있습니다.

'현재 코스닥이 장중에 많이 오르고 있으니 곧 하락하겠군, 추격 매수를 자제해야지.' '코스닥이 많이 빠지네? 급반등 노리고 크게 한 번 지르자!'

어떻습니까? 이 생각이 당연하게 여겨지시나요? 이런 패턴으로 매매를 지속하면 장기적으로 안정된 수익을 낼 수 있을까요?

그렇다면 완전히 반대로 '장중에 코스피가 많이 올랐을 때 추격 매수 들어가고, 급락할 때는 무서워서 매수하지 않는 패턴'으로 매매한다면 어떻게 될까요? 당연히 손실만 누적될까요?

바로 검증해보도록 하겠습니다.

검증 방법

- 검증 대상 지수 : 코스피200 지수, 코스닥지수
- 검증 방법

〈역추세 전략〉

매수 : 장중 가격 < 당일 시가 − k × (전일 고가 − 전일 저가)

매도 : 당일 종가 / 다음날 시가

〈추세 전략〉

매수 : 장중 가격 > 당일 시가+k×(전일 고가 – 전일 저가)

매도 : 당일 종가 / 다음날 시가

콘셉트는 간단합니다. 당일 시장지수가 떨어질 때 매수하면 역추세, 오를 때 매수하면 추세 전략입니다. 하락 또는 상승의 강도는 전날 시장의 변동폭에 특정 상수(k) 값을 곱해서 계산합니다.

k 값은 0~2 사이로 시뮬레이션하겠습니다. k 값이 클수록 상승과 하락의 강도가 크다는 의미입니다. 장중에 해당 조건을 만족시키면 바로 진입하고, 매도는 당일 종가 혹은 다음 날 시가 매도로 나누어 시뮬레이션하겠습니다.

일반적으로 많은 단타 투자자가 당연히 옳다고 생각하는 패턴은 '코스닥지수를 대상으로 시장이 많이 빠질 때(k값이 큼) 역추세 방식으로 매수해서, 오버나잇 하지 않고 당일 종가에 매도'하는 방식입니다.

결과가 어떨까요? 결론부터 말하자면 이런 방식은 최악 중의 최악입니다. 한 번 확인해볼까요?

결과

다음은 k 값에 따른 매매 패턴의 평균수익률 분포입니다.

X축은 k 값, Y축은 당일 매도(혹은 오버나잇 매도) 수익률의 분포입니다(1은 본전, 1.01은 1% 수익, 0.99는 1% 손실).

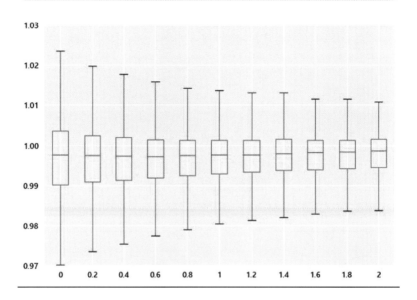

그림 4-7 코스닥 역추세 당일

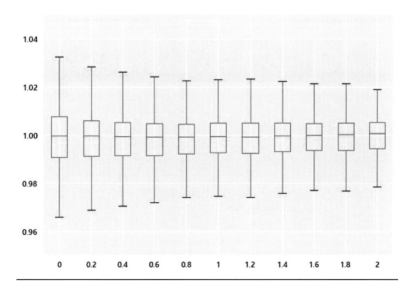

그림 4-8 코스닥 역추세 오버나잇

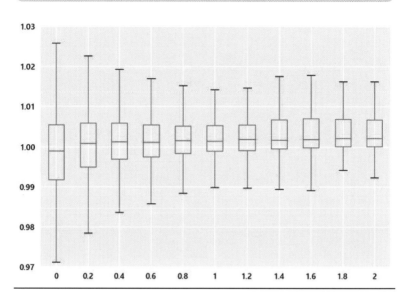

그림 4-9 코스닥 추세 당일

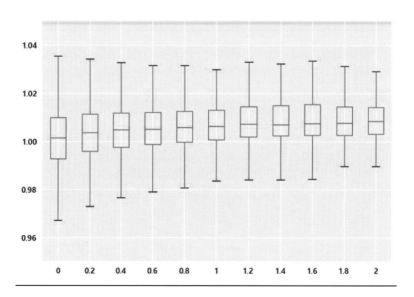

그림 4-10 코스닥 추세 오버나잇

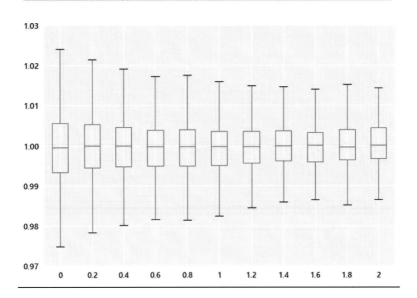

그림 4-11 **코스피 역추세 당일**

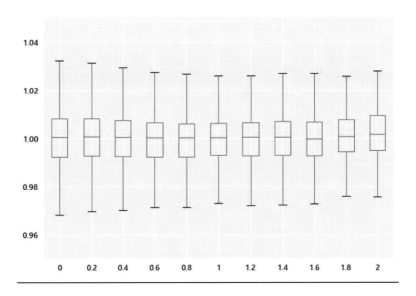

그림 4-12 **코스피 역추세 오버나잇**

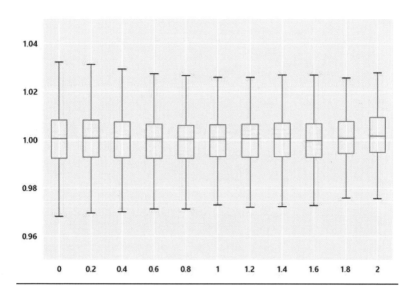

그림 4-13 코스피 추세 당일

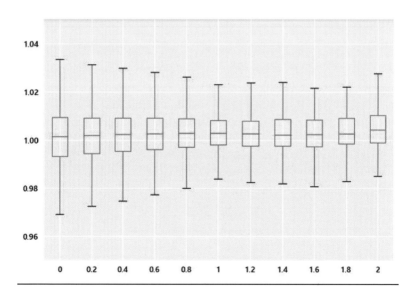

그림 4-14 코스피 추세 오버나잇

시장 종류(코스피200, 코스닥), 매매 방식(역추세, 추세), 매도 타이밍(당일 매도, 오버나잇 시가 매도) 종류에 따라 총 8개 조합의 시뮬레이션 결과(그림 4-7~4-14)를 확인할 수 있습니다.

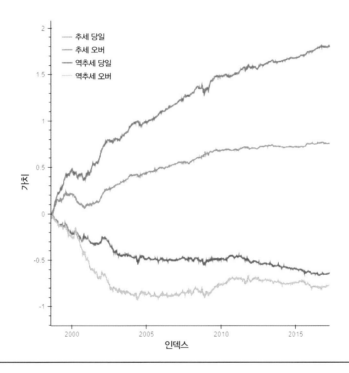

그림 4-15 **코스피 시뮬레이션 (누적 복리수익, 로그스케일), k=0.5**

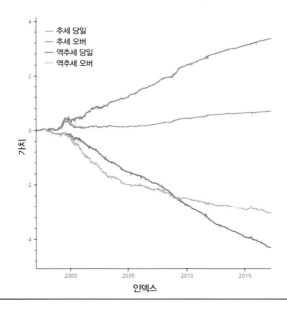

그림 4-16 코스닥 시뮬레이션 (누적 복리수익, 로그스케일), k=0.5

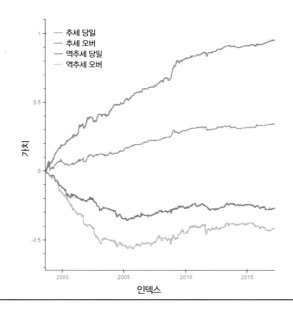

그림 4-17 코스피 시뮬레이션 (누적 복리수익, 로그스케일), k=1

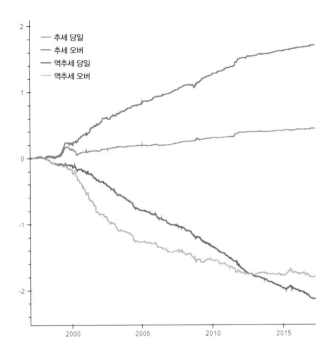

그림 4-18 **코스닥 시뮬레이션 (누적 복리수익, 로그스케일), k=1**

중요한 결론은 다음과 같습니다.

첫째, 오버나잇 수익률은 일관되게 플러스로 나타나므로, 오버나잇 수익률이 당일 매도 수익률보다 뚜렷하게 높습니다(오버나잇 수익률 > 당일 시가 매수 종가 매도 수익률).

둘째, 막연한 추측과는 달리 역추세 전략은 지속적인 손실을 보여주고, 추세 전략은 k값에 무관하게 꾸준하고 안정된 우상향 수익곡선을 보여줍니다(추세 전략 > 역추세 전략).

셋째, 코스피200지수보다는 시장의 비효율성이 높은 코스닥지수에서 좀 더 뚜렷하고 강한 규칙성을 보입니다(코스닥지수 > 코스피지수).

넷째, 역추세 + 당일 매도(대부분의 개인투자자가 막연하게 옳다고 믿는 전략)은 최악의 조합입니다.

k값이 크다는 것은 시장이 많이 빠졌을 때 매수(역추세)하거나, 많이 올랐을 때(추세) 매수하는 것을 의미합니다. 그런데 막연하게 생각하면 시장이 이렇게 극단적인 방향으로 움직이면 급반등이나 급락이 일어날 것 같지만 사실은 정반대라는 것입니다.

물론, 급반등이나 급락이 없다는 건 아닙니다. 당연히 그런 경우도 많이 있습니다. 여기서 중요한 것은 장기간의 움직임의 평균적인 패턴은 역추세적 방향보다는 추세적 방향이 훨씬 강하다는 것입니다. 그렇기 때문에 군이 평균적으로 손실을 보는 전략에 베팅할 이유가 전혀 없는 것입니다. 물론 수익이 날 때도 당연히 있지만, 그것은 확률이 낮은 운에 맡기는 것과 다를 바가 없습니다.

실제로 코스닥지수 일봉을 잘 관찰해보면, 코스피지수에 비해 위아래 꼬리가 전반적으로 상당히 짧다는 것을 관찰할 수 있습니다. 위아래 꼬리가 짧다는 것은 역추세적 속성보다는 추세적 속성이 훨씬 강하다는 의미입니다.

그래서 이런 현상이 발생합니다. 코스닥지수에서 추세적인 속성이 훨씬 강하게 나타나는 이유는 코스닥시장은 대부분 개인투자자 자금이 많아 집단적인 군중심리나 시장의 움직임에 휩쓸리기가 쉽고, 시장의 움직임을 반전시킬 수 있는 강력한 세력이나 거대한 자금을 형성하기가 힘들기 때문으로 해석됩니다.

	코스닥지수	코스피200지수
몸통 길이	1.10%	0.95%
위 꼬리	0.30%	0.37%
아래 꼬리	0.41%	0.46%
위 꼬리 비율	16.6%	20.8%

그렇기 때문에 오히려 이런 속성을 역이용하면 코스닥시장에서 안전하게 투자할 수 있는 자신만의 단타용 마켓 타이밍 전략을 만들 수 있습니다.

💲 간단한 단타용 마켓 타이밍 전략

간단하게 '장중 코스닥지수가 양봉인 구간, 혹은 시가 대비 자신이 정한 일정 비율이나 k 값 배수보다 높은 구간에서만 매수한다'로 하면 될까요? 여러분은 지금까지 어떻게 매수했습니까?

코스닥지수가 시퍼런 음봉일 경우, 따지고 보면 아무런 근거도 없고, 오히려 절대로 매수해서는 안 됩니다. 그런데 막연하게 많이 떨어지면 급반등이 일어날 거라는 근거도 없고 검증되지도 않은 원칙에 따라 '쌀 때 사자'는 마인드로 매수하지는 않으셨나요?

매수하는 것까지는 좋다고 가정해봅시다. 더 떨어지면 손절해야 되는데 그것도 모자라 물타기 하지는 않으셨나요?

코스닥에서 양봉이 나오는 경우는 오히려 드문 편인데, 양봉이 나오면 아무런 근거도 없이 반락할 것이라는 생각에 매수를 주저하지 않으셨나요?

오버나잇은 그야말로 사기에 가까운 수익 창출의 보고인데, 철저하게 무시하지 않으셨나요?

데이터로 검증해보니 어떻습니까? 이런 기법을 고수하면서 수익이 나기를 기대하는 게 상식적일까요?

코스닥지수 캔들이 장중에 양봉인 구간 혹은 당일 시가 대비 고가가 최소한 어느 정도 높게 형성된 추세적인 날만 매수합니다. 그리고 그렇지 않은 날은 매수를 자제하기만 해도 엄청난 폭락장은 대부분 비껴갈 수 있다는 사실을 확인할 수 있었지요?

왜냐하면 장대 음봉이 나오는 날의 대부분은 시장이 약하기 때문에 시가 대비 고가가 약하게 형성되기 때문입니다. 즉 다른 말로 표현하자면, 당일 시가 대비 고가가 오히려 어느 정도 높게 형성된 날만 매수한다는 원칙을 세워도 자동적으로 코스닥 음봉인 날의 대부분을 필터링할 수 있다는 의미입니다.

막연하게 장세에 따라 매매를 쉬어야 한다는 것을 머리로는 알고 있지만, 실제로는 매일 매매해야 한다는 매매 중독증에 빠져 있지는 않으신가요? 곰곰이 생각해보십시오. 혹시 개별주 단타를 치는데 끝도 없이 손해만 보고 있다면, 혹시 이러한 매매 패턴을 갖고 있는 것은 아닐까요?

❺ 믿는 것을 보지 말고, 보이는 것을 믿어라

우리는 모두 이론적으로 장세가 나쁠 때는 쉬어가야 한다는 것을 잘 알고 있습니다. 그런데 실제 투자에서는 절대 그렇지 않죠. 완벽한 마켓 타이밍 전략이 없다는 핑계로, 이런저런 합리화를 해가며 폭락장에서도 끝까지 주식 100%를 외칩니다.

앞의 시뮬레이션에서 음봉을 효과적으로 필터링하기 위해 k=0.3으로 여유 있게 잡아도, 투자 가능한 날은 전체 거래일의 48%에 불과합니다. 이틀 중 하루꼴로 매매를 쉬어야 한다는 의미입니다. 안정적인 절대 수익을 위해 k 값을 0.5와 1로 잡아보면 투자가 가능한 거래일은 각각 전체 거래일의 31%, 11%에 불과합니다.

쉬는 것도 매매라는 말이 있지만, 많은 단타 투자자가 언제 쉬어야 하는지에 대한 개념이 없습니다. 그리고 이에 대한 정량적인 테스트도 해본 적이 없기 때문에 막연하게 맞을 것 같은 감에 의존한 원칙을 세우고 밀고 나갑니다. 그런데 안타까운 사실은 절대다수의 투자자가 막연하게 옳다고 생각하는 역추세적 속성은 사실 장기적으로 파산의 길로 인도하는 가장 빠른 지름길이라는 것입니다.

어떻습니까? 데이터로 검증해보고, 왜 이런 패턴이 나오는지 확실하게 알아보니, 마치 게임에서 치트키를 쓴 것 같지 않습니까? 백테스트와 시뮬레이션이 중요한 이유가 바로 여기에 있습니다. 한두 시간 만 시간을 내서 검증해보면, 수십 년간 겪어야 할 엄청난 금전적·육체적·심리적 시행착오를 예방할 수 있습니다.

인터넷과 정보 기술이 발달하지 않았던 과거에는 이런 묻지마식 전략, 카더라식 전략, 전략이 과연 진짜 맞는지 틀리는지 검증할 방법이 없었습니다. 그렇기 때문에 소위 전문가라는 사람들의 말이나 경험이 많은 투자자의 말을 믿을 수밖에 없었습니다.

하지만 지금과 같이 기관 투자자와 개인투자자 간의 정보 격차가 사실상 거의 사라져버리고, 개인투자자들도 얼마든지 치밀하게 정량적인 백테스팅

이 가능하게 된 시대에는 더 이상 이런 카더라식 전략은 통하지 않습니다. 뿐만 아니라, 이제는 수십 년 동안 시장의 경험을 통해 쌓은 노하우를 이제는 불과 수식 몇 줄과 백테스팅 로직 몇 줄만으로 순식간에 얻어낼 수 있습니다. 그렇기 때문에 개인의 노력 여하에 따라 얼마든지 짧은 시간에 깊은 투자 경험을 축적할 수가 있게 되었습니다.

백테스트를 하다 보면, 너무나 당연하게 여겨져 의심조차 하지 않았던 원칙들 중 잘못된 것이 얼마나 많은지 셀 수 없이 나옵니다. 이런 과정을 통해 시장에 대한 겸손과 자신에 대한 무지를 깨닫게 되고, 시장의 본질에 한 발짝 더 가까이 다가서게 되는 것입니다.

헤지펀드 매니저를 이기는 간단한 비법
- 손절과 자금관리

Q 핵심 요약

1. 손절과 자금관리라는 단순한 트레이딩 전략만으로도 시장을 쉽게 이길 수 있다.

2. 변동성 기반의 손절에 자금 관리 로직과 현금 혼합 전략을 추가하면, 장기적으로 안정된 트레이딩 수익을 얻을 수 있다.

성공 투자의 핵심 요소는 무엇일까요?

한마디로 얘기한다면, 손실 최소화(손실관리)라고 할 수 있습니다. 구체적으로 얘기한다면 '손절 + 자금관리'라고 할 수 있습니다. 거듭 강조하지만, '매매 전략'은 성공 투자의 핵심이 결코 아닙니다. 매매 전략은 로직상 구조적으로 손실만 보는 오류가 있지 않다면, 큰 문제가 되지 않습니다.

하지만 절대다수의 투자자는 거꾸로 생각하고 있습니다. 손절이나 자금관리라는 개념은 그저 고루한 투자 서적에나 나오는 실용적^{practical}이지 않은 주제라고 생각합니다. 그러나 손절과 자금관리만큼 실용적이고, 실제 계좌의 수익곡선을 안정적으로 만드는 요소는 '단언컨대' 존재하지 않습니다.

금이나 다이아몬드는 없어도 우리가 살아가는 데 아무런 지장이 없습니다. 그런데 공기와 햇빛, 물이 없으면 단 며칠도 제대로 살지 못합니다. 하지만 정작 대부분의 사람은 햇빛과 공기, 물의 중요성을 망각하고 살아갑니다.

손절과 자금관리라는 개념은 성공 투자에 있어서 매우 중요하기 때문에, 값으로 도저히 환산이 불가능할 정도입니다. 유료 주식투자 강좌의 전문가들이 기법 강의로 한 달에 수강료로 100만 원을 받아간다면, 손절과 자금관리에 대한 제대로 된 내용은 1억 원으로도 환산할 수 없는 것입니다.

이 두 가지 개념은 투자에 있어서 가장 중요한 개념임에도 소위 '전문가'들에게서도 배척을 많이 당하는 경향이 있는데, 그 이유는 제대로 알지 못하기 때문입니다.

소위 '가치투자자'들 중 기술적인 접근 방법에 상당한 혐오를 보이고 배척하는 분들이 꽤 있습니다. 이들은 '손절'이 누적되면 손실이 커지므로 의미 없는 것이라고 매도합니다. 사실 맞는 말이지요. 하지만 이들은 손절에 반드시 수반되어야 하는 '자금관리'라는 개념을 모르고 있기 때문에, 손절은 '손실을 확정짓는 행위, 그래서 손실만 보는 쓸데없는 행위'로 착각합니다.

지속적으로 손절에 의해 손실이 누적되는 매매 전략이라도, 적절한 자금관리 기법을 활용하면 손실을 최소화할 수 있습니다. 즉 죽어가는 수익곡선을 되살릴 수도 있는 것이 바로 자금관리 기법입니다.

투자자들이 손절과 자금관리에 대한 내용은 무시하면서 투자 기법에만 목을 매는 것은 마치 밀폐된 방 안에서 산소가 없어서 질식할 지경인데도 공기가 아닌 다이아몬드에 집착하는 것과 마찬가지로 어리석은 행동입니다.

지금부터 손절과 자금관리라는 단순한 두 가지 개념으로, 어떻게 시장을 쉽게 이길 수 있는지 알아보도록 하겠습니다. 혹시나 여러분이 '완벽한 매매 기법, 완벽한 종목 선정, 완벽한 전략'에 목을 매왔다면, 거기에만 집착하는 것이 얼마나 허망하고 무의미한 것인지 그리고 그런 요소들은 전혀 고려하지 않고도 손절과 자금관리라는 기본 툴basic tool을 통해 특정한 매매 전략이 없이도 장세와 무관하게 얼마나 쉽게 절대 수익을 낼 수 있는지 알아보겠습니다.

💲 투자 전략 1. 매수 후 보유

- 투자 종목 : 코스피지수
- 매수 : 매월 첫 거래일 시가
- 매도 : 다음 달 첫 거래일 시가
- 설명 : 단순한 매수 후 보유 전략입니다. 매수와 매도가 연속적으로 이루어지므로 사실상 매수 후 보유 효과가 있습니다. 시장의 급락 구간에 대한 대처는 전혀 되지 않습니다.

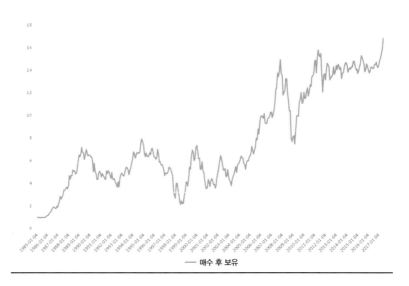

그림 4-19 매수 후 보유

━━ 매수 후 보유

◈ 투자 전략 2. 손절

- 투자 종목 : 코스피지수

- 매수 : 매월 첫 거래일 시가

- 매도 : 다음 달 첫 거래일 시가

- 손절선 : 1%(매수 이후 1% 이상 하락 시 시장가 손절)

- 설명 : 매수 후 1% 이상 하락 시 손절하고, 손절에 걸리지 않으면 다음
  달 시가에 청산하는 전략입니다. 손절선이 짧아 손실을 보는 경우가 많
  지만(낮은 승률), 손실폭이 적으므로 손익비율은 높아져 매수 후 보유보
  다 훨씬 더 큰 수익을 줍니다. 최근 6년 동안은 횡보장 때문에 손절이 많

그림 4-20 1% 손절

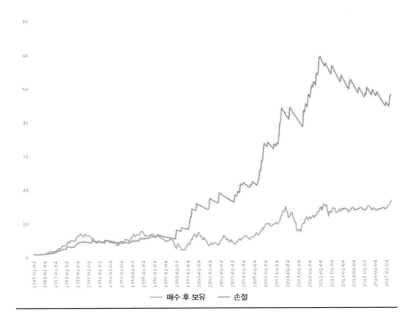

——— 매수 후 보유   ——— 손절

이 걸려 있는 것으로 보입니다.

💲 투자 전략 3. 손절 + 현금 혼합

- 투자 종목 : 코스피지수, 현금

- 매수 : 매월 첫 거래일 시가

- 매도 : 다음 달 첫 거래일 시가

- 손절선 : 1%(매수 후 1 % 이상 하락 시 시장가 손절)

그림 4-21 손절 1%+현금 혼합

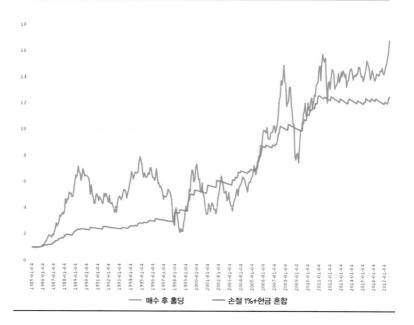

— 매수 후 홀딩   — 손절 1%+현금 혼합

- 매월 첫째 거래일 코스피 투자 비중 : 현금 = 1 : 1로 리밸런싱
- 설명 : 지속적인 손절이 누적되면 수익곡선의 드로우다운drawdown이 커지므로, 전체를 투자하지 않고 50%만 투자한 뒤 매달 현금과 1 : 1 리밸런싱하는 전략입니다. 최근 몇 년간의 드로우다운 구간에서도 리밸런싱 게인rebalancing gain에 의해 잘 버텨주고 있는 것을 확인할 수 있습니다.

⑤ 투자 전략 4. 손절

- 투자 종목 : 코스피지수
- 매수 : 매월 첫 거래일 시가
- 매도 : 다음 달 첫 거래일 시가
- 손절선 : 최근 6개월간의 % range = (전월 고가 – 전월 저가) / 전월 시
  가×100 평균×K 배수 (K=0~1)
- 설명 : 짧은 손절이라는 개념은 좋지만, 임의적인 면이 있습니다. 주가
  의 변동성도 시시각각 변하기 때문에, 평균적인 등락폭range의 개념을
  적용한 뒤, 등락폭의 10%를 손절선으로 잡은 방법입니다. 임의로 잡은
  고정적인 몇 % 손절선보다 주가의 변동성을 더 잘 반영합니다.

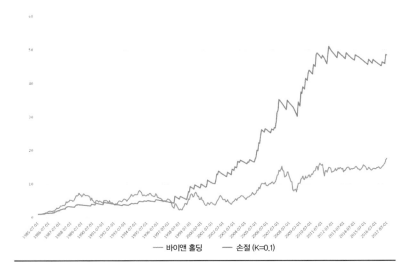

그림 4-22 **% Range 손절**

— 바이앤 홀딩   — 손절 (K=0.1)

⑤ 투자 전략 5. 손절 + 현금 혼합

- 투자 종목 : 코스피지수, 현금

- 매수 : 매월 첫 거래일 시가

- 매도 : 다음 달 첫 거래일 시가

- 손절선 : 최근 6개월간의 % range = (전월 고가 – 전월 저가) / 전월 시가
  ×100 평균×K 배수 (K = 0~1)

- 매월 첫째 거래일 코스피 투자 비중 : 현금 = 1 : 1 로 리밸런싱

  *여기서는 K=0.1로 시뮬레이션함

- 설명 : 앞과 유사한 원리로 연속적인 손실에 의한 드로우다운을 줄이기
  위해 현금과 1:1로 리밸런싱하는 전략입니다. 수익이 줄긴 했지만, 훨

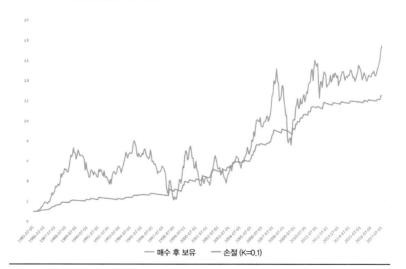

그림 4-23 % Range 손절 + 현금 혼합

씬 더 안정적입니다.

💲 투자 전략 6. 손절 + 자금관리 + 현금 혼합

- 투자 종목 : 코스피지수, 현금
- 매수 : 매월 첫 거래일 시가
- 매도 : 다음 달 첫 거래일 시가
- 손절선 : 최근 6개월간의 % range = (전월 고가 − 전월 저가) / 전월 시가
  ×100 평균×K 배수 (K=0~1)
- 단일 매매 최대 허용 손절폭 설정 : 1~5%

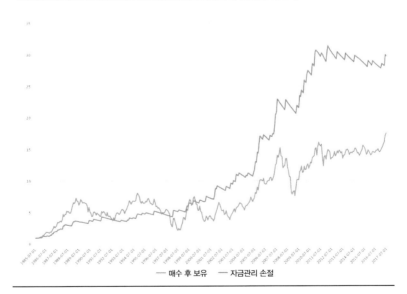

그림 4-24 손절 + 자금관리 + 현금 혼합

— 매수 후 보유 — 자금관리 손절

- 손절선이 단일 매매 최대 허용 계좌 총 손절폭보다 클 경우, 투자 비중 조절(예 : 손절선 : 5%, 최대 허용 손절폭 : 1%인 경우 1/5만 투자)
- 매월 첫째 거래일 코스피 투자비율 : 위의 비중대로 리밸런싱

  ＊여기서는 K=0.1, 최대 허용 손절폭=1%로 설정

- 설명 : 등락폭^{range} 손절에 자금관리 전략을 추가하고, 현금을 혼합한 전략입니다.

자금관리가 중요한 이유가 있습니다. 단순히 등락폭^{range} 손절만 하는 경우를 생각해봅시다. 등락폭 손절폭은 매월 계속 바뀌는데, 운이 나빠 등락폭 손절폭이 커진 달에 손절이 발생한 경우, 전체 계좌상에도 큰 폭의 손절이 발생하게 되어 계좌의 수익곡선이 불안정해지게 됩니다.

하지만 등락폭 손절폭을 잡은 상태에서 자금관리 기법(계좌 전체 손절선 개념 추가)을 추가하면, 손절이 나는 경우라도 전체 계좌의 손절폭을 얼마든지 내가 원하는 수준으로 제한이 가능하게 됩니다. 그렇기 때문에 구조적으로 훨씬 더 안정적일 수 있습니다.

💲 FAQ

손절폭을 짧게 잡으면 너무 승률이 떨어져서 허구한날 손절만 하다가 끝나잖아요? 손절폭이 좁아서 손절이 났던 경우들을 살펴보면 손절폭을 조금만 더 여유 있게 잡았더라면 반등에 의한 수익이 날 수도 있는데, 손절폭을 길게 잡는 게 낫지 않나요? 승률을 올릴 수 있잖아요?

손절폭을 늘리면 승률이 높아지는 것은 사실입니다. 하지만 분명히 알아

야 하는 2가지 사실이 있습니다.

첫째, 긴 손절폭은 승률에 있어서는 이득을 보지만, 손익비율에 있어서는 손실을 봅니다. 1%씩 9번 수익을 내다가 마지막 1번에 −30%짜리 손실을 얻어맞으면, 승률이 무려 90%인데도 계좌는 결국 −21% 손실입니다. 승률이 능사가 아닙니다. 승률과 손익비율을 동시에 생각해야 합니다.

둘째, 손절폭이 길어진다고 승률이 비례해서 지속적으로 늘어나지는 않습니다. 손절폭을 아주 여유 있게 잡으면, 즉 많이 하락할수록 반등할 가능성이 클까요? 많은 사람이 막연하게 많이 떨어졌으니 많이 오를 거라고 생각합니다. 하지만 사실은 그 반대입니다.

손절폭이 특정 범위를 벗어날 정도로 커지면, 사실상 반등의 가능성보다는 하락의 방향으로 주가가 움직인다는 사실을 의미합니다. 그렇기 때문에 추가 반등의 가능성은 통계적으로 점점 낮아짐이 입증되었습니다. 이 사실을 알지 못하고, '떨어졌으니 오르겠지?'와 같은 막연한 역추세 마인드에 사로 잡혀 있으면 물타기만 하다가 계좌가 박살 날 수밖에 없습니다.

아마 경험으로 잘 아실 겁니다. 살짝 떨어졌는데, 손절하지 못하고 버티다가 '오르겠지? 많이 떨어졌으니 오르겠지?'라고 생각하죠. 하지만 절대 안 오르고 더 떨어지기만 합니다. 한 번 테스트해볼까요?

〈그림 4-25〉는 1% 손절선과 5% 손절선의 수익곡선 차이입니다.

많은 사람이 끝없이 투자 기법의 완벽성을 찾아 헤매입니다. 투자기법 중 완벽한 것은 단 하나도 없습니다. 속지 마십시오. 투자기법이 완벽하기 위한 유일한 전제 조건은 시장과 가격의 움직임을 완벽하게 예측하는 것밖에 없는데, 인간은 신이 아니기 때문에 그것은 불가능합니다.

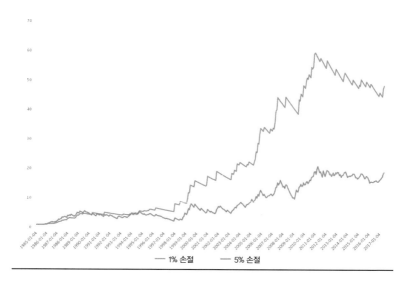

그림 4-25 **1% 손절 vs. 5% 손절**

— 1% 손절　　— 5% 손절

머신러닝, 인공지능, 빅데이터 시대가 도래하면 가격을 완벽하게 예측할 수 있을까요? 미처 알지 못하던 새로운 패턴을 더 쉽게 찾아낼 수는 있겠지만, 파이낸셜 시스템Financial System은 동적이고, 무수한 변수가 상호작용하면서 서로에게 끝없이 영향을 주는 시스템입니다. 그렇기 때문에 특정한 한 가지 로직으로 가격을 완벽하게 예측하는 것은 논리적으로 불가능합니다.

고급스런 투자기법이나 새로운 투자 아이디어와 전략은 끝없이 쏟아져 나오고 있으며, 얼마든지 나름대로 적용하면 됩니다. 하지만 그보다 더 중요한 것은 그런 투자기법을 통해 발생하는 손실을 허용 한도 내에서 자유자재로 컨트롤할 수 있는지를 좌우하는 자금관리 시스템이 있느냐의 여부입니다. 어차피 기법은 다양해도, 투자의 시스템을 갖추기 위해서는 기법, 투자 방법과 무관하게 자금관리 시스템은 '옵션'이 아닌 '필수'입니다.

'나는 가치투자자니까 기술적 투자 필요 없어. 머리 아픈 산수 계산이니, 자금관리 기법 같은 거 필요없어.'
'나는 단타 치는 사람 아니고, 중·장기투자자니까 이런 개념 필요 없어.'

이렇게 생각할 것이 아니라 어떤 방식의 투자를 하건 시스템적인^{systemic} 손실관리와 자금관리의 개념을 투자에 녹이는 것이 중요합니다. 이것이 장기간 투자에서 성공하는 유일한 비법입니다.

지금까지 설명한 것 중 특별한 '투자 기법, 매매 전략'이 있었습니까? 복잡한 기술적 지표나 경제적 변수가 포함되어 있었나요? 단지 첫 거래일에 사서, 다음 달 거래일에 파는 전략에 손절과 자금관리만 가미한 것이었습니다. 매매 기법의 완벽성보다 손절과 자금관리의 개념이 훨씬 더 중요합니다.

장기투자에서
성공하기 위한 핵심 원칙

투자자가 장기간 시장에서 살아남아 성공 투자라는 결실을 맺기 위해서는 극복해야 할 장애물이 많이 있지만, 그 핵심은 '무지함'으로 귀결됩니다. '무지함'이라고 이야기하면 아마 여러분 중 대부분은 투자 방법이나 기법에 대한 무지함이라고 생각할 것입니다.

물론 투자 방법에 대한 근본적인 무지함은 반드시 극복해야 할 부분이지만, 문제는 이것이 다가 아니라는 것입니다. 또 하나 반드시 극복해야 할 무지함은, '투자를 어떻게 지속시킬지'에 대한 무지함입니다.

이 내용은 실제적으로 대단히 중요함에도 불구하고 실제적으로는 거의 다루어지지 않는다는 것이 심각한 문제입니다.

💲 절대다수의 투자자들이 장기투자에 실패하는 이유

여기서 말하는 장기투자란, 일반적인 의미에서의 단기 투자의 반대 개념인 장기투자가 아닌, '장기적인' 투자를 의미합니다. 단기 매매를 하더라도 수년 동안 꾸준히 유지하면, 이는 장기적인 투자로 볼 수 있습니다. 소위 말하는 우량주 장투를 하건, 급등주 단타를 치건, 절대다수의 투자자들은 이런 투자 방식을 '장기적으로 유지'하지 못하고 시장에서 퇴출됩니다.

매매 기법에 대한 이해가 부족해서? 실력이 부족해서? 물론, 이런 것들이 이유가 될 수 있습니다. 하지만 매매 기법에 대한 충분한 지식도 있고 실력도 흠잡을 데가 없는데도 시장에서 퇴출될 수 있다면 믿으시겠습니까?

그렇다면 그 이유는 무엇일까요?

결론적으로 그 이유는 장기투자 구조를 유지하는데 필요한 핵심적인 요소를 모르기 때문입니다.

💲 장기투자의 수익 공식

장기적인 투자 수익은 다음과 같은 공식으로 표현할 수가 있겠습니다.

장기투자 수익 = 단위 투자 수익률 × 투자 기간(시간)

위 공식에 의하면 장기투자 수익을 높이기 위해서는 당연히 단위 투자 수익률을 올리거나, 투자 기간을 늘리면 되겠지요?

그래서 많은 사람들이 단위 수익률이 높은 매매를 오랜 기간 동안 지속하면 큰돈을 벌 수 있을 거라고 단순하게 생각합니다.

어떻습니까? 여러분도 공감하시나요?

만일 그렇다면 여러분도 반드시 실패하게 되어 있습니다. 왜냐하면 이는 사실이 아니기 때문입니다.

왜 그럴까요? 그 이유는 여러분이 두 가지 중요한 사실을 간과했기 때문입니다.

💲 장기투자 수익 공식에 대해 간과한 2가지 사실

첫째, 아이러니하게도 단위 투자 수익률이 높을수록 일시적으로는 수익은커녕 큰 손실이 누적될 가능성이 급격히 높아진다는 점입니다.

둘째, 손실이 커지면 심리적으로 투자를 오래 지속하기가 어려워져 투자를 중단할 가능성이 높아진다는 점입니다. 즉 단위 투자 수익률을 높여서 오래 투자하려고 하면 오히려 정반대의 결과가 초래된다는 사실입니다.

"수익률이 높은데 수익은커녕 큰 손실이 누적될 가능성이 높아서 투자를 중단할 가능성이 커진다고? 왜 수익률이 높은데 손실이 커지는 거지?"

"수익률이 높으면 투자하기 편하니까 오래 유지하기가 쉬울 텐데 중단할 가능성이 왜 큰 거지?"

대체 왜 이런 현상이 발생하는지 꼼꼼하게 따져볼까요?

첫째, 단위 투자 수익률 (평균 수익률)이 높을수록 수익은 일시적으로는 큰 손실이 누적될 가능성도 급격히 높아집니다.

예를 들어 보겠습니다. 다음과 같은 모든 상황이 모두 동일하게 평균 수익률 5%입니다.

1. 5%, 5%, 5%, 5%, 5% (대부분의 사람들이 생각하는 손실 없이 수익만 발생할 것으로 착각하는 상황)
2. −10%, −20%, −30%, 80%, 5% (실제 상황 1)
3. −10%, 0%, −20%, 50%, 5% (실제 상황 2)

장기적으로는 모두 평균적으로 5% 수익이 나는 전략이지만, 현실에서는 2번이나 3번 같이 시작하자마자 −10%, −20% 이상의 손실이 얼마든지 누적될 수 있지요. 그러다가 나중에 대박 수익이 나도 평균 수익은 5%입니다.

이처럼 평균적으로 수익이 나는 매매 전략도 사실은 손익의 분포가 매우 불규칙적인 경우가 많고, 단순히 장기적인 평균 수익이 높다는 사실은 그 전략이 내가 투자하는 짧은 시계열에서 반드시 수익을 준다는 것을 보장하지는 않습니다.

얼마든지 부분적으로 큰 손실이 발생할 수 있습니다. 평균 수익이 크다는 것은 결국 변동성도 클 가능성이 높다는 것이기 때문에, 단기적으로는 큰 손실이 누적될 가능성도 높다는 것을 의미합니다.

정말 많은 사람이 바보같이 착각하는 부분이 있는데, 이는 '수익률이 높은 전략'은 손실을 보지 않는 전략이라고 착각한다는 점입니다.

좀 더 구체적으로 살펴보겠습니다. 평균 수익률이 높다는 것이 무엇을 의미할까요? 손실을 안보고 매매할 때마다 높은 수익률을 준다는 의미일까요?

단위 투자 수익률(평균 수익률)은 여러 번 매매를 통해 발생한 수익과 손실의 누적 평균입니다. '평균'이라는 단어가 중요합니다. 어떤 학생의 평균 수학 성적이 80점이라고 하면, 이 학생이 시험을 볼 때마다 모두 80점만 받는다는 걸 의미합니까? 아니죠.

평균 수익이란 손실 없이 일정한 평균 수익만 규칙적으로 누적되는 것이 아니라, 불규칙적인 수익과 손실이 누적되어 평균적으로 계산된 수익이라는 것입니다. 경우에 따라서는 평균 수익률이 아주 높은 전략이라도 여러분이 수익이라고 생각하는 '승률' 자체는 상당히 낮은 경우(10번 매매하는데 7~8번 손실)도 허다합니다.

어떤 전략의 평균 기대 수익률이 5%라고 하면, 절대다수의 사람들이 매번 매매할 때마다 5% 수익이 일정하게 발생하고 손실이 마치 발생하지 않을 것처럼 착각합니다. 하지만 사실은 그게 아니지요. 너무나 상식적인 내용인데도 의외로 이를 간과하는 사람이 많습니다.

둘째, 손실이 커지면 심리적으로 투자를 오래 지속하기가 어려워져 투자를 중단할 가능성이 높아집니다.

손실이 발생하면 사람들은 왜 투자를 오래 지속하지 못할까요?

그 이유는 사람들에게는 본질적으로 '손실 회피 성향'이 존재하기 때문입니다. 사람들은 내가 가입한 펀드 수익률이 5%인데, 남이 가입한 펀드 수익률이 20%라고 내 펀드를 해지하지는 않습니다. 크건 작건 어쨌거나 투자에 수익이 발생한다면, 수익의 크기에 무관하게 투자를 유지하는 지속 기간에는 영향을 주지 않습니다.

하지만 내 펀드가 '손실'이 나면 생각이 달라지지요. '손실'의 발생은 투자의 지속기간에 직접적이고 강력한 영향을 끼칩니다.

투자자 개인의 손실 한계치를 벗어나면 이것이 투자를 중단시키는 강력한 원인이 됩니다.

'−20% 찍으면 다 빼고 갈아탄다' 이런 식이죠.

투자 기간을 늘리기 위한 핵심 요소는 수익이 아닌 손실을 줄이는 것입니다. 그렇기 때문에 손실을 줄이고, 장기적으로 스트레스 없이 안정적으로 우상향하는 수익곡선을 누리기 위해서는 '수익률' 자체를 높이는 것이 아니라 (수익률이 높아지면 손실률도 높아지므로), '수익률'의 편차를 줄이는 것이 훨씬 더 중요합니다.

앞의 예에서 똑같은 평균 수익률이 5%라고 하더라도, 5%씩 계속 안정적으로 수익이 나는 것과 −20%를 왔다갔다하면서 수익률이 널뛰기를 하다가 대박 수익이 한 번 나서 평균 5% 수익이 나는 두 상황 중에 여러분은 후자에 편하게 투자할 수 있습니까?

비록 수익률의 절댓값 자체는 적다고 하더라도 안정적으로 수익이 조금씩 누적되고 손실이 크게 발생하지 않아서 수익곡선이 매끄럽게 올라간다면, 손실 회피 심리가 작동할 상황 자체가 만들어지지 않기 때문에 오래 투자할 수 있는 구조가 만들어지지요.

수익률의 편차를 줄이기 위해서는, 구조적으로 현금 비율이 높거나 안정적인 채권 비율이 높아져야 하는데, 막상 이렇게 안정적인 수익 구조를 제시하면 또 재미없고 밋밋하다고 징징댑니다.

그럴거면 때려치워야죠.

⑤ 답답한 투자자들

하이 리스크, 하이 리턴의 개념을 잘 모르는 투자자들은 항상 손실을 보고 이렇게 얘기합니다.

증권사 직원 : 안녕하세요? 고갱님. 좋은 아침입니다~.

투자자 : 연평균 수익률 20%의 고수익 고위험 상품이라고 해서 투자했는데 왜 −30% 손실이 나는 것이죠?

증권사 직원 : 호갱님, 제가 분명히 고수익 상품이라고만은 안하고 고수익, '고위험' 상품이라고 얘기했지 않습니까? 고위험이란 손실도 크게 볼 수 있다는 얘깁니다.

투자자 : 아니, 그게 말이 됩니까? 고수익이랑 고위험이랑 완전히 반대 개념인데 어떻게 이게 동시에 작용할 수 있죠? 고수익은 +30% 같이 플러스고, 고위험은 −30% 같이 마이너스인데, 어떻게 고수익인 동시에 고위험이 가능하냐고요. 이거 말장난 아닙니까?

증권사 직원 : 그러니까 고갱님이 호갱님이지요. 연평균 수익률 20% 상품은 고위험, 고수익 상품이라고 했잖아요. 분명히 고위험이라는 얘기도 있는데 왜 고수익이라는 단어만 보십니까? 무조건 고수익만 나는 게 아니라, 큰 손실과 큰 수익이 번갈아 가면서 발생하면서 '장기적인 평균 수익'이 고수익이라는 거지, 언제 손실이 발생하지 않는다고 했습니까? 10번 매매 중 9번

매매에서 계속 박살 나다가 마지막 한 번 매매에서 대박 수익률이 나서 평균 수익률이 연 20%가 발생해도 어쨌거나 고위험 고수익이잖아요?

누가 고위험 고수익이 손실이 발생하지 않는다고 합니까? 오히려 손실은 더 크게 발생하는 경우가 많죠. 그렇기 때문에 고위험 고수익은 실제 수익곡선은 굉장히 롤러 코스터 타듯이 변동성이 심한 경우가 많아서 장기간 유지하기가 힘들어요.

왜냐고요? 초반에 큰 손실이 엄청나게 연속적으로 누적되는 경우도 허다하니까요. 연 20% 플러스 수익이라는 것의 이면에는 얼마든지 매매 시작하자마자 반 토막 이상이 나도 전혀 이상한 게 없다는 개념이 포함된 겁니다.

그러니까 무턱대고 '고수익'이라는 단어에만 현혹되면 이런 숨겨진 진실을 알 수가 없어서 초반에 계좌 박살 나서 1년도 유지 못하고 때려치우는 경우가 대부분이죠.

투자자 : 그…그러니까…결국 장기적으로 큰돈을 벌려면 시장에 오래 남아 있어야 하는데, 큰 손실이 오랫동안 누적되면 심리적으로나 현실적으로나 투자를 오래 유지하기가 힘드니까 결국 중요한 건 '평균 수익'이 아니라, 수익의 '편차'가 얼마나 작은가, 즉 얼마나 꾸준하게 수익을 내느냐인 건가요?

장기투자를 포기하지 않기 위해서는, 오래 투자를 해야 하고, 오래 투자하기 위해서는 심리가 흔들리지 않아야 하는데, 심리가 흔들리지 않기 위해서는 손실이 적어야 하고, 손실이 적기 위해서는 투자 수익곡선이 들쭉날쭉하지 않아야 하고, 투자 수익곡선이 들쭉날쭉하지 않기 위해서는 수익률 자체가 아닌 수익률의 편차 (변동성)이 적어야 한다는 말이네요?

증권사 직원 : 잘 알고 계시네요.

투자자 : 그런데 왜 이걸 처음에 투자할 때 자세하게 안 알려주는 거예요? 왜 아무도 이런 걸 알려주지 않는 거냐고요!

증권사 직원 : 호갱님, 상식적으로 생각해보세요. 그런 걸 친절하게 알려주면 우리가 돈을 못 벌잖아요?

사람들이 막연하게 착각하고 깨닫지 못하는 것들을 다시 한 번 요약하면 다음과 같습니다.

착각 1

평균 수익률이 높다. → 수익률이 마이너스가 아니니 손실을 안 본다. → 손실을 안 보는 데다 수익률도 높으니 오래 투자하면 수익률이 기하급수적으로 늘어날 것이다.

진실 1

평균 수익률이 높다. → 큰 수익, 큰 손실이 누적되어 최종적으로 계산된 '평균' 수익률이 높다. → 평균 수익률이 높아도, 실제 투자에서는 일시적으로 큰 손실이 얼마든지 연속적으로 누적될 수 있으므로 계좌가 박살 나는 경우가 허다하다. → 하이 리스크, 하이 리턴의 본질을 모르는 데다가 계좌가 박살나면, 왜 손실이 발생하는지 이유도 모르는 상태에서 짜증이 나므로 투자를 중단해 버린다. → 투자가 단기간에 종료되었으므로 투자 기간이 늘어

나지 않는다. → 장기투자 수익 공식에서 투자 기간이 제한되었으므로 장기 투자 수익이 제한된 상태로 투자가 마무리 → 투자 실패

착각 2

투자에 성공하기 위해서는 투자 수익률이 높아야 한다.

진실 2

투자에 성공하기 위해서는 투자 수익률이 아니라 투자 수익률의 변동성이 낮아야 한다. → 투자 수익의 변동성이 적다. → 안정적이고 일관된 수준의 수익이 발생한다. → 수익률과 손실률의 편차가 작아, 총 계좌의 수익곡선의 급격한 손실도 적다. → 심리적으로 편안하므로 장기간 투자 유지가 가능하다. → 장기투자 수익 공식에서 투자 기간이 증가하므로 장기투자에 성공한다.

그렇다면 여러분이 어떤 투자 전략을 짜거나 선정할 때 단순히 '누적 수익률' 하나만 보고 호갱이 되는 비참한 현실에 직면하지 않기 위해서는 어떤 지표에 관심을 두어야 할까요?

바로 다음에 실제 투자 전략의 시뮬레이션 수익곡선을 보며 확인해보겠습니다.

❺ 장기투자에서 성공하기 위한 두 가지 핵심 원칙

우리는 바로 전 '장기투자'에서 성공하기 위한 핵심 조건을 살펴보았습니다. 요약하면 장기투자를 통해 큰 수익을 올리기 위한 필수 조건은 심리적인 안정이기 때문에, 강한 수익률을 중시할 것이 아니라 낮은 변동성과 안정된 수익에 중점을 두고 장기간 복리적으로 누적시키는 투자 구조가 확립되어야 한다는 점이었습니다.

낮은 변동성과 안정된 수익을 올리는 기법은 이 책에서 다양하게 소개했습니다. 그렇다면 이제 모든 문제가 다 해결되었으니 여러분은 투자에서 성공할 수 있을까요?

그렇지 않습니다. 이 단계까지 해결되었다고 하더라도 여러분이 최종적으로 진지하게 고려해야 하는 것이 한가지가 더 있습니다.

그것은 여러분이 막연하게 괜찮다고 하는 전략, 심지어는 시뮬레이션 데이터를 통해 치밀하게 검증해서 확신이 있는 전략마저 좀 더 깐깐하게 따져보고, 정말로 내가 이 전략을 장기간 구사할 수 있는지의 여부를 최종적으로 검증하는 과정입니다.

왜냐하면 막연하게 장기간에 걸쳐 아름답게 우상향하는 수익곡선 같아서 얼마든지 돈을 벌 수 있는 것 같은 전략도, 막상 실제 투자를 해보면 생각보다 내게 큰 아픔과 실망을 주는 경우가 허다하기 때문입니다.

그 이유는 실제 투자 수익의 로직이 잘못되거나 투자의 성과에 문제가 있어서가 아니라, 여러분이 그 로직을 아주 꼼꼼하게 따져보지 않았기 때문에, 그 전략에 숨겨진 위험성을 간과하기 때문입니다.

구체적으로 살펴보겠습니다.

어떤 투자 전략의 수익곡선 1

이 투자 수익곡선은 가장 단순하고 기본적인 투자 전략인 모멘텀 스코어 비중 분산투자 전략(현금 동량 혼합)입니다(코스피 지수, S&P500지수, 일본, 유럽, 중국 주식을 모멘텀 스코어에 따라 분산 투자).

시뮬레이션이 이루어진 25년간 지수가 반 토막 이상이 나는 구간이 서너 번 이상 있었다는 점을 고려하면 위의 수익곡선은 상당히 양호하지요?

어떻습니까? 이 정도면 투자할만하지요? 위험구간에서의 손실도 −5% ∼ − 10% 남짓이고 꾸준히 우상향합니다. 아마 여러분 대부분이 이 정도면 장기간 투자하는데 아무 문제가 없으리라 생각할 거라 추측합니다.

그러면 다음 수익곡선은 어떻습니까?

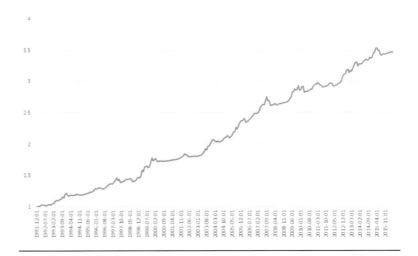

그림 4-26 모멘텀 전략 수익곡선

어떤 투자 전략의 수익곡선 2

다음 4가지 전략의 투자 수익곡선은 어떻습니까?

이런 전략이 있다면 여러분은 투자하시겠습니까?

만일 모르고 투자했는데 투자 이후 보는 것처럼 1~2년 동안 계속 하락만 하거나, 2년이 지났는데도 겨우 본전 수준에서 왔다 갔다 한다면, 이런 전략을 유지하시겠습니까?

혹시 여러분 중 이렇게 생각하시는 분은 없습니까?

"저것도 전략이냐?"

"로직에 심각한 문제가 있군."

"2년이나 기다렸는데도 겨우 본전 수준이면 투자할 가치가 없고, 빨리 앞

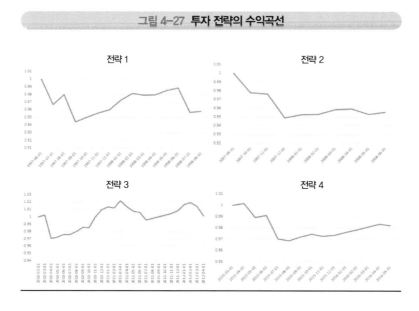

그림 4-27 투자 전략의 수익곡선

에서 본 것 같은 전략으로 갈아타야지."

어떻습니까? 여러분도 동의하시나요?

어떤 투자 전략의 수익곡선 3

자, 그러면 2번에서 제시한 전략이 어떤 것인지 공개하겠습니다.

사실 1번과 2번은 모두 동일한 전략입니다. 1번 전략의 수익곡선 중 일부 구간을 잘라 보여준 것이 2번의 4개 전략입니다.

만일 1번의 수익곡선은 '막연하게 양호' 하게 생각했지만, 2번의 4개 전략은 무가치한 전략이라고 생각한 상태에서 막연한 희망을 가지고 1번 전략에 투자했다면, 일시적인 2번과 같은 구간에서 중도에 포기했을 것입니다.

그렇게 된다면 25년간 끈질기게 유지해야만 달성할 수 있는 250%의 수익

그림 4-28 모멘텀 전략 수익곡선

률은 결코 누릴 수 없습니다.

"그냥 그때 다른 좋은 전략으로 갈아타면 되지 않나요?"

그렇게 해도 됩니다만, 그런 '좋은 전략'도 여러분이 갈아탄 이후에 2번과 같은 수익 구간이 얼마든지 날 수 있다는 게 문제지요.

💲 무엇이 문제인가?

막연하게 수익이 잘 나는 것처럼 보이는 전략도, 수익곡선을 세밀하게 구간 구간으로 나누어 뜯어보면 위에서 살펴본 바와 같이 상당히 지저분한 구간이 많이 존재한다는 사실을 냉정하게 인식해야 합니다.

이 사실을 투자하기 전에 면밀하게 검토해서 깨닫지 못한다면, 투자 로직에는 아무런 이상이 없는데, 단순히 '내가 원하는 투자 기간에 내가 막연하게 기대했던 방식으로 수익이 발생하지 않는 이유'로 애꿎은 전략 탓만 하며 투자를 도중에 포기하게 됩니다.

여러분이 백테스트를 통해 확인하는 '잘 빠진 우상향 곡선'은 수년 ~ 수십 년 단위의 장기적인 테스트 구간이지만, 실제 투자에서 수익과 손실을 실제로 체감하는 시간 단위는 며칠이나 몇 달 정도의 아주 짧은 단위라는 사실을 잊지 말아야 합니다.

이 시간적인 괴리를 깨닫지 못하면 결코 장기투자에 성공할 수 없습니다. 이에 대해 위험균형 전략을 소개하면서 전략의 로직과 장기 백테스트 결과를 보여 주었습니다.

이를 이용해 야심 차게 실제 투자에 임하신 분도 있었는데, 실제 투자에 임한 후 2~3달간 주식과 채권의 상관성이 증가해서 손실이 잠시 누적되었던 기간이 있었는데요, 그분은 로직의 원리와 장단점을 잘 아시는 분이었음에도 불구하고, 단지 몇 달 동안 '생각했던 대로 수익이 발생하지 않자', 전략에 문제가 있는 것 아니냐며 포기하시더군요.

과최적화되거나 거짓 전략이 아닌 정직한 투자 전략 중에, 손실이 전혀 발생 안하고, 내가 예상하고, 예측하고, 기대하는 방향대로 자를 잰 듯이 올라가고, 수익이 잘 나지 않고 횡보하거나, 손실폭이 크게 발생하지 않는 전략은 단 하나도 없습니다.

⑤ 그렇다면 무엇을 믿고 투자할 것인가?

전략이 시장에서 실제로 먹힐지를 검증하는 가장 일반적인 방법은 과거 데이터를 통해 시뮬레이션하는 것이지만, 이것조차 완벽하지는 않습니다. 그것이 정말 탄탄한 전략이어서인지 과최적화에 불과한 것인지 완벽하게 구분하기란 불가능하기 때문입니다.

그렇다면 우리는 어떤 전략의 성과가 우리가 예상했던 것과 다르게 나타날 때 무엇을 믿고 투자해야 할까요?

그것은 바로 전략의 '논리적인 수익 구조' 입니다.

단순히 과거 데이터 시뮬레이션에서 잘 나왔기 때문에 투자하고, 시뮬레이션 성과가 저조했기 때문에 배척하는 것이 아니라, 투자 전략의 논리적인 수익 구조에 결함이 없는지 '상식과 논리'로 검증하는 법이 가장 확실한 방법입니다.

그렇다면 모멘텀 투자 전략을 예로 들어볼까요?

여러분이 어떤 전략의 로직을 깊이 있고 정확하게 이해하고, 어느 정도 시뮬레이션의 경험이 쌓인다면, 굳이 시뮬레이션을 해보지 않고도 어느 정도 수익곡선을 예측할 수 있는 능력이 생깁니다.

모멘텀 전략 (추세 추종 전략)을 이용한 포트폴리오 투자를 구사한다고 할 때, 여러분은 어떤 생각을 하십니까? "상승장에서 강하게 투자되고, 하락장에서 비중이 축소되니, 시장 상황과 무관하게 안정된 우상향 곡선이 나올 거야"라고 생각하십니까?

물론 맞는 말입니다만, 여러분이 이 내용 외의 것을 전혀 떠올릴 수 없다면 반드시 투자에 실패하게 되어 있습니다. 여러분이 모멘텀 전략의 로직을 정확하게 이해했다면, 다음과 같은 사항도 충분히 예상할 수 있어야 합니다.

"횡보장에서 지속적으로 손실을 보게 되어 단순히 매수 후 보유한 것보다 훨씬 나쁜 수익곡선을 보게 된다."

"주식과 채권에 분산투자를 했는데, 주식과 채권의 상관성이 낮은 상태는 유지되고 있다. 그런데 두 자산 모두 횡보를 하는 상황이 되면, 양쪽에서 두 배로 충격을 받게 되어서 주식과 채권은 그냥 제자리에 그대로 있지만, 수익 곡선은 완전히 급락을 하게 된다."

이렇게 어떤 투자 전략의 상대적인 약점을 미리 인지하지 못하고, 그냥 막연하게 '장점'만 보고 막연한 희망에 따라 투자를 한다면 반드시 망하게 되어 있습니다. 조금 손실 보면, '전략 탓', '시장 탓'을 합니다.

즉 여러분이 모멘텀 투자 전략을 하는데 시장 상황이 만일 위와 같이 전개된다면, 이러한 이유로 수익곡선은 얼마든지 박살 날 수 있습니다. 그리고 이는 전혀 '이상한 일이 아니고 지극히 자연스러운 일' 임을 투자 시작 전에 예상하고 있어야 합니다. 뿐만 아니라, 이를 구조적으로 극복할 수 있는 대처 방안까지도 사전에 준비하고 있어야 합니다.

우리는 모멘텀 투자 전략의 단점을 개선하는 여러 가지 방법을 살펴보았습니다. 현금 혼합 전략, 추세 필터링 전략, 수익곡선 모멘텀 전략, 위험균형 전략과 혼합 전략 등 다양합니다.

이렇게 해야만 그 어떤 시장 상황에도 미리 예상을 했기에, '당황하지 않고' 투자를 꾸준히 지속할 수 있습니다. 만일 시장 상황에 이렇게 모든 가능한 시나리오에 대처 방안을 만들었음에도 불구하고 내가 미처 생각지 못했던 상황에서 손실이 발생할 수 있는 구조가 발견되었다면, 그 구조를 개선하면 됩니다. 그리고 그 구조를 개선할 방법이 없다면 그 때 전략을 폐기해야 하는 것이지요.

따라서 단순히 내가 투자한 이후에 '손실이 발생' 하거나 '내 예상대로 수익이 나지 않는다'는 이유 하나만으로 전략 탓하고, 부화뇌동하며 투자를 임의로 중단하는 매매는, '뇌동 매매'와 전혀 다를 것이 없습니다. 앞의 예에서 단순히 '1~2년 동안 수익이 나지 않기 때문에 폐기한다'는 논리는 '나는 이 전략에 대해서 제대로 알지 못한다'라는 의미입니다.

전략을 정말로 제대로 이해하고 있다면, 이 전략이 시장 상황에 어떻게 변하면 손실을 보고, 내가 예상했던 것과 다르게 움직이고, 또 그런 상황이 얼마나 지속될 지에 대해 어느 정도 예상할 수 있기 때문입니다.

여러분의 투자 전략은 무엇입니까?
나름 상당히 괜찮은 전략이라 공개하기 힘드시다고요?

네, 좋습니다. 좋은 전략일 거라고 생각합니다.

그런데 그 전략이 어떨 때 손실을 보는지 혹시 예상하실 수 있으신가요? 언제 박살이 나는지 진지하게 고민해본 적이 있으신가요?

만일 박살이 나는 경우 어떻게 손실을 줄일지에 대한 대비책은 있으신가요? 그리고 그 대비책의 원리에 근거가 있고, 과거 데이터로 검증되었나요?

절대다수의 사람들은 자신의 전략이 좋은 거라고 자부하지만, 그 이후의 대비책이나 과정에 대해서는 전혀 생각한 바가 없습니다. 손실을 볼 거라고는 생각조차 안 해봤고, 그건 시장이 잘못되어서이지, 내 전략에는 문제가 없다고 주장하며, 그렇기 때문에 거기에 대한 대응 방안도 전혀 없습니다. 전형적인 실패하는 투자자의 예입니다.

여러분은 어떻습니까?

모든 상황에 '구조적'으로 대비가 되어 있고, 그런 재난 상황이 닥쳐와도 이미 충분히 예상했기에 당황하지 않고 투자를 지속할, '의지'가 아닌 '준비'가 되어 있습니까? 백테스트 시뮬레이션 결과가 아닌, 여러분 '투자 전략 원리의 구조'가 탄탄합니까? 투자 전략의 장점이 아닌, 단점을 충분히 알고 있습니까?

이것이 준비되어 있느냐의 여부가 장기투자에서 성공할 수 있는지 없는지를 결정합니다.

지금까지 여러분은 저와 함께 다양한 투자 전략을 함께 살펴보았고, 험난한 주식 시장에서 살아남을 수 있는 여러 가지 방법을 익혔습니다. 이제 여러분에게 남은 것은 실제로 이 전략을 가지고 직접 시장이라는 전쟁터에서 싸워나가면서 승리자로 살아남는 것입니다.

여러분께 최종적으로 강조하고 싶은 것은 이처럼 전쟁에서 이기는 법을 알고 있다고 하더라도 그것을 인내심을 가지고 끝까지 유지하기란 결코 쉽지 않다는 것입니다. 그리고 겉에서 보기에 아름다운 우상향 곡선도 미시적으로는 울퉁불퉁하고 상처투성이의 수많은 손실 구간을 내포하고 있다는 것을 미리 잘 알고 있어야 한다는 것입니다.

10~20년 뒤에 몇 배로 불어난 여러분의 계좌 잔고를 확인하기 위해서는 하루하루의 매매에 충실해야 합니다. 그리고 힘들고 손실이 나는 지루한 구간도 인내심을 가지고 끝까지 버티며 원칙을 지켜야 한다는 사실을 반드시 명심해야 합니다.

'이 책에서 알려준 기계적인 공식대로 따라 하면 부자가 안 될 사람이 어디 있어?'라고 생각하시나요?

아는 것과 실천하는 것은 분명히 다릅니다. 제 책의 모든 내용을 충분히 이해하는 분들은 아주 많아도 이를 10~20년 동안 끝까지 유지하는 사람은 극소수에 불과할 것이라고 확신합니다.

힘들고 어려워도 원칙을 끝까지 고수하며 주식시장의 최후의 승리자로 남으시길 희망하며, 이 책을 마무리하려 합니다.

긴 글 읽어주셔서 감사합니다. 성투하십시오!

지금까지 단순한 투자의 기초 지식부터 제법 복잡한 동적 자산 배분 전략 그리고 기초적인 트레이딩 방법까지 ETF를 활용한 다양한 투자 전략을 살펴보았습니다. 국내에 ETF가 처음 상장된 이후 지금까지 15년이 지난 현시점에 국내 ETF 시장은 양적으로나 질적으로나 괄목할 만한 발전이 있었습니다. 하지만 여전히 수많은 개인투자자에게는 낯선 투자 수단일 것입니다. 뿐만 아니라, 설령 ETF에 투자하는 개인들도 대부분 레버리지나 인버스 같은 단기적·투기적인 종목에만 몰리는 것도 안타까운 현실입니다.

하지만 많은 투자자가 ETF라는 우수한 투자 수단을 두고, 아무런 원칙 없이 투기에 가까운 투자를 지속하는 데는 분명한 이유가 있다고 생각합니다. 그것은 '어떻게 투자해야 하는지 모른다'는 것입니다.

필자들이 ETF 투자 전략을 연구한 것도 이 같은 답답함에서 비롯되었습니다. 투자의 전문가들이라는 사람들이 ETF라는 투자 수단이 훌륭하다는 것은 강조를 하면서도, 정작 어떻게 투자해야 장기적으로 안정된 투자 성과를 올릴 수 있는지는 알려주지 않았습니다. 그 이유는 그들도 몰랐기 때문이지요. 그렇다고 이에 대해 제대로 설명한 책도 없습니다.

저희가 투자 전략을 연구하며 블로그에 글을 쓰고, 또 결과적으로 이렇게 책까지 쓰게 된 계기도 이에 대한 개인적인 간절함 때문이었습니다. 누구나 쉽고 안전하게 투자할 수 있는 방법에 대한 갈망 때문이었습니다.

지금까지 제가 책을 통해 알려드린, 비록 단순하지만 효과적인 투자의 원리는 이미 해외의 투자 서적이나 논문, 투자 포럼 등을 통해 널리 알려져 있습니다. 하지만 이런 내용을 찾고 조합하고, 개선시키는 데에는 개인적으로 적지 않은 수고와 노력이 필요했습니다. 포트폴리오 운용 방법은 책에서 제시한 것보다 훨씬 더 복잡하고 어려운 것도 많았습니다. 하지만 중고등학생 수준의 지적 능력을 가진 사람이라면 쉽게 이해할 수 있을 뿐만 아니라, 안정적인 투자 성과를 낼 수 있는 방법을 찾기란 결코 쉽지 않았습니다.

이 책은 그러한 노력의 결실입니다. 오랜 시간 동안 밤을 새서 백테스트를 해보기도 하고, 수많은 엑셀 파일과 백테스팅 코드의 잔해로 하드디스크가 지저분해지기도 했습니다. 수많은 투자 논문과 인터넷 아티클^{article}을 공부하기도 하고, 하루 종일 투자 전략을 생각해본 적도 있었습니다.

지나고 나니 지금 알고 있는 지식들은 참 단순하고 간단한 것이라는 생각이 듭니다. 7년이 지난 지금 이러한 내용을 처음부터 알고 있었다면 얼마나 좋았을까 하는 생각이 듭니다. 저희가 겪은 무수한 시행착오와 노하우를 이 책 한 권으로 여러분이 쉽게 흡수하여, 힘든 주식시장에서 웃을 수 있다면 그것만으로도 저희에게는 큰 기쁨입니다.

이 책을 통해 여러분의 투자 지식이 조금이라도 넓어지고, 뛰어난 투자자로 성공하기를 진심으로 바랍니다.

항상 건강하시고, 성투하시길 기도합니다.

저자 systrader79, 이성규

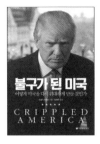

어떻게 미국을 다시 위대하게 만들 것인가
불구가 된 미국

도널드 트럼프 지음 | 김태훈 옮김 | 값 15,000원

《불구가 된 미국》은 트럼프가 본격적으로 대선행보를 시작하면서 자신의 정책 비전을 담아 출간한, 미국 대통령 선거에 대비한 책이다. 총 17개의 장에 걸쳐 보건법, 총기법, 기후변화, 중동정책, 교육과 에너지정책 등 다양한 정치적 이슈에 대해 자신의 정치적 이념과 정책을 설명한다.

가치투자자로 거듭나다
워런 버핏과의 점심식사

가이 스파이어 지음 | 이건 옮김 | 신진오 감수 | 값 15,500원

이 책의 저자 가이 스파이어는 워런 버핏과의 점심식사의 순간들을 가감 없이 진솔하고 생생하게 그 날의 식사 자리에서 서로 나눈 이야기를 자세히 묘사하고 있다. 또한 워런 버핏과의 식사를 통해 배운 교훈을 정리하여 독자들과 나누고자 책에서 자세히 진술하고 있다. 자신만만한 풋내기 투자자로 시작한 저자가 어떻게 투기꾼으로의 모습을 벗어버리고 가치투사사로 서듭났는시에 내해서도 공유하고 있기도 하다.

앙드레 코스톨라니의 돈을 다루는 방법
돈이란 무엇인가

앙드레 코스톨라니 지음 | 서순승 옮김 | 값 15,000원

《돈이란 무엇인가》는 투자라는 지적모험을 떠나는 주식투자자들을 위한 안내서이면서, 투자자나 투자를 꿈꾸는 모든 사람들에게 유용한 길라잡이가 되어줄 것이다. 그 길안내가 정확히 어디어디를 거쳐 가라고 얘기하지는 않겠지만 때로는 자랑하듯이, 때로는 만담처럼, 때로는 진지하게 자신의 경험을 들려줄 것이다.

데이비드 드레먼의
역발상 투자

데이비드 드레먼 지음 | 신가을 옮김 | 값 26,000원

수많은 매체와 전문가들이 역발상 투자를 빈번하게 언급하고 있고 널리 알려진 대중적인 투자법처럼 인지되어있다고 할 수 있지만 대개의 경우 역발상 투자법의 성공률이나 검증가능한 과학적 투자방법을 제시하지는 않는다. 그러나 데이비드 드레먼은 역발상 투자의 유용성에 대해 30년이 넘는 연구를 통해 역사적 데이터로 뛰어난 투자성공률을 확인해주고 있다.

주식시장의 캔들차트와 사께다 전법의 창시자
거래의 신, 혼마

혼마 무네히사 원저 | 이형도 편저 | 값 16,000원

이 책은 혼마 무네히사의 투자비법서 《혼마비전》을 국내 최초로 소개하는 책으로, 이번 개정판에서는 특히 혼마 무네히사의 자취를 따라 직접 취재, 촬영해 자료를 보완함으로써 현장감을 더했다. 이 책은 그의 투자 기술뿐만 아니라, 상도의 정신과 투자의 정도에 이르는 길을 제시해줄 것이다.

한 권으로 끝내는 기술적 분석의 모든 것
차트의 기술

김정환 지음 | 값 22,000원

《차트의 기술》에서 저자는 국내외의 다양한 투자 사례와 해박한 동서양의 인문지식으로 누구나 쉽게 이해할 수 있도록 설명한다. 최근 기본적 분석과 기술적 분석에 이어 제3의 분석법으로 각광 받고 있는 심리적 분석법을 그 사례를 통하여 설명하고 있어 독자들의 이해를 높이고 있다.

주식시장에서 살아남는
심리투자 법칙

알렉산더 엘더 지음 | 신가을 옮김 | 값 25,000원

금융시장에 '심리투자'라는 새로운 해법을 제시함으로써 이 책의 저자 알렉산더 엘더 박사는 세계적 베스트셀러 작가 반열에 올랐다. 현직 트레이더이며 트레이딩 소프트웨어의 개발자임과 동시에 투자자 양성기관의 창립자이자 강사로서 지금도 열정적으로 활약하고 있는 그는 심리투자의 3가지 핵심을 논리적이고 설득력 있게 제시하고 있다.

알렉산더 엘더의 신 심리투자기법
나의 트레이딩 룸으로 오라!

알렉산더 엘더 지음 | 조윤정 옮김 | 값 25,000원

이 책에서 엘더는 확신을 갖고 시장에 들어가 수익을 내고 시장에서 나오기 위해서는 전략뿐만 아니라 자금과 시간까지 관리해야 한다고 말한다. 초보자들에게 시장을 속속들이 이해할 수 있도록 지식을 제공할 뿐 아니라 전문가들에게는 전문적인 조언과 검증된 거래기법을 활용하여 수익을 높이도록 해줄 것이다.

최고의 트레이더들과 나눈 대화

시장의 마법사들

잭 슈웨거 지음 | 임기홍 옮김 | 값 26,000원

이 책은 짐 로저스, 에드 세이코타, 리처드 데니스, 윌리엄 오닐, 폴 튜더 존스, 토니 살리바 포함 17명의 시장의 마법사들이 구사하는 매매기법은 다양하다. 월가를 뒤흔든 전설적인 투자자들을 직접 인터뷰하여 그들이 어떻게 항상 시장에서 높은 수익을 올릴 수 있었는지 그들의 생생한 경험담과 그들만의 비법, 시장을 보는 관점 등을 가감 없이 전달하고 있어 시장 참여자들에게는 교본과 같은 책이다.

연평균 수익률 70%, 90%, 그리고 220% 시장을 이기는 마법을 찾아서!

주식시장의 마법사들

잭 슈웨거 지음 | 김인정 옮김 | 값 21,000원

잭 슈웨거는 인터뷰에서 진실한 마법사들의 이야기와 주목할 만한 조언들을 찾아내 독자에게 선물한다. 또한 강세장에 올라타고 약세장과 함께 싸워 이기며 최고 자리에 올라서는 방법에 관해 업계 내부에서 공유하는 정보를 제공한다. 그리고 트레이더들이 자기만의 트레이딩 방법을 어떻게 찾아냈으며, 그것을 최적화시키기 위해 투자한 시간과 노력의 흔적을 추적한다.

주식, 선물옵션, 상품, 외환시장의세계 최고 투자자 17인에게 배우는 투자비결

새로운 시장의 마법사들

잭 슈웨거 지음 | 오인석 옮김 | 값 27,000원

《새로운 시장의 마법사들》은 "어떻게 투자에 성공할 것인가?"보다 "어떻게 진정한 투자자가 될 것인가?"에 대한 답을 재미있게 제시한다. 한치 앞을 내다볼 수 없는 지금의 주식시장 상황이야말로 기본과 원칙으로 돌아가기 위한 최적의 타이밍이다. 그 기본과 원칙으로 돌아가는 해답이 바로 이 책에 있다.

주식, 선물옵션, 상품, 외환시장의 전설적 트레이더 15인의 통찰력과 전략!

헤지펀드 시장의 마법사들

잭 슈웨거 지음 | 에드 세이코타 서문 | 박준형 옮김 | 값 29,000원

손쉽게 시장을 이길 수 있는 비밀병기는 없다. 자신의 트레이딩 기술을 개선하기를 원한다면 〈헤지펀드 시장의 마법사들〉 15인에게서 최고의 비밀을 얻어낼 수 있을 것이다. 또한 15인의 인터뷰를 통해 발굴한 보석 같은 투자 비결 40가지는 투자자라면 반드시 지켜야 할 최고의 투자 원칙이 될 것이다.

슈퍼개미 이세무사의 성공을 부르는 밸런스 주식투자

삼박자 투자법

이정윤 지음 | 값 18,500원

전형적인 '흙수저' 출신인 저자는 《삼박자 투자법》에서 주식투자자로서 성공하기 위해 자신이 어떤 투자법을 사용하고, 어떻게 스스로 주식투자 트레이닝을 해왔는지를 정리하고 있다. 이 책은 저자만의 투자법인 '삼박자 투자법'을 설명하는 책이면서, 진정한 주식투자자가 되기 위한 트레이닝법도 정리하고 있다.

12인의 투자자에게 배우는 투자원칙

거장들의 투자공식

고이즈미 히데키 지음 | 김하경 옮김 | 값 14,500원

이 책은 벤저민 그레이엄, 필립 피셔, 워런 버핏, 피터 린치, 윌리엄 오닐, 짐 로저스, 존 케인스, 존 템플턴, 존 네프, 등 저명한 투자자 12명의 투자법과 투자 스토리를 정리한 책이다. 간단하면서도 읽기 쉽게 잘 요약되어 있다. 단순히 유명 투자가를 피상적으로 다룬 것이 아니라, 방대한 내용을 객관적이면서 핵심적으로 잘 정리해놓고 있다.

내일의 주가가 보이는

전자공시 100% 활용법

이래학 지음 | 값 17,500원

기업공시에는 '우리 회사 실적이 좋아질 것이다' 혹은 '우리 회사가 어려움에 처해 있다'식의 정보는 없다. 기업공시를 해석하고 걸러내야만 주가를 예측할 수 있는 정보를 찾아낼 수 있다. 《전자공시 100% 활용법》은 기업공시를 읽고 해석해, 투자에 활용할 수 있는 숨겨진 고급정보를 찾도록 도와주는 기업공시 해석 가이드이다.

재무제표로 좋은 주식 고르는 법

이강연 지음 | 값 20,000원

주식투자를 하려고 한다. 검토하고 있는 기업이 1분기 재무제표를 공시했는데, 영업이익이 전년대비 30%나 올랐다고 한다. 주식을 사야 할까? 아마도 이 의문에 명쾌한 답은 없을 것이다. 투자결정은 숫자 하나만 보고 이루어지기도 하지만, 보통은 더 많은 정보가 필요할 때가 많기 때문이다. 이 책은 이러한 의문에 '답을 찾을 수 있는 방법'을 알려준다.

숫자의 진짜 의미를 읽어내는
재무제표 분석법

캐런 버먼, 조 나이트 지음 | 이민주 옮김 | 값 16,500원

《숫자의 진짜 의미를 읽어내는 재무제표 분석법》은 재무제표가 어떻게 작동하는지 알고 싶어 하는 누구에게나 숫자의 이면에 숨겨진 의미를 찾는 쉽고 시사적인 길을 제시한다. 단순히 재무제표를 읽는 것에서 나아가, 기업의 성장성과 경영현황을 읽어내고 분석하는 실제적인 방법을 제공한다.

투자자 워런 버핏은 잊고, 경영자 워런 버핏을 보라
버크셔 해서웨이

로렌스 커닝햄 지음 | 오인석 옮김 | 값 16,500원

1965년 지방 소도시의 초라했던 기업이 세계에서 가장 비싼 주식의 회사이면서 뉴질랜드 같은 웬만한 나라 국내총생산과 맞먹는 규모의 거대투자지주 회사가 된 이면에는 어떤 이야기와 비밀이 있을까? 과연 워런 버핏의 투자자로서의 능력만으로 이루어진 결과인가, 아니면 우리가 잘 모르고 드러나지 않았던 그의 경영자적인 능력에서 그 이유를 찾을 수 있을 것인가?

현명하게 펀드 고르는 법
좋은 펀드 나쁜 펀드

신관수 지음 | 값 14,500원

《좋은 펀드 나쁜 펀드》는 펀드투자를 잘해서 수익을 내는, 한마디로 돈이 되는 펀드를 고르고 관리하는 방법을 다룬다. 모르고 시작하려니 겁부터 나는 재테크를 시작하는 사람들을 위해 왜 지금 당장 펀드투자를 시작해야 하는지, 좋은 펀드의 기준은 무엇인지, 좋은 펀드를 어떻게 관리해야 수익이 나는지에 대한 저자의 노하우를 집약하고 있다.

20분 만에 끝내는 재무제표 보는 법
하버드 재무제표 수업

하버드 비즈니스 리뷰 지음 | 백승우 옮김 | 값 12,500원

《하버드 재무제표 수업》은 이 복잡하고 거대한 재무제표를 쉽고 빠르게 읽게 해주는 핵심을 담아냈다. 재무제표를 시작하는 사람들이 중요한 재무 개념을 체계적으로 이해하고, 이를 바탕으로 재무제표를 읽고 업무 능력을 향상시키도록 도와주는 것이다. 이 책을 통해 기업의 경영 상태를 혼자서도 분석할 수 있는 기초를 얻을 수 있을 것이다.

와튼스쿨 제레미 시겔 교수의 위대한 투자철학

주식에 장기투자하라

제레미 시겔 지음 | 이건 옮김 | 신진오 감수 | 값 27,000원

제레미 시겔 교수는 '장기투자의 대상으로는 주식만큼 위험이 낮고 수익이 높은 자산은 없다'는 명제를 처음 제시하고 이를 체계적으로 증명한 사람이다. 《주식에 장기투자하라》는 출간과 동시에 세계적인 베스트셀러가 되었으며, 주식투자자라면 꼭 읽어야 할 필독서로 꼽힌다. 이 책은 200년 가까운 주식시장 데이터를 바탕으로 주식투자 불변의 법칙을 제시하고 있다.

3차 인터넷 혁명이 불러올 새로운 비즈니스

미래 변화의 물결을 타라

스티브 케이스 지음 | 이은주 옮김 | 값 15,500원

우리는 현재 중대한 시점에 서 있으며, 이 전환기에 더 나은 미래를 만들기 위해서는 스티브 케이스가 속했던 1차 인터넷 혁명의 역사를 고찰하고, 이 경험을 토대로 3차 인터넷 혁명을 준비해야 한다. ≪미래 변화의 물결을 타라≫는 성공한 기업인의 창업 스토리를 뛰어넘는 미래 선언서이자 미래 준비서이다. 미국 인터넷 역사를 창조한 스티브 케이스의 통찰력과 그가 얻은 교훈이 담겨 있다.

켈리공식으로 카지노와 월가를 점령한 수학자 이야기

딜러를 이겨라

에드워드 소프 지음 | 신가을 옮김 | 안혁 감수 | 값 16,500원

53년 전 미국의 한 수학자가 라스베이거스를 돌며 자신의 이론을 증명한 이야기를 담은 책이다. 이 전설의 수학자는 바로 '역사상 최초로 시장을 이긴 투자자' 또는 '퀀트의 아버지'라 불리는 에드워드 소프. 수학적 지식을 활용하여 게임에서 자신에게 확실한 우위를 가져다주는 이론을 고안하고 카지노를 상대로 이기는 게임을 해 이론을 입증한 것이다.

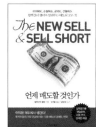

알렉산더 엘더가 알려주는 매도의 모든 것

언제 매도할 것인가

엘렉산더 엘더 지음 | 신가을 옮김 | 오인석 감수 | 값 29,000원

《언제 매도할 것인가》는 세계적 베스트셀러 《심리투자법칙》의 저자이자 트레이더들의 스승인 알렉산더 엘더 박사가 이익매도, 손절매도, 공매도, 선물매도 등 매도에 관한 모든 것을 알려주는 책이다. 엘더 박사는 수익을 실현하고 손실을 제한하는 법을 누구나 쉽게 알 수 있도록 설명하고 있다.

원화는 왜 급등락을 거듭하는가?
대한민국 환율의 비밀

최기억 지음 | 15,500원

대한민국 최고의 이코노미스트, 연합인포맥스 금융연구소 최기억 소장의 환율 특강!
『대한민국 환율의 비밀』은 환율이 '개인의 경제적 삶'에 어떻게 연결되어 있는지, 교환비율 작동에는 어떤 메커니즘이 작동하는지를 다룬다. 단순한 현상이 아니라 경제 전반 및 사회 · 정치 · 외교 등 다양한 문제에 연결되어 있는 경제의 시작이자 끝이다.

가치투자의 교과서 『증권분석』 핵심 요약판
벤저민 그레이엄의 증권분석

벤저민 그레이엄 지음 | 프레스턴 피시, 스티그 브로더슨 편저 | 김인정 옮김 | 16,500원

현존하는 최고의 투자교본, 『증권분석』 핵심 요약판
『증권분석』은 반복해서 읽어야 그 진가를 알 수 있다. 내재가치 산출 방법, 안전마진 개념, 투자와 투기의 차이, 각종 주식의 특징, 투자 대상 선별 기준, 가치평가 및 분석에 필요한 지표 등 이 책은 원전에 좀 더 쉽게 접근하는 데 가장 유용한 길삽이가 될 것이다.

찰스 다우상 수상
거래량으로 투자하라

버프 도르마이어 지음 | 신가을 옮김 | 값 22,000원

저자 버프 도르마이어의 혁신적인 연구 결과의 산물로, 거래량을 통해 주가를 확인하고, 해석하고 선행하는 방식을 알려주고 있다. 그는 《거래량으로 투자하라》에서 수많은 전통적인 거래량 지표를 살펴보고 자신만의 획기적인 접근법들을 소개하며, 그 방법들을 어떻게 실제로 적용하는지를 정확하게 보여주고 있다.

제시 리버모어 매매기법 완벽 해설
피라미딩 전략

제시 리버모어 지음 | 이은주 옮김 | 리처드 스미튼 해설 | 값 18,000원

제시 리버모어는 주식시장 역사에 한 획을 그은 위대한 투자자였다. 철저한 개인주의자였으며, 가장 성공한 개인 투자자로 꼽히고 있다. 《피라미딩 전략》은 제시 리버모어가 직접 쓴 《주식 매매하는 법》을 기반으로 제시 리버모어 최고의 권위자인 리처드 스미튼에 의해 현대에 맞게 그의 투자 기법을 재조명하고 있다.